高野山信仰の成立と展開

村上弘子 著

目次

はじめに―本書の問題意識と構成―

本書は「高野山信仰の成立と展開」と題する。古代末から現在に至るまで全国的にその信仰を有する高野山信仰について、その成立とその後の展開の様子を、各時代の政治・社会・宗教情勢との関係から考察しようとしたものである。

高野山を浄土と見立てる高野山浄土信仰は、その根底に開祖である弘法大師空海の入定信仰がある。空海が弥勒菩薩信仰をもち、兜率上生を願っていたとみられることから、やがて空海没後、空海が生身のまま高野山に入定して、五十六億七〇〇〇万年後の弥勒菩薩出世三会の暁まで衆生を救済し続けるという、弘法大師入定信仰が生み出されていくこととなった。そして空海がその身を留める高野山は、この世の浄土であると信じられるようになった。弘法大師信仰・高野山信仰は、平安時代にすでに形成され、現在に至るまで日本全国で宗派を問わず幅広い信仰を集めている。

高野山についての研究は、その主題も時代も多岐にわたる。その中でも特に盛んなのは、中世における荘園領主高野山をとりまく諸問題とその組織についての研究であろう。[1] 近世の高野山については、そのあり方を決定づけた学侶方と行人方の対立である元禄高野騒動を取り上げた研究が多い。[2] 弘法大師信仰についての研究には、さまざまな分野からの蓄積があるが、本稿に関連するものとしては、単著としては松本昭氏の『弘法大師入定説話の研究』、橋本初子氏の『中世東寺と弘法大師信仰』、白井優子氏の『空海伝説の形成と高野山』と『院政期高野山と空海入定伝説』などが挙げられ、論文集としては日野西眞定氏編『弘法大師信仰』がある。[3] 松本氏・白井氏の著書では、弘法大師入定説話の成立を中心として、平安時代から鎌倉時代に、入定説話がどのように展開し、影響を与えたかが考察されていた。橋本氏の著書では、中世東寺における弘法大師信仰に主題が置かれ、真言密教の中世的展開が考察されている。これらの各著においては、弘法大師信仰の形成や展開に焦点が置かれ、時代は空海示寂後の古代末から、中世までが取り扱われている。そして論文集である『弘法大師信仰』では、庶民信仰のなかの弘法大師信仰・入定信仰・弘法大師信仰の唱導を取り扱った論考が収められており、おもに民俗学・密教学の方面から論究がなされている。

本書では、このような先学の研究を踏まえ、これらの研究では取り上げられてこなかった近世の高野山信仰までを視野に入れ、高野山信仰の成立とその後の展開の様子を、時代を追って跡づけたいと考える。したがって、表記の課題に取り組むために、敢えて古代末から近世までをその範囲として取り上げた。本来ならば、時代を特定して考察するという形が一般的であろう。それによって、より問題を掘り下げた取り組みができることはいうまでもない。しかし、高野山信仰は、弘法大師空海の示寂後から成立し、現代にまでなお、人々の信仰を集めている。このような、古代から現代にいたるまで継続している高野山信仰という題材を取り上げる場合には、時代にとらわれず、むしろ時代の変遷の中で、その変化や展開をみていくという視点や作業も必要であると考える。本書が、これまでの一般的な手法と異なり、平安時代における高野山信仰の成立から、江戸時代の庶民にみる高野山信仰の展開までを取り込んだ理由はここにある。

そのような意図から、本書では、全体を以下の五章にわけて考察をすすめる。

まず、第一章では「高野山信仰の成立」と題し、十二世紀末に編纂された『高野山往生伝』を題材として、高野山信仰が形成されていく状況を、平安末〜鎌倉初期の高野山と当時の政治・宗教情勢から探る。

祖師である空海が、弥勒信仰を有していたとみられることから、当初の高野山浄土信仰にはその根底に弥勒浄土信仰があったと思われる。それが、末法思想の普及による極楽浄土信仰の高まりによって、高野山にも極楽浄土信仰の影響がおよんだ。このような浄土信仰の高まりは、各種往生伝の撰述を生みだしていった。『高野山往生伝』撰述以前の往生伝は、慶滋保胤の『日本往生極楽記』から藤原宗友の『本朝新修往生伝』に至るまで六種あり、これらの往生伝やその編者については各方面からの研究が蓄積されている。しかし、『高野山往生伝』については、平安末期の高野山浄土信仰を知る上での好史料として、その価値を高く認められながらも、これまで部分的な利用にとどめられ、その全体像の把握は、他の往生伝と違ってなされてこなかった。

本章では、『高野山往生伝』を取り上げ、撰者である如寂（儒者官人藤原資長）の撰述意識の考察を通じて、『高野山往生伝』が撰述されるにいたった背景を考える。そして、『高野山往生伝』の内容から当時の高野山浄土教の様相をとらえ、さらに資長に撰述を依頼した人々の目的を、当時の政治・社会・宗教情勢との関わりから考察する。

続いて第二章では、「高野山における聖方の成立」と題して、高野山信仰を全国に広めた存在である中世の高野聖を取り上げる。

高野山浄土信仰の普及や、末法思想の影響、保元・平治の乱をはじめとする争乱の影響によって、十二世紀以降、高野山に多くの遁世者・遁世僧が来住した。これらの隠遁者たちが山内で住した草庵は、やがて別所と呼ばれ、この別所に住む隠遁者たちを「別所聖人」と称するようになった。従来の解釈では、この別所聖人たちが、中世の高野聖たちの原型であるとされている。そしてこれまでの研究では、高野山の組織である衆徒（学侶）・行人・聖の三派体制は、鎌倉時代末にはほぼ完成していたとみなされていた。それは史料上に出てくる「別所聖人」「三十口聖人」などの「聖人」が、組織を表わすものであると解釈されてきたからである。しかし、この点については改めて検討される必要があるのではないだろうか。

本章では、高野聖と呼ばれる存在を、山内と山外の両方から見直す。まず、高野山における聖・聖人・上人の語を検討し、その性格を改めて考えるとともに、これらの語が、組織を表わすものであるかどうかを確認する。続いて、高野聖と呼ばれる存在の山内・山外での活動を追い、時代の変遷によって多様化していく様子と、組織化の過程を明らかにする。

第三章は、「江戸時代の高野山信仰」と題し、近世高野山の成立と高野山信仰を検討する。高野山信仰が全国に普及するにつれて、高野山の各院家（子院）は、参詣者と個別につながりを有するようになり、その関係にもとづき、参詣者は参詣の際にその院家を宿坊にするという形をとりはじめた。このような結びつきが、戦国大名や各地域の有力者との師檀関係の成立につながっていった。残された宿坊証文などの状況から、院家と地方領主との師檀関係が成立・普遍化したのは十六世紀頃と考えられる。

第一節では江戸幕府の寺院政策・高野山政策を検討する。最初に、徳川氏をはじめとする諸大名と高野山との師檀関係を確認し、中世高野聖たちの廻国によって広められた高野山信仰の、江戸時代の様相をとらえる。続いて慶長十一年（一六〇六）に聖方寺院に出されたという真言帰入令と、真言宗法度を取り上げ、江戸幕府の高野山政策をみる。次に第二節では、近世高野山のあり方を決定づけた元禄高野騒動から、江戸幕府の高野山政策を確認する。学侶方と行人方の権力闘争である元禄高野騒動への裁断を通じて、幕府はそれまで山内で最大の力を有していた行人方寺院の勢力を削減し、学侶方寺院とほぼ同等とした。その結果高野山は、学侶方主導の教学道場として幕府政策の中で再生していくこととなったのである。このような政策の中で、真言帰入令後の聖方寺院がどのような状況にあったのかを、寛文四年（一六六四）に布達された聖方制条を通じて本節で検討していく。さらに第三節では、第一章で取り上げた『高野山往生伝』の江戸時代における覆刻に注目し、その普及の様子から、高野山信仰の広まりを検討する。

第四章では、「江戸時代の聖方寺院」と題して、第三章でみた江戸幕府の高野山政策による山内の変化の中で、聖方寺院が寺坊存続のためにどのような行動をとったのかを考察する。江戸時代の聖方寺院についての研究は、史料不足の点などからも、従来なかなか進まなかった。本章では、聖方寺院を法末としていた京都山科の真言宗門跡寺院、勧修寺に残される聖方関連文書を用いて、聖方寺院の活動を探る。

聖方関連文書を有する勧修寺は、十世紀に醍醐天皇がその母胤子（藤原高遠娘）の追善供養を目的として建立させた寺院である。その後、高遠流藤原氏の私寺として発展したが、十二世紀後半には、高遠流藤原氏十三代目の長者為房の遠忌仏事が、為房の子孫により営まれ、高遠流藤原氏全体の寺から為房子孫の氏寺へと変化していった。さらに南北朝時代にはいり、後伏見天皇の第七皇子寛胤法親王が入寺したことにより、代々天皇家の関係者が長吏として入寺するようになった。江戸時代、第二九代長吏になった霊元天皇第一皇子である済深法親王は、東大寺別当を兼ね、この時に計画された東大寺大仏殿再興で開眼導師も勤めた。元禄九年（一六九六）には江戸へ下向し将軍綱吉との親交を深めた。聖方寺院は、寺坊存続の手段として、済深法親王が長吏になった直後の、貞享四年（一六八七）に勧修寺の法末となったのである。勧修寺に残される史料の検討を通じて、これまで等閑視されていた江戸時代における聖方寺院の様相の一端を明らかにする。

最後の第五章は、「供養帳にみる高野山信仰の展開」と題する。高野山信仰の近世の展開をとらえるために、高野山や各地域に残された高野山供養帳を取り上げ、庶民の高野山信仰の実態を検討していく。

高野山の院家は、各自が使僧を訪問させて、地方領主たちとの師檀関係の継続・維持に努めた。江戸時代にはいってからは、檀那場となった地域へ定期的に使僧が派遣され、配札をしながら、初穂料を集めた。これら使僧たちは、廻国しながら高野納骨信仰を説き、高野参詣を勧めるという機能の点から、江戸時代の高野聖と呼べる。

高野山参詣と供養の様子を窺うための史料には、各院家がその供養依頼を記入した供養帳（扱う供養種類の違いにより、日牌帳・月牌帳・茶牌帳などと称される）、宿泊客の宿帳である登山帳、使僧が廻国時の記録を留めた檀廻帳・日並記（日次記）などがこれまでに知られている。

本章では、江戸時代の庶民の高野山信仰を探る手段として、高野山に残されている供養帳を手がかりとする。第一節では、相模国を檀那場としていた学侶方寺院高室院の月牌帳を用い、慶長末年までの参詣の様子を分析し、続いて第二節では、武蔵国豊嶋郡三河島村の名主であった松本家の「萱堂千蔵院供養帳」（聖方寺院萱堂千蔵院の供養帳）の分析を通じて、三河島村からの高野山参詣の状況を分析する。前者からは江戸時代初期の相模国からの高野山参詣の様子が、後者からは、江戸時代を通じての庶民の高野山参詣の様子が描き出せると考える。そして第三節では、これら供養帳の分析を通じて得られた結論をもとに、今後の課題を提示し、あわせて、高野山や在地に残る供養関係の史料の掘り起こしと、それを用いた今後の研究の可能性を考える。

注

（1）高野山を含めた中世の寺院組織についての研究史は、第二章第一節を参照されたい。

（2）元禄高野騒動については、第三章第二節を参照されたい。

（3）松本昭『弘法大師入定説話の研究』（六興出版、一九八二年）、橋本初子『中世東寺と弘法大師信仰』（思文閣出版、一九九〇年）、白井優子『空海伝説の形成と高野山』（同成社、一九八六年）、同『院政期高野山と空海入定伝説』（同成社、二〇〇二年）。日野西眞定編『弘法大師信仰』（民衆宗教史叢書一四、雄山閣出版、一九八八年）。

第一章　高野山信仰の成立―『高野山往生伝』を中心に―

一　『高野山往生伝』の検討

（一）研究の成果と問題点

本章では、十二世紀末に如寂により編纂された『高野山往生伝』を題材として、高野山信仰の成立を考察する。

真言宗開祖である弘法大師空海は、延暦二十三年（八〇四）入唐し、青龍寺恵果阿闍梨のもとで真言密教の奥義を究めた。帰国後、密教の教義を具現するための場所を求め、高野山に金剛峯寺の創建を志した。弘仁七年（八一六）六月十九日、空海は「上は国家の奉為にして、下は諸の修行者の為に荒藪を芟り夷げて、聊かに修禅の一院を建立せむ」と、金剛峯寺の建立を願い上表した。[1] この上表文に「空海少年の日、好むで山水を渉覧せしに、吉野より南に行くこと一日にして、更に西に向って去ること両日程、平原の幽地あり。名けて高野と曰ふ」とあるように、高野の地は、空海旧知の地であった。空海は承和二年（八三五）三月二十一日、高野山で示寂した。[2]

空海が弥勒菩薩信仰をもち、兜率上生を願っていたことは、その最初の書である『三教指帰』や『性霊集』[3]等からも窺えるといわれている。このような空海の弥勒信仰が、やがて空海没後、空海が生身のまま高野山に入定して、五十六億七〇〇〇万年後の弥勒菩薩出世三会の暁まで衆生を救済し続けるという弘法大師入定信仰を生み出していくこととなった。延喜二十一年（九二一）十月二十七日、高野山座主を兼帯していた東寺長者観賢は、祖師空海への諡号を奏請し、弘法大師号を賜った。[4] 同年十一月二十七日、勅命を受けた観賢が高野山へ登山し、大師の「入定禅窟」を開き拝見したところ、大師は「容儀顔色于今不変、儼然如古相貌」であったので、(5)観賢は随喜の涙を流して「御衣を着せ奉」り、「御ぐしのながくおひさせ給ひたりしかば、そり奉」ったという。(6)そしてこの時に供奉した観賢の弟子淳祐が、大師の姿が見えず嘆き悲しんでいたのを、観賢がその手をとって大師の膝に触れさせたところ、淳祐のその手は、彼の在世中、かぐわしい薫りを放ち、その薫りは淳祐の触れた聖教に移って「薫の聖教」として残ったといわれる。弘法大師空海が生き続けているとの信仰はこのような伝説から生み出されていったのである。

寛弘元年（一〇〇四）九月二十五日「太政官符案」をみると、高野山側は空海が入定して弥勒出世を待っていると主張している。(7)そして寛弘五年（一〇〇八）成立とされる『政事要略』では、著者である惟宗允亮が河内国大縣郡普光寺に参詣した際、僧幡慶が夢で高野山に参詣し弘法大師に出会ったという話を聞いて、大師は入滅後もその身は乱壊せず今もなお高野山に在る、まことに希代のことである、という感想を記している。(8)ここから、この時期にはすでに弘法大師が高野山に身を留めているという入定留身説が普及していたことがわかる。しかし一方でこの時期はまた、空海の没後、高野山の運営が困難になり、度重なる火災による堂宇焼失のために山上に僧が住み続けられずに荒廃していった時期でもあった。(9)長和五年（一〇一六）、その状態を嘆いた祈親上人定誉が高野山復興を意図して登山、その尽力により山内は次第に回復していった。(10)

治安三年（一〇二三）十月、藤原道長が小野僧正仁海の勧めにより高野山参詣を行なったのは、ちょうど高野山が回復しつつあった状態の時であった。参詣の動機は、十二世紀初頭の成立とされる『高野大師御広伝』によると、「禅定大相国〈御堂〉。夢みらく。高野山は、十方に賢聖常住し、三世諸仏遊化す。善神番々これを守り、星宿夜々これに参る。是れ釈迦転法の迹、慈尊説法の砌也。ひとたび此の地を踏めば、三悪の境に帰らず。ひとたび此の山に詣れば、必ず三会の暁に遇す。此の宗を以て仁海僧正に問はるる也」とあることから(11)（〈　〉は割注、以下同）、夢で高野山を見た道長がその由を仁海に尋ねたことによるものであったという。ここにはすでに、高野山を霊地として参詣を勧める唱導活動の一端が認められる。道長は十月二十一日に山麓の高野政所に到着、翌二十二日、雨の中を徒歩で上山、住僧三十口に法服を賜った。そして二十三日には大師廟に詣で、法華経一部・般若理趣経三十巻を供養した。[12] 続いて永承三年（一〇四八）十月、関白藤原頼通が参詣した。頼通は十月十五日、大師廟に詣で、父道長の例に倣って金泥法華経一部・墨字理趣経三十巻を埋納し、翌十六日には大師御影堂を拝した。[13] この道長・頼通の参詣を皮切りに、以後高野山は天皇・上皇をはじめとする貴紳の参詣が相次ぐようになった。当時の彼らの参詣で主要なものを年代順にまとめたのが後掲の表である（貴紳の高野山参詣（抜粋））。

貴紳の高野山参詣（抜粋）

年　号	西暦	人　名
治安３年	1023	藤原道長
永承３年	1048	藤原頼道
康平２年	1059	性信（大御室）
永保１年	1081	藤原師実
寛治１年	1087	覚行（中御室）
同２年	1088	白河上皇
嘉承３年	1108	藤原雅実（堀河院納髪）
天治１年	1124	鳥羽上皇
大治４年	1129	覚法（高野御室）
天養１年	1144	藤原忠実
久安４年	1148	藤原頼長
同６年	1150	藤原教長
仁平３年	1153	覚性（紫金台寺御室）
保元１年	1156	平清盛
永暦１年	1160	藤原時道（美福門院納骨）
嘉応１年	1169	後白河法皇
治承１年	1177	守覚（喜多院御室）
寿永１年	1182	守覚
元暦１年	1184	守覚
同年	1184	道法（後高野御室）
建久２年	1191	道法

注）原則として同一人物の場合は初回のみとしたが、守覚・道法は論旨上、２度目以降も載せた。

当初の高野山浄土信仰では、祖師である空海に弥勒信仰があったとみられることから、弥勒浄土信仰がその根底にあったと思われる。それが、末法思想の普及による極楽浄土信仰の高まりとともに、高野山もその影響を受けるようになっていった。その契機は、念仏聖の祖とされる教懐が延久五年（一〇七三）、興福寺の小田原別所から高野山へ移住してきたことで、これにより、高野山へも阿弥陀仏の極楽浄土信仰が取り入れられ、全山に広まったとされている。

平安時代は浄土信仰が盛んになったため各種の往生伝が作成された。慶滋保胤の『日本往生極楽記』から藤原宗友の『本朝新修往生伝』に至る六種の往生伝[14]は、所収された往生者たちに関しても、その編者たちについても、これまでに多くの研究がなされ[15]、また『往生伝　法華験記』[16]により往生伝の校訂・訓読・注解が行なわれている。

しかし、本章で取り上げる『高野山往生伝』は、上記往生伝の後、文治・建久（一一八五～一一九九）のころの編集とされ、早くから、高野山浄土教史を知る上で欠くことのできないものとして、「平安末から鎌倉初期にわたる約百年間の高野山浄土教の趨勢を知らしめる好資料」として重視され、「教懐・覚鑁の真言宗浄土教の伝統と理論が、どのように具体化されていたかをうかがわしめる内容を持」ち、[17]「平安時代末期の高野山の浄土信仰史料として重要」[18]と評されるにもかかわらず、これまでは部分的な考察が多く、全体的なものは他の往生伝ほど進められていない。[19]井上光貞氏はかつて『日本浄土教成立史の研究』において、『高野山往生伝』にみえる往生僧たちも取り上げ、高野山における浄土教の形成過程をあとづけられた。[20]ところが、『高野山往生伝』そのものについての考証は、その後の『往生伝　法華験記』でもあまりなされていない。

『高野山往生伝』の特徴の第一は、高野山一山の僧に限って収録したという点である。各種往生伝との比較・検討による往生伝としての考察や、高野山浄土教史の研究のために不可欠であることはいうまでもないが、さらに、弘法大師入定信仰により成立した高野山信仰のこの時期における受容と発展を知る上でも重要であると考える。このような理由から、本章では、従来その価値を認められながらもなかなか考察が進まなかった『高野山往生伝』を取り上げ、高野山霊場信仰が形成されていく背景をさぐり、高野山信仰成立の過程を明らかにしたいと考える。

（二）撰者　藤原資長について―その撰述意識をめぐって―

（1）資長の信仰

『高野山往生伝』は高野山に住した往生者の伝記が集録される。撰者は法界寺沙門如寂といわれるが、それは延宝五年（一六七七）に刊行された版本の序文に「法界寺沙門如寂撰」とあることによる。その序文は以下の通りである。[21]

高野山往生伝序

法界寺沙門如寂撰

夫以釈迦者東土之教主也。早建二撥遣之願一。弥陀者西方之世尊也。普設二摂取之光一。爾来厭二五濁境一。遊二八功池一之輩。始レ自二五竺一至二于吾朝一。往往有レ之。世世無レ絶。是以新生菩薩。宛如二駛雨之滂沱一。久住大士。屡成二恒沙之集会一。寔是華池易往之界。誰謂二宝閣無人之場一。予外雖レ纏二下界之繁機一。内猶執二西土之行業一。遂遁二俗塵一。専事二斗藪一。元暦歳夏四月。暫辞二故山之幽居一。攀二躋高野之霊窟一。雖レ慚二小量之微躬一。忝列二大師之末弟一。五智水潔。酌二余滴一以洗レ心。三密風閑。聴二遺韻一以驚レ夢。青嵐皓月之天。纔聞三山鳥之唱二三宝一。黄葉緑苔之地。自喜三林鹿之為二吾明一。三秋之素律慚闌。百日之精祈欲レ満。爰雪眉僧侶露レ胆相語。久住二斯山一永従二逝水之人一。見二其臨終行儀一。多有二往生異相一。雖レ凝二随喜之思一。既無二甄録之文一。斯言若墜。将来可レ悲。汝勒二大概一宜レ伝二後代一。予耳底聞レ之。涙下潸然。愍課二末学一。忽勘二先規一。寛和慶内史。広検二国史一以得二四十人一。康和江都督。又諮二朝野一以記二四十人一。今限二一寺一且載二四十人一。愍以二庸浅之身一。恐レ追二方聞之跡一。不レ整二文章一。無レ飾二詞華一。只伝二来葉一将レ殖二善根一而已。精勤誠苦。我之念仏多年。引接誓弘。仏之迎レ我何日。必遂二往生於順次一。得レ載二名字於伝記一云レ爾。（返り点、傍線は筆者）

この序文によると、元暦歳（後述する小田原聖教懐伝に「元暦元年四月之比。予参籠高野山」とあるので、これは元暦元年〈一一八四〉である）四月に高野山に参籠した如寂が、「雪眉僧侶」から山内における往生僧の話を聞かされ、慶滋保胤の『日本往生極楽記』や大江匡房の『続本朝往生伝』にならって、筆録整理したものがこの往生伝であるという。その数は「四十人」とあるが、本文に収められているのは三八人である。そしてその成立時期については、往生者中で最も没年の遅いのが三八番目に記される大乗房証印の文治三年（一一八七）であることや、十三番目に記される教尋（永治元年〈一一四二〉没）について、弟子である大伝法院学頭の仏厳房聖心（建久五年〈一一九四〉以降没か）から如寂が直接聞き取りを行なっていることなどから、成立は文治・建久のころとされている。

先述したように、『高野山往生伝』は、慶滋保胤の『日本往生極楽記』から藤原宗友の『本朝新修往生伝』に至る六つの往生伝の後を受けたものではあるが、しかしこれまでの往生伝とは異なり、高野山一山の僧に限って取り上げたことにその特色がある。したがってその往生伝としての価値に加えて、平安末から鎌倉初期にわたる高野山浄土信仰を知る上での好史料とされている。加えて弘法大師入定信仰により成立した高野山信仰の当時の状況を窺う上でも重要である。しかしながらこれまでは、往生伝として、もしくは高野山浄土信仰の史料として部分的に利用されることが多く、『高野山往生伝』全体に関しての考察は不十分であった。

同様に撰者である如寂についての研究も、『高野山往生伝』の利用状況に比して十分であったとはいえない。序文に「法界寺沙門如寂」と記される撰者如寂については、これまで不明とされてきた。江戸時代に卍元師蛮が記した『本朝高僧伝』（元禄十五年〈一七〇二〉成立）の「河州法界寺沙門如寂伝」に「釈如寂。不知氏産。住法界寺。（下略）」と書かれており[22]、この師蛮の説がもとになったためか、長い間その人物像は不明確であった。しかしながら、撰者如寂の人物像の解明は、『高野山往生伝』の性格を知り、『高野山往生伝』そのものの考察を行なう上で欠くことができない作業である。近年、志村有弘氏・田嶋一夫氏・今村みゑ子氏により撰者「如寂」を日野流藤原氏の資長に充てる説が出されている[23]。三者とも『尊卑分脈』にみえる藤原資長の法名が如寂であることを手がかりとし、そこから藤原資長＝『高野山往生伝』撰者如寂説を導き出している。筆者も同様に藤原資長が撰者如寂であると考えている。現段階では、この説に対しほぼ異論はないように見受けられる。

そうであるならば現段階でさらに検討されるべき問題は、まず第一に資長の編纂意識についてであろう。この点に関して上記諸氏の間では、まったく相反する意見が出されている。すなわち、田嶋氏は、出家後の資長が求道者のような生活を送っていたとして、如寂の世界は、慶滋保胤や大江匡房のような文人的学者の世界とも、その後の昇蓮（『三井往生伝』編者）や行仙房（『念仏往生伝』編者）のような聖的緇流の徒とも同じではなく、まさしくこれらの中間にあるものだとされる。(24) 一方今村氏は、慶滋保胤が源信の『往生要集』の実践の書として『日本往生極楽記』を編んだように、資長は仏厳の『十念極楽易往集』の実例書として『高野山往生伝』を撰述し、「往生伝編纂による、動乱の世の救済」を目指したのだとされる。(25) 今村説のように資長の撰述動機を「動乱の世の救済」と考えるのなら、そのような目的で編まれた『高野山往生伝』のその後の展開を確認する必要があるだろう。したがって撰者如寂＝藤原資長の編纂意識と共に考えられなければならない問題のもう一点は、『高野山往生伝』撰述の背景とその後の展開であろう。(26)

このような問題を踏まえ、本稿では資長の撰述意識の再検討、すなわち資長の撰述動機について、その背景をも含めて考察する。

それではまず、資長の生涯とその環境を振り返り、資長の信仰および『高野山往生伝』撰述にいたる過程を考えてみたい。資長の生まれた日野流藤原氏は、摂関家に代々儒者家司として仕える家である。日野流藤原氏については、細谷勘資氏にすでに考察がある。(27) 資長自身も儒者官人として活躍し、その姿は九条兼実の『玉葉』に多く記されている。『尊卑分脈』・『公卿補任』をもとに作成した資長の年表と日野流藤原氏系図は後掲の通りだが（藤原資長年表・藤原資長略系図）、式部大納言真楯の子内麿公孫で、父は権中納言実光、母は近江守高階重仲女である。その経歴を簡単に記すと元永二年（一一一八）に誕生、永暦元年（一一六〇）四月蔵人頭、同十月参議・左大弁、治承三年（一一七九）納言を辞し、同日民部卿・正二位、二年後の治承五年（一一八一）二月二十五日「多年蓄念」により「日野山庄」にて出家、建久六年（一一九五）十月薨じたという。子息には、資長の跡を継いだ長子兼光（兼実の家司となる）、日野別当覚玄（延暦寺阿闍梨）、三井寺阿闍梨の行命・長宗、仁和寺阿闍梨寛長、興福寺得業長遍がおり、娘は建春門院（後白河院妃平滋子）女房となっている。

藤原資長年表（出典：『尊卑分脈』＝尊、『公卿補任』＝公）

年号	西暦	天皇	内容	年齢	出典
元永2年	1118	鳥羽	2月、誕生		尊
長承2年	1133	崇徳	9月、学問料（穀倉院）を給う	15/16	尊・公
保延1年	1135		7月30日、秀才	17	尊・公
保延2年	1136		1月、但馬大掾（除目任越中介仍改任）（『公』は但馬少掾）	18	尊・公
保延3年	1137		2月、六位蔵人	19	尊・公
同年	1137		6月、対策（藤原敦光問、即日判）		尊・公
保延4年	1138		1月、右衛門尉（即使宣旨）	20	尊・公
同年	1138		4月、従五位下（中宮臨時御給）		尊・公
保延6年	1140		4月、中宮権大進	22	尊・公
康治3年	1144	近衛	1月、従五位上（策）		尊・公
久安4年	1148		7月、正五位下（越階）（『公』では法性寺行幸による）	30	尊・公
久安6年	1150		2月、皇后（皇太后ヵ）権大進を止む（院号による）	32	尊・公
同年	1150		4月、右少弁		尊・公
久寿2年	1155	後白河	8月、五位蔵人	37	尊・公
保元1年	1156		9月、右中弁	38	尊・公
同年	1156		閏9月、従四位下（策労）		尊・公
保元2年	1157		1月、阿波権介（装束使労による）	39	尊・公
同年	1157		4月、右京城使（『公』は右宮城使）		尊・公
同年	1157		8月、左中弁		公
同年	1157		10月、従四位上（造宮賞次、皇嘉門院久寿元－未給）		公
保元3年	1158		3月、正四位下（春日行幸行事）		公
同年	1158		8月、右大弁（翌8月11日二条天皇即位、後白河院政開始）		公
永暦1年	1160	二条	4月、蔵人頭		尊・公
同年	1160		10月、参議	42	尊・公
同年	1160		10月、左大弁		尊・公
同年	1160		11月、兼勘解由長官		尊・公
永暦3年	1162		1月、兼周防権守		尊・公
應保2年	1162		11月、服解（母）	44	尊・公
應保3年	1163		1月、兼周防権守（尊は永禄3年）		公
長寛3年	1165		7月、従三位（参議労による）	47	尊・公
永万1年	1165		8月、権中納言	47	尊・公
仁安1年	1166	六条	9月、大嘗会御禊装束使長官となる		尊・公
仁安2年	1167		1月、正三位（院行幸、院司賞による）	49	尊・公
仁安3年	1168	高倉	9月、大嘗会御禊装束使長官となる		尊・公
安元1年	1175		4月、従二位（石清水行幸行事賞による、本位上首藤原俊通・藤原俊成等卿を越す）	57	尊・公
治承3年	1179		1月、納言を辞す	61	尊・公
同年	1179		1月、任民部卿		尊・公
同年	1179		1月、正二位（臨時）		尊・公
治承5年	1181	安徳	2月、日野山庄にて出家　多年の蓄念による		尊
建久6年	1195	後鳥羽	10月、薨去	77	尊

藤原資長略系図（『尊卑分脈』より作成）

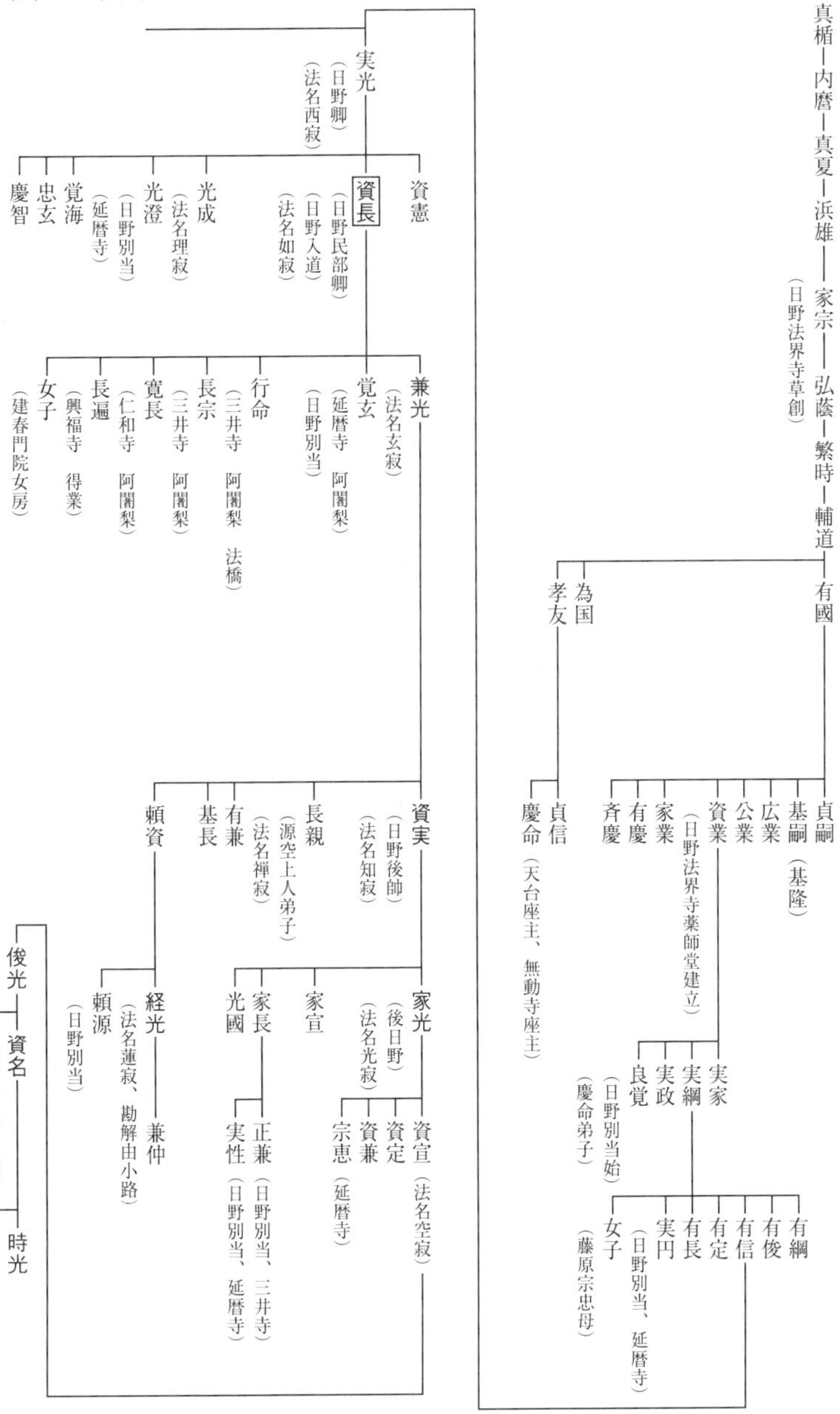

太字は『歴代残闕日記』に日記が残る人物

先に掲げた『高野山往生伝』序文の中で、如寂は撰述に至る過程を「予外雖レ纏二下界之繁機一。内猶執二西土之行業一。遂遁二俗塵一。専事二斗藪一。元暦歳夏四月。暫辞二故山之幽居一。攀二躋高野之霊窟一」と記している。すなわち如寂（資長）は内面に浄土への思いを抱きながら官人として多忙な時を過ごし、ついに出家の思いを遂げたのである。[28]そして元暦元年（一一八四）四月、「百日之精祈」すなわち百日参籠のために高野山を訪れ、そこで出会った「雪眉僧侶」に、高野山での異相往生者のことを記し留めてほしいと依頼されたことが『高野山往生伝』撰述の契機であったのである。その依頼を受けたのは、「只伝二来葉一将レ殖二善根一而已。精勤誠苦。我之念仏多年。引接誓弘。仏之迎レ我何日。必遂二往生於順次一。得レ載二名字於伝記一云レ爾」とあるように、往生伝を記すことにより、善根を殖え、自身も往生を遂げたいとの願いからであった。

それでは、儒者官人として活躍していたころの資長の信仰はどのようなものであっただろうか。田中忠三郎氏『日野誌』に所収される『転法輪鈔』には「中納言資長比野光堂供養表白」が収められており、それには以下のように記される。

敬白云々　南膽部州大日本國信心大旦那金紫光禄大夫黄門侍郎殿下〈資長〉、殊運二一心清浄之丹誠一、専営二三業相応之白善一、卜二曩祖草創道場之地一、就二先考建立塔婆之邉一、新建二一宇伽藍一圖二弥陀来迎一、兼改二一宇華亭一為二釈尊佛閣一、旁企二圖像寫経之大善一、敬調二香花燈明之供具一、展二一日法筵一白二三寶境界一、夫鷲嶺月隠二千餘廻、秋早遷龍華霞遅五十六億春猶遙生二佛中間一、可レ仰者只弥陀光明在二五濁末世一、可レ欣者則安養浄刹也（下略）[29]（傍線は筆者、〈 〉は割注、以下同）

「信心大旦那金紫光禄大夫黄門侍郎殿下〈資長〉」と表わす点から、資長自身がこの文章を書いたとは思われない。この史料の成立については検討が必要と考えられるが、その内容をみると、資長が日野（「比野」は日野のことであろう）の地に光堂、すなわち阿弥陀堂を建立し、阿弥陀如来の来迎を願っていたことが窺える。その時期は、資長の官位が「金紫光禄大夫」すなわち正三位で「黄門侍郎」つまり中納言であるところから、仁安二年（一一六七）から安元元年（一一七五）までの間のことと推測される[30]（年表参照）。

（2）資長の環境

資長が阿弥陀堂を建立した日野の地には、日野流藤原氏の氏寺である法界寺が建てられていた。法界寺は、資長の四代前である資業が日野山荘に薬師堂を建立したことに始まり、その後もその子孫によって観音堂・五大堂・弥勒堂・阿弥陀堂などが建立されていく。代々資業流の子弟が日野別当の任に就いており、一族の結節点として、日野流藤原氏の浄土信仰が集結された場所といえるだろう[31]。薬師堂の本尊薬師如来像については、伝最澄作であるとか[32]、もしくは慈覚大師円仁から譲り受けたその薬師如来像を胎内仏として納めたと伝え[33]、一族から延暦寺僧を多く出しているなど[34]、延暦寺との関係が深い。先に触れたように『本朝高僧伝』如寂伝では、卍元師蛮は法界寺所在地を「河州」とし、如寂のことを「不知氏産」と記している。師蛮は当然山城国にある日野法界寺や日野流藤原氏に関する知識は有していたであろう。にも関わらずこのような誤解が生じた背景には、延暦寺と関わりの深かった日野法界寺の僧が高野山の往生伝を記すとは、師蛮には考えられなかったこともあるのかもしれない。

法界寺には、外戚である藤原宗忠も多く関わっている。宗忠と法界寺との関わりは、母が法界寺観音堂の本願であった式部大輔日野実綱（資長曾祖父）の女であったことに起因するとされる[35]。宗忠は法界寺諸堂の整備に尽力し、日野を自身の晩年の儀礼空間としていた。

この宗忠について、資長の信仰面への関わりという面から二点ほどみてみたい。その一点は、宗忠が、その日記『中右記』に往生についての記事を多く記していることである。[36] 宗忠がこういった記事を記す当時の状況について、小原仁氏は、「院政期浄土教における、夢想による往生の共同幻想の体験」が「至るところに充満して」おり、そのような「思い入れや夢想が、貴族社会に共感をもって受け入れられ、忽ちのうちに周辺に伝播」し、宗忠の耳に達し、「ありうること」として『中右記』の中に記しおかれた、と述べられている。[37] 勿論『中右記』そのものは、宗忠の嫡子である宗能を中心に伝えられていったとみられるので、[38] 資長が直接『中右記』を閲覧できたかどうかは疑問である。しかし宗忠の没時（保延七年〈一一四一〉）に資長は一三才であり、法界寺を仲介に資長が宗忠と接触をもつことは十分考えられる。資長は宗忠から往生の話を聞く機会もあったのではないだろうか。第二点として、宗忠は、内大臣源雅実の相談を受けて堀河帝遺髪の高野山埋納を勧めた人物であり、[39] そして覚鑁に帰依する[40] など、高野山への関心も深かったと考えられることにも注目したい。宗忠との接触という若い時期の経験は、資長の往生伝や高野山への関心に、影響を与えたひとつになったのではないかと推測されるのである。

次に資長の信仰に関わる環境について、日野流藤原氏の法界寺関係以外での浄土信仰という面からみてみよう。まず、法界寺薬師堂を建立した資業の父有国（在国）は、早くから、康保元年（九六四）天台僧二〇名および大学寮学生二〇名によって法華経講読と阿弥陀念仏を目的として始められた勧学会の創立メンバーの一人であるとの指摘がなされている。[41] また、有国の甥である二七世天台座主慶命（長暦二年〈一〇三八〉七四歳で入滅）は、有国が参加した第一期・第二期の勧学会が中絶した後、第三期勧学会の再興に尽力したといわれている。[42] そして、のちに有国の子孫と称する播磨国極楽寺の別当である東寺僧禅慧が、康治二年（一一四三）から翌天養元年にかけて大量の瓦経を埋納している。禅慧はその願文で、瓦経埋納その他多くの善根の功徳によって一条院や曩祖有国、その妻橘徳子、代々別当円有・長尊・寛縁、師主最厳などの出離生死を願い、鎮護国家・玉体安穏・国中安穏および自身の往生極楽を祈っている。[43] この極楽寺の跡とみられる場所には現在、黄檗宗常福寺（兵庫県神崎郡香寺町須賀院）が建てられており、近年、姫路城跡内堀から、この極楽寺瓦経が大量に発見された。この極楽寺禅慧がどのような人物であるかは今後さらに検討されるべきであろう。しかしその願文から、禅慧が資業流（日野流）藤原氏の一族であったことはいえるだろう。(44)

以上みてきたように、日野流藤原氏の浄土信仰への関心の土壌は、すでに法界寺建立以前からみられ、法界寺以外を場としての一族の者による活動もみられる。これらの環境からも資長が『高野山往生伝』序文に記すように、儒者官人として生きながら、自身の信仰を深め、出家後に往生を願って往生伝を記すに至ったことは十分に考えられる。

（3）資長と『高野山往生伝』

①出家後の資長

資長は治承五年（一一八一）二月二十五日、日野において出家する。『玉葉』同二十七日条には次のようにみえる。

甲辰、（中略）民部卿資長、一昨日於二日野一出家、今日使二季長朝臣訪一レ之、無二指疾一、只遂二年来之素懐一也、雖レ遇二乱世一、未三曾当二其殃一、次第昇進無レ怨、昇二正二位中納言一、又任二民部卿一、其息、帝者侍読、四位中弁也、涯分栄望、専為レ足、遂以遂二本懐一、誠末代之幸人也、（傍線は筆者）

この記述から資長の出家が「年来の素懐」で「本懐を遂」げたものであり、彼が官人生活を送りつつ出家を望んでいたことがわかる。このことは『高野山往生伝』序文に「予外雖レ纏二下界之繁機一。内猶執二西土之行業一。遂遁二俗塵一。専事二斗藪一。」とあることとも重なり合う。その人生は、乱世の中にあって悪影響を受けることなく、順調に昇進を遂げ、子息も天皇の侍読になるという、儒者官人として誠に栄光に満ちたものであった。兼実はそのような資長の出家を、「遂に以て本懐を遂ぐ。誠に末代の幸人也」と羨望と感慨を込めて記している。

それでは出家後の資長の様子はどのようなものであっただろうか。出家以前の記載頻度とはかなり差があるが、『玉葉』には何回か資長の名前が出てくる。それらの記事をもとに資長の様子を探ってみよう。まず、養和元年（一一八一）十二月五日、その前日に崩御した皇嘉門院（兼実の異母姉、藤原聖子）の葬儀に列している。資長はかつて皇嘉門院の院司を勤めており[45]、兼実より女院の後事を頼まれ、本人も女院崩御後は必ず参籠しようと決めていたという[46]。その埋棺に際しては、兼実、兼実の長子良通[47]、僧都、頼輔入道、経光法師および資長の他は、役人六名・侍役人六名以外「一切不参入」であった。続いて養和元年（一一八一）十二月十八日、女院の二七日（十四日）供養に参じている[48]。元暦二年（一一八五）二月二十八日には兼実が日野に参詣し、資長入道のもてなしを受けている[49]。

文治三年（一一八七）三月四日、兼実は諸臣から広く意見を求めるべく院宣を左右大臣以下に遣わした[50]。兼実はかねてより徳政の一環としての意見封事の必要性を主張しており[51]、文治三年のそれは、摂政就任後、兼実が自身の主導によって古代の意見封事を復活し、当時の混乱した政治秩序の回復を目指したものであった[52]。その時意見を求められた二二人の中に、入道納言である資長とその息兼光がいた。出家後は政治への関与は行なわない通例にも関わらず、出家した人物にまで意見を求めたことについては、「被二院宣一称云々、（中略）夫遁世修道之人、雖レ不レ可レ預二時議一、仏法者依二王法一而紹隆、王法依二仏法一而長久、若歎二王法之衰微一者、即慕二仏法之繁昌一也」[53]と書かれているように仏法王法相依論に基づいたもので、今回の意見封事に対する兼実の並々ならぬ意欲をみることができるだろう。意見を求められたのは以下の人々である[54]。

左大臣経宗、右大臣実定、内大臣良通、右大将実房、中御門大納言宗家、堀川大納言忠親、新大納言実家、前源中納言雅頼、按察使朝方、源中納言通親、帥中納言経房、新中納言兼光、新藤宰相雅長、右大弁光長、大外記頼業、大外記師尚、大夫史広房。「遁世人」五名は、前相国入道忠雅・師長、入道納言資長・長方、入道式部大輔俊経。（傍線・波線は筆者）

それでは、その兼実からの意見封事の求めに対し、資長はどうしたのであろうか。同年五月二十三日、兼実はこれまでに出された意見十七通を後白河法皇に提出した[55]。内訳は公卿十四通、両大外記と大夫史三通、この中で意見を提出したことがわかっているのは、傍線を付した十一名（内公卿は八名）である[56]。その中に資長の名前はみえていない。意見を進上しなかったことが明らかなのは波線を付した内大臣良通・入道納言長方だが[57]、残りの意見六通が誰から出されたものなのかは比定し難い。しかし、もし資長が意見を提出していれば、資長の儒者官人としての活躍ぶりと、兼実の資長に対するこれまでの信頼関係[58]から考えて、兼実はそのことを記したのではないだろうか。資長たち五名の人物は「遁世人」であるにも拘わらず、敢えて意見を求めた人々であった。その点からも、もし資長から意見があった場合は、兼実はその事を記したはずである。資長の息兼光が意見を持ってきた記載はあるが、資長については意見を奏したとは書かれていないということは、資長は意見を提出しなかったのではないかと考えられる。

この時期の貴族の出家は世俗世界との完全な断絶を意味したわけではない。資長も、例えば建久二年（一一九一）甥の資実が山本庄を与えられた際には、そのことを慶ぶ歌を贈っており[59]、出家した後も一族の長老として関わりを有していた。しかし政務・儀式を記す日記の作成を止めることからも窺えるように、出家後は公事から身を引くのが通例で、資長も、意見は申し述べなかったと思われる[60]。

資長の名前が『玉葉』に最後にみえるのは、建久四年（一一九三）十月二十八日条である。兼実はその日、日野に参詣し、「資長入道堂」を訪れたのであった。以後資長の名前は『玉葉』にはみえず、彼はその二年後の建久六年（一一九五）十月に薨じた[61]。

出家後の資長は、それまでと比べて、『玉葉』に記される回数が極端に減っている。かねてからの約束であった皇嘉門院の葬儀やその供養といった重大事には姿をみせるが、他にはその姿はみられない。「遁世修道之人」でありながら兼実から意見を求められた五人には入っているものの、彼がそれに対しその後何らかの意見を述べたかどうかは疑わしい。このことは出家後の資長が、出家者としてもはや政治に直接関わることは控え、日野の資長入道堂で「西土之行業」に努めていたのではないかと推測させる。『高野山往生伝』はそのような中で編まれたのであろう。

②その撰述意識

それでは、『高野山往生伝』撰述における如寂（資長）の意識はどのようなものであっただろうか。序文によると、法界寺を暫く離れ、如寂が高野山に参籠したのは元暦元年（一一八四）四月である。その目的は「百日之精祈欲満」とあるように百日参籠であった。そこで「雪眉僧侶」に会った如寂は、彼からこれまで数多く高野山での臨終往生の行儀をみてきたが、自分ではそれを記録するだけの力がないので、代わりに記し留めて後世に伝えて欲しいと頼まれた。この箇所はフィクションの可能性もあり、また誇張も含まれていると考えられるが、これによって如寂は高野山における往生者たちの伝記をまとめることとなり、慶滋保胤の『日本往生極楽記』や大江匡房の後を継いで、高野山一山の僧に限って伝を記すこととしたという。

『高野山往生伝』に載せられる往生者たちは全部で三八人である。その中で六人は先行の往生伝にすでに収められているが、(62) 如寂はその記載を参考にしながら、新たに自身で収集した史料をもとに記事を加えてまとめている。

例えば、小田原聖教懐伝は『拾遺往生伝』にその往生伝が記されているが、如寂は、『拾遺往生伝』と同様の記事を記した後、それには載っていない以下の話を追加している。それは、如寂が教懐の聖跡を訪ね、古老や近辺の住僧から聞いた話であった。

元暦元年四月之比。予参㆓籠高野㆒。為㆑訪㆓彼上人聖跡㆒。攀㆓到小田原別所㆒。古老住僧出来。相談云。彼教上人厳親相公〈失名〉。為㆓讃州刺史㆒間。召㆓犯科之人㆒。加㆓苛酷之責㆒。彼上人雖㆑為㆓童稚之幼齢㆒。施以㆓憐愍之芳志㆒。然猶不㆑堪㆓霜刑㆒。已失㆓露命㆒。即成㆓悪霊㆒。深結㆓怨念㆒。因㆑之相公子孫皆以夭亡。教懐一人。纔雖㆓存命㆒。其霊未㆑謝。咎祟屢示。仍去㆓山城㆒。移住㆓当山㆒。猶号㆓斯処㆒。称㆓小田原㆒。平生草庵。其跡尚存。図㆓彼真影㆒。安㆓此堂舎㆒。見者咽㆑涙。聴人断㆑腸。予為㆑結㆓来縁㆒。専礼㆓今影㆒。画図雖㆑旧。形貌如㆑新。其舌頗垂。其眼如㆑瞬。右方傾㆑首。安坐唱滅之体也。袈裟緒結㆓付護仏㆒。以㆑紙裹㆑之。上下捻㆑之。近辺住僧来談云。上人怖㆓彼怨家㆒。住㆓斯霊地㆒之後。其霊猶現。号㆓之黒法㆒。而依㆑持㆓此護㆒。永絶㆓其事㆒。臨終正念。遂以往生。誠知。仏界与魔界。一如無二矣。

これによると、教懐の父が讃岐国司であったころ、罪人に苛酷の責めを与えて死なせてしまった。死んだ罪人の怨念により教懐の一族は彼一人を残して夭亡し、教懐はその祟りを怖れて山城から高野山へ移った。その霊はなお現われたが、護仏を身につけることにより、その祟りから逃れ、臨終正念して往生を遂げることができたという。

また、維範や蓮待の伝でも、その出身について、『拾遺往生伝』では維範を「京師人」、蓮待を「丹波国人」とするが、『高野山往生伝』ではそれぞれ「紀伊国伊都郡相賀郷人」、「土佐国人」とするなど、如寂自身の情報収集に基づく加筆・修正がみられる(63)。如寂が序文に『日本往生極楽記』『続本朝往生伝』の後を継ぐと書きながら、教懐以下六名の伝が載っている『拾遺往生伝』や『三外往生記』などの名を挙げないことについて、井上光貞氏はかつて、彼が六名の伝をそこから引用した事実を憚ったためと指摘された(64)。しかし、これら六名の伝にも如寂による加筆・修正がみられる点を考え合わせれば、如寂は、一連の往生伝の筆頭として『日本往生極楽記』『続本朝往生伝』を挙げたのであり、それ以外の意図はなかったと思われる。先行の往生伝である『三外往生記』や『本朝新修往生伝』にもそれ以前の往生伝と重複する往生者が載せられており、撰者の視点により加筆・修正が成されれば、重複自体はありうるものであったと考えられる。如寂には先行の往生伝との往生者の重複を憚る気持ちはなかったであろう。

では『高野山往生伝』編纂における如寂の目的と価値観を探ってみよう。『高野山往生伝』の特色は、すでに触れたように、高野山一山の僧に限っての往生伝である点、そしてその内容も出自以外はもっぱら往生を祈念しての修行の様子と往生者の人柄、そして臨終行儀や奇跡に限られている点に求められる。これは後述するその情報源である仏厳房聖心や仁和寺宮にも関係する。

序文から、その背景に、異相往生者を多く出す高野山のことを世に伝え、後世に残したいという「雪眉僧侶」の意図が窺われる。百日参籠のため高野山へやってきた如寂は、序文最後に「我之念仏多年。引接誓弘。仏之迎レ我何日。必遂二往生於順次一。得レ載二名字於伝記一云レ爾。」と記すように、かねてから往生を望み、往生者として名を残したいと願っていた。すなわち如寂は、自身の往生のための功徳として「雪眉僧侶」の依頼を受けたのである。今村氏はその論文の中で、如寂（藤原資長）は同じ儒家文人として、慶滋保胤・大江匡房を敬慕し、特に儒者官吏から本懐である出家へと人生の軌跡を共有する保胤への追随意識から、彼の『日本往生極楽記』を襲うという意識のもとに、『高野山往生伝』を編纂したと述べられ、資長は、仏厳房聖心と自分との関係を源信と保胤の関係に比して『高野山往生伝』を編纂したとされている[65]。みてきたように資長は序文で一連の往生伝の筆頭として保胤を挙げており、往生伝編纂の中で保胤と自分を対比することはあったであろう。しかし、二書には相違点も多い。

例えば、『日本往生極楽記』撰述はその序文にもあるように[66]、保胤が『浄土論』編者伽才の「衆生智恵浅くして、聖旨を達せず、もし現に往生の者を記せずば、その心を勧進することを得じ」という言に感銘を受けて行なったもので、彼が凡夫を往生へと導くために手引書・実例書として著わしたことがわかる。それに対し、『高野山往生伝』の場合は、資長は自身の往生を求め、「雪眉僧侶」の依頼を受けて撰述したのである。ここには保胤と資長の意識と目的の違いが明確に表現されている。

また『日本往生極楽記』では、その配列順は官寺貴寺の僧侶に始まり、その後にいわば体制外の宗教者たちを載せるという、僧界の構成を世俗的に位置づけた順であり、その内容も生前の世俗的エピソードが多く記されている(67)。それに対し『高野山往生伝』には、金剛峯寺執行検校（維範・良禅・琳賢・宗賢・済俊）や、覚鑁により建立された大伝法院座主・学頭、密厳院院主（教尋・琳賢〈琳賢は金剛峯寺の執行検校と大伝法院学頭の両職を勤めた〉・兼海・正直・証印）など山内で高い地位についた僧も、そうでない僧も収められるが、その記載順は往生年に従っており、生前の地位は影響していない（後掲表『高野山往生伝』リスト参照）。記される内容は、修行の様子そして臨終行儀や奇跡に中心がおかれている。

さらに付け加えるなら、保胤が『日本往生極楽記』の序文で、自分を「朝散大夫行著作郎慶保胤撰」と記すのに対して(68)、『高野山往生伝』では「法界寺沙門如寂」と記していること、そして保胤の出家の直接の契機は、彼が大内記として一翼を担っていた花山天皇の新政が挫折し、現世における文筆官僚としての自己の存在理念が崩壊したためとみられるのに対し(69)、資長の出家は『玉葉』に「無二指疾一、只遂二年来之素懐一也、雖ㇾ遇二乱世一、未三曾当二其殃一、次第昇進無ㇾ怨、昇二正二位中納言一、又任二民部卿一、其息、帝者侍読、四位中弁也、涯分栄望、専為ㇾ足、遂以遂二本懐一、誠末代之幸人也(70)」と記されており、その状況には異なるものがみて取れる。これらの点から、資長の『高野山往生伝』撰述意識は、保胤の『日本往生極楽記』におけるそれとは、明らかに違うものであったと考えられる。

往生伝撰述が往生への結縁であることは、これまでの各往生伝序文からも明らかである(71)。『高野山往生伝』本文をみると、第一話の教懐伝では、如寂は来縁を結ぼうとして教懐の真影を拝している。また、第十二話律師行意の伝では、如寂はその庵室を訪ね「芳縁を結ばんが為」にその近辺に寄宿している。このように如寂には、往生者との縁を結ぼうとする行動がみられる。そのことは、来世を憑み、序文にある念仏を修しながら浄土への往生を待ち望む姿につながるといえよう。第二三話には智明房頼西が往生したあと、頼西に近しい者やその遺物を受け取った者十四人が、正念安祥にして臨終したという話を載せる。往生者との結縁により自分たちも往生を望むという姿は、他の往生伝や説話集にもみられるもので、[72] 如寂も往生伝を記し、そして往生者ゆかりの地を尋ねることによって結縁を求め、ひたすら往生を願ったのである。したがって、資長にとって往生伝撰述は、まさに往生行のひとつであったといえる。

　資長は建久六年（一一九五）十月に薨じた。そのことを記した藤原長兼の『三長記』（『如天記』）同年十月六日条には「晴、後聞、今夜日野入道中納言〈資長〉入滅、賢息昇黄門、嫡孫帯蘭臺、非貴種之外、存日見此栄光、且無先例、雖為壽幸人之命皆有終、可悲。」とあり、[73] ここでも資長の生涯が非常に恵まれたものであったことが記されている。この文中には資長が撰述した往生伝のことが触れられていないことから、資長＝撰者如寂説に疑問を呈する可能性を与えるかもしれない。しかし、例えば『中右記』天永二年（一一一一）十一月五日条には大江匡房の薨伝を載せるが、そこには匡房の経歴やその文才についての叙述のみで、彼が往生伝を撰述したことについては触れられていない。先にみたように記主宗忠は往生に関する記事を多く書き付けているにも関わらずである。したがって、資長の薨伝に往生伝撰述記事が載っていないとしても、そのことは彼が『高野山往生伝』撰者如寂であることを疑わせる理由にはならない。出家後資長は、その文筆の才を買われて、高野山に限定した往生伝の撰述を依頼された。「我之念仏多年。引接誓弘。仏之迎レ我何日。必遂二往生於順次一。得レ載二名字於伝記一云レ爾」と『高野山往生伝』序文の最後に記すように、かねてから往生を望み、往生者として名を残したいと願っていた資長は、それを往生行のひとつとして請けて書き上げ、完成後まもなく薨じたのである。

（三）『高野山往生伝』の内容と特色

　これまで述べてきたように、『高野山往生伝』は儒家官人藤原資長が、出家後高野山に参籠して、「雪眉僧侶」の願いに応じて高野山における往生者の伝記を記したものであった。資長は往生伝を記すという作善により、自身の往生のための功徳としたかったのである。

それでは、『高野山往生伝』に描かれる世界はどのようなものであったのだろうか。本項では『高野山往生伝』の内容を分析し、当時の高野山浄土教を考える手がかりとしたい。

『高野山往生伝』に収められる往生者の数は全部で三八名である。高野山一山の僧に限定され（清原正国のみ例外）、その記載は往生者の没年に随っている。一番古いのが、高野山に極楽浄土信仰を伝えたとされる小田原聖教懐の伝（寛治七年〈一〇九三〉入滅）で、最後の三八番目に収められるのが、大伝法院学頭と密厳院院主を勤めた大乗房証印（文治三年〈一一八七〉入滅）である。この記載形式は、僧俗の別を立て身分的に配列した『日本往生極楽記』や『続本朝往生伝』と異なっており、『本朝新修往生伝』の形式を踏襲したものと考えられる。

そしてその記述内容は、出自や人柄、師弟関係等の記載以外は、往生のための修行の様子・臨終行儀・奇跡に限定されている。『高野山往生伝』に載せられている内容をまとめたものが後掲のリストである（『高野山往生伝』リスト、『高野山往生伝』にみる修行と臨終行儀）。これらの表から、『高野山往生伝』の特色をみていきたい。

まず、往生僧たちの出自や前歴は、興福寺（教懐・宗賢）、仁和寺（蓮待・聖誉）、園城寺（教尋・心覚）、東大寺（琳賢）など多岐にわたる。出身地は紀州周辺近畿地方が多いが、沙門蓮待は土佐の人、上人無名（南筑紫）・信明上人（北筑紫）は九州の人、入道西念は信濃の人である。琳賢（東大寺出身）や宗賢（興福寺出身）は、それぞれ金剛峯寺執行検校を勤め、琳賢は、覚鑁が建立した大伝法院の七代学頭も勤めた。他にも維範・良禅・済俊など金剛峯寺執行検校を勤めた人物や、教尋・兼海・正直・証印など覚鑁が建てた大伝法院の学頭や密厳院の院主を勤めた人物が収載されている。撰者如寂（藤原資長）に往生者たちの情報を伝え、後述するように『高野山往生伝』の成立に大きく関わった仏厳房聖心も大伝法院の学頭であった。さらに『高野山往生伝』一番目の小田原聖教懐に連なる別所に住む僧たちの伝も収めら

『高野山往生伝』リスト　　【　】内は『高野山往生伝』以外の史料による

記載番号	名　前	往生年	年齢	別名など	師	弟子	関係者名前	備考
1	沙門教懐	寛治7年(1093)	93	小田原迎接房聖、【教快聖人】			院内僧円実・同快暹、慶念上人	
2	散位清原正国	寛治7年(1093)	87	法名覚入			日延、北筑紫、日前国懸社参籠の或上人	
3	阿闍梨維範	嘉保3年(1096)	【62】	南院阿闍梨			尊円上人、慶念上人、定禅上人、維昭上人	【11代執行】
4	沙門蓮待	承徳2年(1098)	86	石蔵上人、【石蔵聖】	仁和寺叡算闍梨			
5	上人無名	長治元年(1104)		南筑紫、【貴き聖人】				
6	信明上人	不明【南筑紫と同年】	80	北筑紫聖、禅僧信明				
7	入道明寂	天治年間(1124～26)		隠岐入道、五室菩薩ヵ	良禅	【覚鑁】		
8	経得上人			小房聖、(持明院住)		能法	華蔵院宮僧正寛暁、近江阿闍梨宗寛	
9	蓮意上人	長承元年(1132)						
10	迎西上人	長承4年(1135)		西楽房				
11	阿闍梨良禅	保延5年(1139)	92	小聖、【解脱房】、【北室院】	金剛峯寺任尊山籠、北室院行明【大聖】、検校阿闍梨明算		長者僧正寛助(上首唱導之師)、大僧正定海(導師)	【14/17代執行・検校】
12	律師行意	保延7年(1141)		大夫律師、沢律師	長和法親王(戒師・入壇灌頂師)			
13	沙門教尋	永治元年(1141)		宝生房、教尋上人		伝法院学頭仏厳房聖心		【大伝法院2代学頭】
14	阿闍梨琳賢	久安6年(1150)	77					【19代執行・検校、大伝法院7代学頭】
15	能仁上人	久安年間(1145～51)						
16	沙門定厳	仁平3年(1153)		調御房		大師遺弟		
17	兼海上人	久寿2年(1155)	【49】	小聖	覚鑁		鳥羽法皇、吏部大卿永範朝臣	【大伝法院4代学頭・密厳院初代院主】
18	澄賢入寺	保元3年(1158)			良幸、琳賢			
19	圓長山籠	永万元年(1165)			舜寛			
20	増延山籠	永万2年(1166)			良幸			
21	暹輿上人	永万元年(1165)		(金堂預)				
22	聖誉上人	仁安2年(1167)		西谷勝宝房	【良禅→真誉→聖誉】			
23	頼西上人	仁安2年(1167)		智明房、伊勢上人				
24	澄慧上人	仁安4年(1169)						
25	沙門明暹	嘉応元年(1169)	94					
26	定仁上人	嘉応3年(1171)		(金堂預)				
27	正直上人	安元3年(1177)		【釈迦院隆海、大夫法印】	覚鑁			【大伝法院4代座主】
28	阿闍梨宗賢	不明【治承2年(1178)/寿永2年(1183)/同3年(1184)】	【67】	【智處房、智慶房】	【良禅、醍醐寺聖賢、執行聖位】			【23代執行・検校】【裳切騒動の張本として薩摩配流】

記載番号	名　前	往生年	年齢	別名など	師	弟子	関係者名前	備考
29	入道西念	治承2年(1178)		信濃入道	心蓮			
30	心蓮上人	治承5年(1181)		理覚房、【理覚上人、上人尋蓮、東禅院】		西念		
31	阿闍梨済俊	治承3年(1179)		【中厳房、龍光院】	琳賢			【27代執行・検校】
32	厳實上人							
33	能願上人							
34	上座尋禅			(禅僧)				
35	阿闍梨心覚	養和2年(1182)		宰相阿闍梨、【常喜院】	園城寺智證、阿闍梨兼意			
36	浄心上人	永万2年(1166)	69	十義房				
37	阿闍梨禅慧	元暦元年(1184)	85					【播磨極楽寺瓦経埋納】
38	證印上人	文治3年(1187)		大乗房	【良禅→真誉→證印】			【大伝法院6代・15代学頭、密厳院2代院主】

『高野山往生伝』にみる修行と臨終行儀

【 】内は『高野山往生伝』以外の史料による

記載番号	名 前	出 身	修行前の様子、高野山以外での修行	修行方法・事績	臨終行儀	入滅後の様子	奇跡の往生目撃者等
1	沙門教懐	京兆	興福寺、山城国小田原	両界修練、弥陀行法、大仏頂陀羅尼の受持、阿弥陀真言の誦念	不動尊像数百体の模写と開眼供養。念仏合殺。右脇西面	奇雲。天楽が西を指し去る	維範阿闍梨逝去の夕、慶念上人の夢で、維範を迎える無量聖衆の中にいる教懐を発見
2	散位清原正国（法名覚入）	大和葛下郡	武芸者、無悪不造。61才で出家。毎日念仏10万遍を27年間修す。夢で入唐上人日延により高野山を勧められる。寛治7年高野山来住		心神不例。北筑紫聖が、阿弥陀仏と無量聖衆の正国来迎を夢に見る。沐浴、香炉を捧げ、西に向かって遷化		日前国懸社参籠の上人が、西方からの無量聖衆が老僧を迎えて帰る夢を見る
3	阿闍梨維範	紀州伊都郡相賀郷	顕密性を瑩き、山林に心を接す。遂に平城之月を離れ、長く高野之雲に入る	下界を厭い、専ら西土を望む	小悩、法華経一部、不動尊万体、摺模供養。小浴・衣服着、尊圓上人に尊勝護摩を修せしむ。臨終正念の為、護摩壇に向かい敬礼挨拶。本房へ帰り、端坐向西、妙観察智定印を結び、弥陀如来法号を唱える。五色縷を以て仏手に繋ぎ、定印と相接す。眠るように気絶	5日後廟室に亡骸を斂送。10日後も容顔不変、定印乱れず、鬢髪伸び、臭気無し。緇素を集め、結縁の人多数来参。35日目も手印容色不変。奇異を畏れ廟に鎖をして閉じる	①院内禅僧信明、維範西方往生を告げる声を聞く②慶念上人、一大城の衆僧集会の中で南院闍梨が日想観を修する夢をみる。③定禅上人、維範入滅を聞いた夜、無量聖衆集会の夢を見る④維昭上人、夢で空から維範の滅度を告げる聲を聞く
4	沙門蓮待	土佐	仁和寺。本名永算。道心堅固。草庵卜居、日夜苦行、休息せず。金峯山に籠もり鹽穀味を絶つ。死去にあたり、一端出るが、蔵王権現の告げにより帰住。その後高野移住	内心発願。離山。流浪後、土佐国金剛定寺に至る。死期を悟り高野帰山。法華経一万部読誦。門弟に自分の死後は、葬斂せず野原に捨て、鳥獣に施すように言うが、浄地が汚れるとのある人の言葉で山を出る	自ら頭を剃り、山門を出て土州へ向かう。霊地を離れ、輿を降り、樹下にて西方に向かい定印、「南無三身即一阿弥陀如来。南無弘法大師金剛遍照菩薩」と唱え息絶える	西天雲聳。前林風慘。雲上には雷音、風下には香気。天晴。大虚雲	門弟の夢に、空中金剛界曼荼羅の西方因菩薩位の月輪中に上人が端座
5	上人無名（南筑紫）	鎮西		日夜行堂。恒に時之勤。退転無し	早朝、房舎洒掃、新しい浄衣を着し、弥陀仏に向かい結跏趺坐。衆僧に宝号を唱えさせ、鼓を打たせた。午刻～申刻まで念仏。端座入滅	彩雲峯に聳え、異香庵に満つ	
6	信明上人（北筑紫）	鎮西			南筑紫寂後、まもなく入滅。定印解くこと無く、念仏不断		
7	入道明寂		本尊虚空蔵菩薩、求聞持法を修め、悉地を成し、その後高野山へ	良禅から両部大法受法。五穀断、絹錦を着せず、鹽酢を嘗めず。菩提を求め、休退せず	小悩、傍らに鑁字を懸け手に綵糸を引き、真言を誦して密印を結ぶ。一心不乱十念成就。忽然即世		或云。人夢想有り。暗に聲有りて云「五室菩薩往生」
8	経得上人			持明院内に住し、小堂建立、慧業を修す。千部法華経を読み、六趣冥路を塞ぐ	終時に弟子能法を招き、弥陀像を安じ、西方に向かい、高聲念仏、専ら正念に住す		仁和寺僧宗寛、一旒綵幡が西方から高野山へ向かい、再び西方へ飛来する夢をみる
9	蓮意上人	和州	早く舊郷を出で、久しく斯の寺に住む	三間四面堂を建立、一丈六尺像（千手・弥陀・不動等）安置。八講を修し、教法に帰依。諸人に勧め仏教造写	小恙、手に五色縷を引き、坐しながら入滅		殯斂之後、遺弟等相議し、本尊持経を披見した処、「極楽の青蓮華」を発見
10	迎西上人			偏に弥陀に仕え、久しく極楽を慕う	身体不浄、小浴。香水を房内に灑ぐ。「別娑婆詣浄土、今日是時也、共可修念仏」善友同行、一心勧進		
11	阿闍梨良禅	紀伊国那珂郡神崎	月輪が胸間に入る夢により受胎。6~7才の時、月輪影現之由を称す。11才で金剛峯寺へ登り、任尊山籠に師事。14才で出家受戒	大随求・大仏頂等陀羅尼、両部大法。厭離穢土・欣求浄土。両界灌頂、五部智水。真言堂建立、諸尊像安置。長日行法。慈氏堂建立、法華法。五大多宝塔建立	高野山に住し81年、浄衣を著し新座に鋪す。不動尊を拝し祈請。南方に向き御影堂を拝し、次に西方に向き安養界を望む。身心動かず、忽然遷化		奇瑞霊夢、記録を遑しくせず矣。入滅後、率塔婆を建て遺体安置
12	律師行意		幼少期に父と参詣、「大師御弟子為るべし」との父の言により奥院で出家。戒師長和法親王	勇猛に精進、殊に五戒十善を持す	風痺。臨終期至り、弥陀像に向かい其宝号を唱える。定印乱れず。奄然として告別	気絶之後、容色変わらず	

記載番号	名　前	出　身	修行前の様子、高野山以外での修行	修行方法・事績	臨終行儀	入滅後の様子	奇跡の往生目撃者等
13	沙門教尋		元園城寺住	平生之間、行業不退。八宗を学び、五部を究める。本尊は文殊。灌頂を行ない、衆流に伝授	三尺文殊影現、一万菩薩と来迎し上人の金色世界引接を約束。3日後寅剋。忽発異香。人起信心。上人は弟子等に提婆一品の読誦と文殊真言を唱させ、同じ密印を結び禅定に入るかのように即世	入滅以後。一日端座。身体不動。手印如元。云々	
14	阿闍梨琳賢	紀州那珂郡	東大寺順海より華厳宗を学ぶ	高野山慶俊より諸尊法を受ける。良禅闍梨に属し、両部灌頂。建立堂舎。施資貯造写仏経。多積無量無邊之精勤	小悩。安弥勒像。繋五色幡。手結密印。口唱名號。風息已絶。露命忽消		
15	能仁上人	和州		阿弥陀・尊勝陀羅尼等を持念。大悲受性。常無懈倦。漸及衰耄。彌修念仏	無病悩。如眠入滅		
16	沙門定厳	紀州相賀	多武峰で天台法門を学ぶ	弥陀秘法。法華読誦。為毎月十五日之勤行。修弥陀百萬遍之称念。三五年之間。重修功積	念仏無断。定印不乱。北首迎期。西に面して唱え滅す矣		
17	兼海上人	紀州相賀		大日如来に帰敬。八角二階堂舎建立。丈六大日形像安置。副九幅両界三部諸經等。仁平二年十月比。以件堂舎。寄進鳥羽法皇御願寺	小恙相侵。忽然逝去。臨終正念		諸人、往生と称す
18	澄賢入寺	当国人		両部諸尊法。理趣経禮懺文。読誦之数量りがたし	思いを水上之蓮に懸け、禅観を久しく積み、遙かに望みを雲西之月に通す。終焉之暮。念仏逝去		
19	圓長山籠	紀州		理趣・弥陀・尊勝・仏頂等を持経。戒行日積。精進齡闌。三部大法勤行累年	小病忽除。一心念仏。雙眼早閉		
20	増延山籠	和泉国		一字三礼経書写・毎夜千遍の礼。諸尊祕法伝受。遂入壇灌頂。毎朝大仏頂・理趣經・尊勝陀羅尼二千遍。不動慈救呪一萬遍。	弟子に、自分の入滅後に仏事を修しないよう指示、自身は極楽の中品中生を確信。正念遷化		
21	暹與上人	紀州		金堂預、華香・灯油を備える。宿願により私財で両檀の仏器香炉等を施入	大仏頂陀羅尼を誦し、眠るともなく覚めるともなく、安祥して即世		
22	聖誉上人		元仁和寺住僧	本尊不動明王、大法を修し熏修を積む。十座千日行法を行なう	十座千日行法の999日目に弟子たちに翌日密厳国土に生ずことを示唆。翌日、其十座内、終結座前供養。於後供養、於彼国宜結願也。即登禮盤忽始行法。正念誦後。散念誦間。約期不違。果以入滅		
23	頼西上人		母が長谷寺に祈り誕生、母は観世音菩薩から錫杖と阿伽桶を賜る霊夢を見る。25歳で発心修行。家地田畠の券契の紙背に陀羅尼を書き功徳を積む	三時行法。一心念仏。歎修練猶怠。其唱念雖在喉内。敢無聞壁外。顕密兼学・智行具足。母の生まれ変わりの子童が入室	上人有小病悩。小悩復本。於仏前結印誦明。正念而終焉	其遺屍甚軽。闍維之後。身骨又少	この上人に親しい人で、その遺物等を受取り、正念安祥して臨終した者が全部で14人
24	澄慧上人	紀州		三部大法修學精。許可灌頂伝受明。又随求・尊勝・理趣等の経呪、持誦勇鋭	洗浴浄衣。安祥端坐逝		
25	沙門明暹	紀州		弥陀・不動尊を祈り、臨終正念を願う。礼懺理趣経を誦す。破壊堂舎を修理。禮讃講式を精勤	身心無累。起居安寧。而備香華登禮盤。端坐合掌。容儀不變。念仏気絶		
26	定仁上人			金堂預。堂裏清掃、仏前供養。地蔵尊を念ず。持誦不倦。読大士之講式。薩たの功徳を称揚	安養を欲す。各念弥陀仏。可作善知識。満虚空之聖衆。定垂最後之引接。同心勧誘。宜遂我願。心念不動。身儀無傾。安祥而滅		

記載番号	名　前	出　身	修行前の様子、高野山以外での修行	修行方法・事績	臨終行儀	入滅後の様子	奇跡の往生目撃者等
27	正直上人			多年給仕。而微塵許不違師命。受師教示。修恆時行法。不休息。	念仏観法而入寂。		
28	阿闍梨宗賢	紀州三谷郷	学兼顕密。興福寺で法相大乗を学び、醍醐山で金胎両部を受ける。	三間四面堂を建立、金色丈六仏5体、同三尺仏10体を安置。妙法蓮華経20部、金泥理趣経1巻を納める。堂宇は鳥羽法皇御祈願寺に寄進。供養では、大日・釈迦・弥陀之宝前で尊勝・法華・光明眞言之行法と長日行業を修す	薫修実久。遂　年　日入滅		
29	入道西念	信州		三菩提を求め、弥陀行法を受ける。勤行不倦。一生斎食。偏厭濁世。好空閑地居奥院	一夕無病患。念仏命終		
30	心蓮上人			心を極楽世界に懸け、眼を顕密法門に養う。両部大法、諸尊秘事。堂宇建立・仏像造立、長日護摩	寝膳乖和。薬石失方。逝水不歸。佗界告訣。口初誦神呪。手猶不動印契云		
31	阿闍梨済俊	紀州在田郡		琳賢から両部大法・諸尊秘要を伝受。苦修練行星霜久。三密壇前。常凝三十七尊之観法	飛華落庭之時。斜陽照壁之夕。倚脇息凝心念。無病悩而遷化		
32	厳実上人	和州	大和国虚空蔵厳之住侶	壮年時に両眼共盲。懺業障の為に高野山参籠。譏携鳩杖巡礼礼鵝王。三年之一心祈精。有時、参詣中。忽然眼開	其後終焉時到。向弥陀像。備香華唱名號。安坐而即世		
33	能願上人	和州		当山住侶として60年余、偏えに大師之御徳を仰ぎ、奥院に詣参。朝暮念弥陀仏。或唱或聴。又甘理趣経真文。昼夜観誦	一期之運将終。手引五色之縷。心観三密之教。扶病独起。西向気絶		
34	上座尋禅		もとは禅僧、院内を出て政所（慈尊院）に住む	老齢になるにつれて世務を厭い、念仏之外諸の営み無し	臨終時に沐浴潔斎。著新浄衣。安坐而終。所念弥陀也。深憑来迎之誓。所慕安養也		
35	阿闍梨心覚		園城寺住僧、智證門弟、天台教観を学ぶが菩提を望む。25年間光明山に住し、高野山へ	阿闍梨兼意から三部深旨を学ぶ。諸尊秘法。両界灌頂。三時行業。朝暮礼懺。在生之間不休息	臥病床。知不可愈。雖然日課不退。先知師期、起立端座、結印誦明、奄然滅		
36	浄心上人	紀州花園村		常に仏尊に祈る。予め死期を知る	端坐仏前。結印入滅		
37	阿闍梨禅慧				病悩在身。心念不撓。称名益競。観念無休。安祥而滅。定印猶不解。	弥陀定印之相。	如寂が後日仁和寺宮に参じ、禅慧往生の様子を聞く
38	證印上人			性慈悲に受け、学顕密に長せり	小悩相侵。中心違例。然猶心念不衰。自行無懈。諸仏歓喜之日。衆僧自恣之期。安心端坐。大日五字呪を誦し、門弟に不動慈救呪を誦させ、禅定に入るが如く遷化		

れている。このように『高野山往生伝』に収載される往生僧たちは、その出自も経歴も立場もさまざまであったことがわかる。

その修行方法は、真言系の修法と阿弥陀念仏の両方を修しているものが多い。臨終行儀も、阿弥陀念仏が多いが真言系の行儀も混在している。このような点が当時の高野山浄土教の特徴といえよう。さらに注目される点は、そのほとんどが西方極楽浄土への往生を希求しているという点である（教懐・清原正国・維範・蓮待・南筑紫・経得・蓮意・迎西・良禅・行意・定厳・澄賢・増延・定仁・西念・心蓮・厳実・能願・尋禅・禅慧）。修行や臨終行儀に真言系のものと阿弥陀念仏が混在している場合も、西方浄土を希求している。したがって往生の証として起きる奇瑞や霊夢でも、西方への往生を示すものとなっている。空海の有していた弥勒信仰にもとづく弥勒浄土（密厳浄土）を求めているとみられるのは琳賢と聖誉の二名である。ここからも末法思想の影響によって広まった極楽浄土信仰の高野山への影響をみることができるだろう。

注

（1）『続遍照発揮性霊集補欠抄』九「於紀伊国伊都郡高野峯被請乞入定処表」（渡辺照宏・宮坂宥勝校注『三教指帰　性霊集』日本古典文学大系七一、岩波書店、一九六五年）。

（2）『続日本後紀』承和二年（八三五）三月二十一日条、同二十五日条

丙寅。大僧都伝灯大法師位空海終于紀伊国禅居。庚午。勅遣内舎人一人。弔法師喪并施喪料。後太政天皇有弔書曰。（中略）隠居紀伊国金剛峯寺。化去之時年六十三。

（3）『三教指帰』巻下「仮名乞児論」、『続遍照発揮性霊集補欠抄』八「藤左近将監、先妣の為に三七の斎を設くる願文」（注1『三教指帰　性霊集』）。

(4)『日本紀略』延喜二十一年十二月二十七日条。

(5)『高野山奥院興廃記』(『続群書類従』二八上)。撰者尚祚は、十三世紀初頭〜中期の学僧。

(6)『平家物語』巻十「高野巻」(岩波文庫、岩波書店、一九九九年)。

(7)『平安遺文』四三六。

(8)『政事要略』巻二二 年中行事八月上「四日北野天神会事 附御霊会」。

(9)「高野山奥院興廃記」(注5)、「高野興廃記」(『大日本仏教全書』一二〇、寺誌叢書)、久安五年五月日「金剛峯寺焼失修復注進状草」(大日本古文書 家わけ第一『高野山文書』「又続宝簡集」八―一七四二)。

(10)日野西眞定編集校訂『新校 高野春秋編年輯録』(増訂第二版、岩田書院、一九九八年)。以下『高野春秋』と称する。『高野春秋』は、高野山第二七八世検校懐英により撰述された、弘仁七年(八一六)から享保四年(一七一九)三月までの高野山の編年史である。本書第三章で取り上げる元禄高野騒動の後に著わされたもので、高野山における学侶中心主義を論証するために書かれた。豊富な史料が用いられているが、内容は著者懐英の独断・誤解が多く、また正中二年(一三二五)から大永五年(一五二五)に至る約二〇〇年間に年代錯誤がみられるため、参考資料にとどまるともいわれるが(和多秀乗「高野春秋」『国史大辞典』吉川弘文館、一九八五年)、年代錯簡については、一定の法則に基づき計算しなおすことで修正・活用できるとの指摘もあり(本郷和人「『高野春秋』について」『遥かなる中世』六、一九八五年)、これまでになかった高野山史をはじめて本格的に編纂したもので、やはり高野山史研究の基本史料の一とされる(前掲日野西眞定『高野春秋』解説)。

(11)『続群書類従』八下。

(12)『扶桑略記』治安三年十月条。

(13)「宇治関白高野山御参詣記」(『続々群書類従』十二)。

(14)六種とは以下の各往生伝を指す。『日本往生極楽記』(慶滋保胤)、『続本朝往生伝』(大江匡房)、『拾遺往生伝』(三善為康)、『後拾

遺往生伝』（三善為康）、『三外往生記』（蓮禅）、『本朝新修往生伝』（藤原宗友）。
(15) 西口順子「往生伝の成立―三善為康の往生伝を中心に―」（『史窓』十七・十八合併号、一九六〇年）、重松明久『日本浄土教成立過程の研究―親鸞の思想とその源流―』（平楽寺書店、一九六四年）（書評：家永三郎『史学雑誌』七三―九、一九六四年）、古典遺産の会編『往生伝の研究』（新読書社、一九六八年）、志村有弘『往生伝研究序説―説話文学の一側面―』（桜楓社、一九七六年）、小原仁「往生伝と平安知識人―保胤と匡房の場合―」（『日本仏教』三五、一九七三年）、同『文人貴族の系譜』（吉川弘文館、一九八七年）など。なお、井上光貞・大曾根章介『往生伝　法華験記』（日本思想大系七、岩波書店、一九七四年）・速水侑『浄土信仰論』（古代史研究選書三、雄山閣出版、一九八八年）に参考文献が載せられている。
(16) 注15井上光貞・大曾根章介『往生伝　法華験記』（日本思想大系七、岩波書店、一九七四年）。
(17) 山田昭全「高野山往生伝」『群書解題』四（上）。
(18) 和多秀乗「高野山往生伝」（『国史大辞典』五、吉川弘文館、一九八五年）。なお『浄土宗全書』の『高野山往生伝』解説（伊藤唯真）にも、その成立時期は文治三年以降建久五年以前で、「本書は院政期における高野山の浄土教を窺う重要な往生伝である。」と書かれている。
(19) 興教大師八百五十年遠忌記念論集『興教大師覚鑁研究』（春秋社、一九九二年）にも『高野山往生伝』を用いた論文が何篇か収められているが、その成立や撰者については論究されていない。
(20) 井上光貞『日本浄土教成立史の研究』第四章「院政期の真言及び南都系の浄土教」（同著作集第七巻、岩波書店、一九八五年。初版一九五六年・新訂版一九七五年、いずれも山川出版社）。
(21) 『高野山往生伝』の翻刻は、大日本仏教全書一〇七『日本往生極楽記外十二部』、『浄土宗全書』続十七巻（旧六巻）、『続群書類従』八上　伝部、日本思想大系七『往生伝　法華験記』、に所収されている。その中で序文・奥書を載せているのは、唯一、日本思想大系の『往生伝　法華験記』（井上光貞・大曾根章介『往生伝　法華験記』日本思想大系七、岩波書店、一九七四年）である（以下、思想大系本と略)。他の三本はともに延宝五年の版本に拠るとしながらも、どのような理由からか序文・奥書を載せていない。延宝五年版本については、第三章で詳述する。思想大系本の底本は高野山三宝院本であるが、三宝院本と延宝五年版本との関係についても第三章で触れることとする。本稿で引用する『高野山往生伝』の文章は思想体系本によるが、思想大系本の『高野山往生伝』は原文のみのため、返り点は筆者が適宜付した。

(22) 『本朝高僧伝』巻十二所収の如寂伝は以下の通りである(『大日本仏教全書』一〇二)。

河州法界寺沙門如寂伝

釈如寂。不知氏産。住法界寺。宗因真言。傍修浄土。元暦年中捨院。抖擻登高野山。九旬修練。有僧謂曰。此間浄邦報生之人。雖熟見聞而無椽筆之力。公其記実宜伝後世。寂因纂述高野往生伝。於今行世。其序略云。以庸浅之身追方聞之趾。不整文章。無飾詞華。只伝来葉。将植善根而已。我念仏多年。引接誓弘。寂末後堅固取滅云。

『高野山往生伝』の序文と比較してみると、その内容はほぼ同じであり、師蛮が『高野山往生伝』を参考として如寂伝を記したことは明らかである。法界寺が「河州法界寺」と記されるが、この時期河内国には法界寺という寺院名はみえず、『寺院本末帳』にも河内法界寺は記載されていない(『江戸幕府寺院本末帳集成』雄山閣、一九八一年)。師蛮の『本朝高僧伝』に誤りが存することは早くから指摘がある(平出鏗二郎「延暦僧録と日本高僧伝要文抄」『史学雑誌』十二—十、一九〇一年)。「河州法界寺」としたのもその一例ではないだろうか。この「河州法界寺」は実は日野法界寺のことではないかと考えられる。

(23) 志村有弘「往生伝の系譜」『国文学解釈と鑑賞』一九八七年十一月号)、田嶋一夫「『高野山往生伝』の編者如寂をめぐって」(国東文麿編『中世説話とその周辺』明治書院　一九八七年)、今村みゑ子「『高野山往生伝』作者考」(『人間文化研究年報』十二、一九八八年)、志村有弘「『高野山往生伝』と編者如寂」(『相模女子大学紀要』五一号、一九八八年)、今村みゑ子「高野山往生伝」(『日本古典文学大事典』明治書院、一九九八年)、志村有弘「高野山往生伝」・「如寂」(『日本説話伝説大辞典』勉誠出版、二〇〇〇年)。五味文彦氏も、資長を『高野山往生伝』撰者如寂とされる(五味文彦『藤原定家の時代』(岩波新書、岩波書店、一九九一年)、『大

仏再建』（講談社、一九九五年）、『絵巻を読む　歩く『春日験記絵』と中世』（淡交社、一九九八年）など。

(24) 田嶋一夫注23論文。

(25) 今村みゑ子注23論文。

(26) 撰述後の『高野山往生伝』の展開については本章第二節で触れた。その後の江戸時代における展開については第三章第三節を参照されたい。

(27) 細谷勘資「日野流藤原氏の形成過程」（『史聚』二三、一九八八年）細谷a、および「内麿流藤原氏の台頭と摂関家・女院―藤原資長・兼光を中心として―」（『駒沢史学』四二、一九九〇年）細谷b。この他、松島周一氏も皇嘉門院と兼実の関わりに関連して資長について触れておられる（松島周一「基房・兼実・皇嘉門院」『日本文化論叢』第五号　一九九七年）。

(28) このような表現は、他に慶滋保胤の『池亭記』（「在レ朝身暫随二王事一。在レ家心永帰二仏那一。」新訂増補国史大系『本朝文粋』巻十二記）や、三善為康の『拾遺往生伝』に出てくる射水親元伝（巻中二二「身雖レ営二国務一。心偏帰二仏法一。」）にもみられる。浄土信仰を有する当時の文人貴族が用いる常套句のようであったと思われ、如寂はこれらの書を参考にしながら序文を書いたのであろう。

(29) 田中勘兵衛・田中忠三郎『日野誌』（一九三三年）。

(30) 細谷氏は長寛三年（一一六五）七月から安元元年（一一七五）四月の間のこととしておられる（注27細谷b）。しかし長寛三年の段階では資長はまだ従三位であり、その場合は唐名「銀青光禄大夫」と記されることになる。表白文に「金紫光禄大夫」と明記されている以上資長の官位はすでに正三位であり、したがってその時期は、細谷氏の指摘より二年短い仁安二年（一一六七）以降安元元年までの間と考えられる。

(31) 日野流藤原氏と法界寺については以下の論文を主に参考とした。堀池春峰「日野・法界寺について」（『大和文化研究』十二―二・六・七（一九六七年）、同十三―一（一九六八年）、河野房男『右府藤原宗忠と日野法界寺』（別府大学史学研究叢書第一集、一九七九年）、高橋秀樹「『勘仲記』と「家」」（五味文彦編『日記に中世を読む』吉川弘文館　一九九八年）など。

(32)「叡岳要記」(『群書類従』二四)。
(33)『中右記』寛治六年(一〇九二)九月二日条にも「件日野、是故伊與三位入道所建立道場也、伝教大師自作給薬師仏安置其中、是一家大宝也」とある。
(34)初代日野別当についた良覚は薬師堂を建立した藤原資業の子息で、一門から天台座主となった慶命の弟子であった(『尊卑分脈』)。その後日野別当となる一族の実円(良覚甥)、光澄(資長弟)、覚玄(資長息)も延暦寺僧である(同前)。
(35)河野房男注31書。
(36)嘉保二年四月二十四日、承徳元年九月七日、康和五年三月二十三日、天仁元年一月二十七日、同年六月九日、天永二年七月二十六日、同年十一月一日、大治二年五月四日、保延二年三月十八日の各条など。
(37)小原仁『文人貴族の系譜』二一六〜二一八頁(吉川弘文館、一九八七年)。宗忠の信仰については、すでに家永三郎『日本思想史に於ける否定の論理の発達』(弘文堂、一九四〇年)や辻善之助『日本仏教史』上世篇(岩波書店、一九四四年)などに言及がみられ、小原氏も「藤原宗忠の来世信仰」(『日本歴史』五〇二、一九九〇年)で扱っておられる。
(38)松薗斉『日記の家—中世国家の記録組織—』第一部第四章「藤原宗忠の家記形成」(吉川弘文館、一九九七年)。
(39)『中右記』天仁元年正月十三日条裏書。
(40)『中右記』長承元年十二月七日条、長承三年五月十三日条。
(41)桃裕行『修訂　上代学制の研究』第三章第四節「勧学会と清水寺長講会」(『桃裕行全集』一、思文閣出版、一九九四年。初版一九四七年、吉川弘文館)。
(42)桃裕行注41書。
(43)天養元年六月二十九日「兵庫県極楽寺瓦経銘」(『平安遺文』金石文編　二八四〜二九一、二九四〜三〇〇、補遺十八〜二〇、補遺五二)。

(44)『尊卑分脈』をみると、資長の弟光成の子である最賢（延暦寺執行法眼）の息に禅恵（禅忠）がいる。しかしこの禅恵は律師との記載があるのみで、極楽寺瓦経銘にみえる願主禅慧と同一人物かどうかははっきりしない。平岡定海氏は、極楽寺禅慧を『高野山往生伝』に出てくる往生僧「密厳房阿闍梨禅恵」（元暦元年九月九日に八五才で往生）と同一人物であるとされている（平岡定海「平安時代に於ける弥勒浄土思想の展開」『日本弥勒浄土思想展開史の研究』第三章　日本に於ける弥勒浄土思想の展開、大蔵出版、一九七九年）。密厳房禅恵は、同じく『高野山往生伝』に記される検校執行阿闍梨良禅の弟子である（小野灌頂流伝高野師資血脈稟承次第「血脈　中院」『続真言宗全書』二五　続真言宗全書刊行会、一九八五年）。極楽寺禅慧＝密厳房阿闍梨禅恵とした場合、瓦経願文を書いたときに禅慧は四五才となり、年齢的には矛盾しない。しかし、密厳房禅恵が日野流藤原氏の出身かどうかは不明である。もし、極楽寺禅慧＝『高野山往生伝』禅恵＝資長の甥の子禅恵と考えた場合、禅恵の年齢が、康和元年（一〇九九）生まれで、父親の叔父である資長より十九才年長ということになってしまうので、この三者の関係についてはまだ検討が必要であろう。

極楽寺瓦経や願文および禅慧に関する論文には、和田千吉「播磨の瓦経及願文考」（『考古界』一篇一・二、一九〇一年）、辻善之助『日本仏教史』上世篇（岩波書店、一九四四年）、石田茂作「瓦経の研究」『仏教考古学論攷』三　経典編（思文閣出版、一九七五年、初版『瀬戸内考古』二―一、一九五八年）、速水侑「光明真言と初期浄土教」（笠原一男編『日本における社会と宗教』吉川弘文館、一九六九年）、平雅行「末法・末代観の歴史的意義―浄土教中心史観批判―」（『仏教史学研究』二五―二、一九八三年）などがあり、極楽寺瓦経についての最新の成果は、安藤孝一「播磨極楽寺瓦経塚の研究」（『東京国立博物館紀要』三二、一九九七年）、同『平安時代の埋経と写経』（東京堂出版、一九九九年）、姫路市教育委員会『播磨極楽寺瓦経―特別史跡姫路城跡内堀出土―』（一九九九年）にまとめられている。

(45)『玉葉』承安四年十二月二十一日条。

(46)『玉葉』安元三年二月二十七日条。

(47)彼は女院の養子であり、女院の所領も伝領している。

(48) 『玉葉』養和元年十二月十八日条。

(49) 『玉葉』元暦二年二月二十八日条。

(50) 『玉葉』文治三年三月四日条。

(51) 『玉葉』元暦二年七月十二日条。

(52) この文治三年の兼実の意見封事については奥田環氏に考察がある。氏はこの時の意見封事は最終的に、やはり兼実主導のもとに実行された建久二年(一一九一)の新制(三月二十二日付十七ヶ条および同二十八日付三十六ヶ条)に結実したと述べられている(奥田環「九条兼実と意見封事」『川村学園女子大学研究紀要』一、一九九〇年)。奥田氏論考の所在は上杉和彦氏のご教示による。

(53) 注50。

(54) 注50。

(55) 『玉葉』文治三年五月二十三日条「今日、以二蔵人弁親経一、奏二意見十七通一〈一二結公卿十四通一、(中略)一二結両大外記并大夫史三通一也、(下略)〉」とある。

(56) 『玉葉』文治三年四月十九日・二十日・二十一日・二十二日・二十三日・二十四日・二十六日・同年五月六日条。

(57) 注50および『玉葉』文治三年五月十五日条。

(58) 兼実の資長に対する信頼は『玉葉』に数多く記される資長についての記述をみても明らかである。日野流(資業流)藤原氏と九条家との関わりについては『九条家文書』一におさめる応永三年(一三九六)の「九条経教遺戒」から、兼実のころその主従関係が確立したことが知られている(『図書寮叢刊』一九七一年)。それに加えて兼実が定期的に法界寺へ参詣し(『玉葉』に表われる兼実の日野参詣の記事には「毎年例事」「参詣如例年」といった表現が用いられている)、その息良通も病の折り日野へ参籠したり(『玉葉』文治閏七月十七日条)、後鳥羽后となった兼実の娘任子の皇子出産祈願が法成寺とならんで日野薬師堂で行なわれる(『玉葉』建久六年正月八日条)など、その結びつきは公私にわたるものであった。資長の儒者官人としての活躍は、例えば年号勘申に際し、

「応保」「嘉応」「承安」の三つの年号が、彼の勘申により採用されたことが挙げられるだろう（『山槐記』応保元年九月四日条、『玉葉』承安元年四月二十二日条・二十三日条、『一代要記』己集二条天皇・高倉天皇）。応保から応安（一一六一～一三七五）までの年号勘文の次第を記した『日野家代々年号勘文』は、資長の代から記述が始まっている（東京大学史料編纂所所蔵写真帳『広橋家記録』三七）。資長自身が記したものとしては『歴代残闕日記』巻二七に「日野中納言藤資長卿記」が収められているが（『歴代残闕日記』第五巻〈臨川書店、一九六九年〉）、それによると仁安二年（一一六七年）十二月九日の東宮御書始に際し、資長は「家本」を持ってきている。それは「為レ公為レ私依レ用二吉例一也」（返り点は筆者）で、ここからも儒者としての資長の立場と自負を窺うことができるであろう。

(59) 慈円の『拾玉集』五に「建久二年右小弁資実に山本の庄を給へたるよし聞きておほぢの日野の民部卿入道の許より慶ぶよし申すとて一絶をつかはしたるを見れば」という事書に続いて資長の絶句が載せられている（『校註国歌体系』第十巻　臨川書店、一九七六年、多賀宗隼編著『校本拾玉集』吉川弘文館、一九七一年など）。

(60) 今村氏はその論文（注23）の中で、出家後の資長が兼実から意見封事を求められたことで、「資長の仏道は、より社会的意味において生かされることが要求され、かつ自らも認識するところ」であり、資長は「自由な立場から、そして入道中納言であり儒家文人である立場から己れの宗派を超えより大きい目的（＝動乱の世の自他の救済　筆者注）を目指し得た」とされる。しかし、これまでみてきたように資長が意見を提出した事実が見出されない以上、このことは疑問とせざるを得ない。出家と日記の関係については、松薗斉「日記の終わりと出家についての一考察」（川添昭二先生還暦記念会編『日本中世史論攷』文献出版、一九八七年）を参照されたい。

(61) 『尊卑分脈』および『三長記』建久六年十月六日条。

(62) 沙門教懐・散位清原正国・阿闍梨維範・沙門蓮待は三善為康の『拾遺往生伝』に、南筑紫・北筑紫両上人は蓮禅の『三外往生記』にそれぞれ往生伝を載せる。

(63) 注21『往生伝　法華験記』。

(64) 注21井上光貞『往生伝　法華験記』文献解題。なお、志村有弘氏も井上氏のこの説を受けておられる（志村有弘『往生伝研究序説—説話文学の一側面—』第一部第八章「高野山往生伝」桜楓社、一九七六年）。

(65) 今村みゑ子注23論文。

(66) 注21『往生伝　法華験記』。

(67) 小原仁「往生伝と平安知識人—保胤と匡房の場合—」（『日本仏教』三五、一九七三年）、同『文人貴族の系譜』（吉川弘文館、一九八七年）。大江匡房の『続本朝往生伝』の記載順も、序文にみえるように「上自国王大臣、下至僧俗婦女」までが、その身分に従って配列される。そして匡房は後述する保胤の署名同様、自分を「黄門侍郎江匡房撰」と記す。一方『高野山往生伝』の配列は、身分や立場に関係なくその没年順である。それは藤原宗友の『本朝新修往生伝』の配列に倣っていると思われる。

(68) 『日本往生極楽記』は保胤が出家した寛和二年（九八六）には一応成立していたとみられるが、出家後加筆され、永延年間（九八七～八九）以降まもないころに現存の形になったと考えられている（福田行慈「日本往生極楽記」『国史大辞典』十一、吉川弘文館、一九九〇年）。したがって、完成時期には保胤は出家していたはずであるが、それにも関わらず、自分の世俗における官職名をそのまま残したことになる。小原氏は保胤の署名について、かつて、現存する『日本往生極楽記』のそれは彼の自著ではなく、後人の手によって俗名を記されたのだとされた。その根拠として、保胤の出家後に追加された行基伝末尾の挿入文には「仏子寂心」と書かれていることを挙げられている（小原仁「勧学会と二十五三昧会」大隅和雄・速水侑編『日本名僧論集　第四巻　源信』吉川弘文館、一九八三年、初出一九八〇年）。しかし、これは後人の手による署名と考えるよりは、保胤の在俗時に成った原『日本往生極楽記』に記した署名を、出家後の加筆によって現『日本往生極楽記』の形にまとめた後も、保胤は書き直すことなくそのまま用いたと考えた方がいいのではないだろうか。

(69) 速水侑「往生伝」（『岩波講座　日本文学と仏教』第三巻「現世と来世」、岩波書店、一九九四年）、後藤昭雄『天台仏教と平安朝文

人』（歴史文化ライブラリー一三三、吉川弘文館、二〇〇一年）。
(70)『玉葉』治承五年二月二十七日条。
(71)『拾遺往生伝』には「冀はくは今生集類の結縁をもて、必ず来世順次の迎接を期せむ」（巻中）、『後拾遺往生伝』にも「ただ結縁の為、勧進の為、目に聴き耳に視る往生人を記す」（巻中）、『本朝新修往生伝』には「願はくは南浮の濁世に発心の人を記し、以て西方浄土往生引接の縁と為さん」といった表現がみえる。
(72)一例として『今昔物語』巻十五の二八「鎮西の餌取法師往生の話」、『沙石集』巻四の七「臨終ニ執心ヲソルベキ事」、『念仏往生伝』第二五　禅門寂如伝など。なお、西口順子氏が『日本往生極楽記』以下六つの往生伝における臨終時の記載を整理して表にされているが、それによると諸人結縁がみられる例は四二あるという（西口順子「浄土願生者の苦悩―往生伝における奇瑞と夢告―」古典遺産の会編『往生伝の研究』一九六八年、新読書社）。
(73)『増補　史料大成』。なお『尊卑分脈』には「如天記云。建久六十六晴。後聞。今夜日野入道中納言〈資長〉入滅。賢息昇黄門。嫡孫帯蘭臺。非貴種之外存日見此栄花。案先例雖為壽幸人。天命皆有終可悲〈甲子〉七十七」とみえる。また『尊卑分脈』建久六年の兼光の項には「十月五日喪父」と記される。

二　平安時代の高野山信仰

（一）『高野山往生伝』の情報源

『高野山往生伝』に所載される三八名の往生者の伝は、それまでの往生伝の内容を受けたものもあるが、その大部分は如寂自身の採訪による史料である。それは「雪眉僧侶」からの話がもとになると考えられるが、それ以外には如寂はどういった方面から史料を集めたのであろうか。本節では『高野山往生伝』の情報源を探ることにより、高野山信仰形成に関わった人々とその目的、高野山信仰形成の背景を考えたい。

『高野山往生伝』の中で、如寂が直接情報を得た人物としては次のような人々が挙げられる。

一話　沙門教懐…古老の住僧、近辺の住僧
八話　経得上人…華蔵院宮僧正寛暁、近江阿闍梨宗寛
十三話　宝生房教尋…仏厳房聖心
三七話　密厳房阿闍梨禅慧…仁和寺宮の或人

この中で、華蔵院宮僧正寛暁と近江阿闍梨宗寛、仏厳房聖心、仁和寺宮について検討してみよう。

まず寛暁と宗寛だが、寛暁は堀川院の皇子で、仁和寺華蔵院宮聖恵法親王付法の弟子である。保元四年（一一五九）正月八日に五七歳で薨じた[1]。経得の臨終の時、寛暁は高野山に参籠していた。寛暁の師である華蔵院流の祖聖恵法親王（一〇九四〜一一三七）は、白河天皇の皇子で、高野山谷上に引接院を建立している。高野山に往生者があったことを夢想で感じた宗寛は、寛暁付法の弟子で、もとは恵什の弟子であった。近江律師とも称した。真言宗小野・広沢両流を琢磨し、華蔵院流の淵源を究めたが、その後相承の聖教を持って逐電し伊勢に内証院という一院を建てたという[2]。宗寛が経得の往生を察した時、彼は仁和寺にいた。経得上人の往生の日時は記されていないが、その前後の記事から天治年間（一一二四〜一一二六）以降長承元年（一一三二）の間であったと推定される。時期的に如寂が直接話を聞くことはできないので、おそらく仏厳や他の高野山僧、仁和寺関係者などから聞いたのであろう。

次の仏厳房聖心は、覚鑁により長承元年（一一三二）に建立された高野山大伝法院の学頭であり、教尋の弟子で覚鑁の法脈を受けた人物であった。『玉葉』に名前が散見し、その記載から、民間の験者のような僧侶で、医術に心得のある人物であったろうとの推測が、大屋徳城氏によりなされたが[3]、その後井上光貞氏によって、この仏厳は「小田原教懐

聖人堂」で盂蘭盆会を行なった七口聖人の一人であることが指摘された。[4] 和多秀乗氏はそれに加えて、金剛峯寺執行検校の阿闍梨良禅の付法灌頂弟子の一人である阿闍梨日禅の付法灌頂弟子に仏厳の名前がみえるところから、法脈では明算・良禅と続く高野山の主流中院流に属しながら、覚鑁による大伝法院系統とも密接な関係があったと指摘された。[5]「大伝法院学頭補任次第」によると仏厳は、就任年代は不明ながらも、第十一代と十八代の学頭を勤めている。[6] 兼実からの信頼も厚く、五来重氏は、仏厳の兼実邸出入りの契機は勧進の便宜からで、雨乞いなどの呪験力と科学的知識と、大伝法院学頭としての密教と浄土教の学問を、勧進のために駆使し、当時初期高野聖の間で支配的地位に立っていたと述べられている。[7] 後白河院からも信頼され、その命により『十念極楽易往集』を著わしている。[8] さらに、鳥羽天皇皇后、美福門院の御願により建立された普成仏院（仏名院）の初代院主「大阿闍梨聖心」とも同一人物とみられる。[9]「今天王寺」とも称する普成仏院は、浄土信仰の中心地である摂津四天王寺へ百万遍念仏に参詣する代わりに「美福門院を始めとする天皇家の天王寺信仰の、京都内における拠点として建立されたもの」[10]であった。したがってそこの初代院主に任ぜられた仏厳は、当時、高野山内のみでなく、宮廷にも幅広い人脈と影響力を有する重要人物であったといえる。

資長と仏厳の関わりは、後白河院や兼実を通じて始まったと考えられる。彼が仏厳から得た情報は教尋のみではなく、大伝法院や密厳院の諸職を勤めた兼海上人や正直上人・証印上人たちについても可能であったろう。教尋は第二代の大伝法院学頭、兼海は覚鑁付法の資で、「伝法院流第二祖師」とされ、第四代の大伝法院学頭・初代密厳院院主を勤め、証印は第六代と十五代の大伝法院学頭・第二代密厳院院主を勤めている。[11] 正直上人は、大伝法院第四代座主を勤めた釈迦院法印正直聖人隆海との指摘がある。[12]

仏厳の山内における活動と交流を窺わせる例として、仁和寺御室覚法法親王が高野山へ参籠した時の様子を記した『御室御所高野御参籠日記』の久安五年（一一四九）七月十五日条をみてみよう。これは先にも触れた小田原教懐聖人堂で七口聖人によって行なわれた盂蘭盆講の記事である。そこには「(前略) 今日於二小田原教懐聖人堂一、調二備盆供一、以二七口聖人一、令レ行二盂蘭盆講一、導師浄林、読師性蓮、呪願大乗、三礼泉勝、唄理覚、散花仏厳、各不レ知二実名一、以二紙布等一為二布施一、又令レ行二諷誦一」（返り点・傍線は筆者）と書かれている。[13] この記事の中で、仏厳と並んで名前のみえる「呪願大乗」・「唄理覚」は共に、『高野山往生伝』に記される理覚房心蓮と大乗房証印である。心蓮（尋蓮とも称す）は金剛峯寺執行検校である良禅から中院流を付され、[14] 証印は、大伝法院学頭と密厳院院主を勤めていた。「七口聖人」として盂蘭盆講に勤仕した仏厳は、心蓮・証印以外にも教懐聖人の流れを汲む僧侶たちの情報をもつかんでいたと思われる。さらに、仏厳も心蓮同様、良禅の法脈も継いでいたということは、彼は金剛峯寺系往生僧たちの情報も有していたと考えられるのである。五来氏は仏厳を「この往生伝編集の蔭の人であったらし」いと推定しておられる。[15] 上述したように仏厳は、伝法院流と中院流の両流を付され、山内に幅広い人脈を有し、高野山全体の情報を把握することができた。したがって、資長が彼から得た情報はかなりの広がりを持つと考えられ、『高野山往生伝』に載せる往生者の選択に際しては、仏厳の意見が反映されたことも推測されるのである。序文で如寂に往生伝の撰述を依頼した「雪眉僧侶」は、仏厳をモデルにしたものかもしれない。

それでは最後に禅恵伝にみえる「仁和寺宮」について考えてみよう。まず「仁和寺宮」が誰を指すかだが、可能性のある人物は、この時期の仁和寺御室守覚法親王（一一五〇〜一二〇二）とその弟の道法法親王（一一六六〜一二一四）である。守覚は後白河院の第二皇子で、喜多院（北院）御室と呼ばれた。守覚の後に御室となる道法もやはり後白河院の第八皇子で、承安四年（一一七四）に入室、後高野御室と称されている。[16]『玉葉』をみると、兼実は守覚を仁和寺宮と記している。道法のことも仁和寺宮と記す例が僅かにみられるが、その場合は「法皇子、御室弟子」、「後高野御室道法」[17] と注がある。また、安元元年（一一七五）から建久九年（一一九八）までに守覚法親王庁から出された六通の下文には「宮庁」と記されている。[18] すなわちこの時期の「仁和寺宮」とはもっぱら守覚を指していると考えられ、禅恵伝の「仁和寺宮」も守覚であると考えていいだろう。[19] 資長はかつて後白河院の院司を勤めたことがあり（仁安二年、年表参照）。

その長子兼光は仁安四年（一一六九）三月の後白河院高野御幸で、勅使として奥院に参上しているほか[20]、院の使いとして守覚のもとを訪れている[21]。このように資長は、後白河院ともその皇子である守覚・道法とも親しい関係にあったと推測され、出家後の資長（如寂）が仁和寺宮を訪れることも可能であったと考えられる。

そして『高野山往生伝』の成立に関して注目すべき点は、二人の法親王が、如寂の高野山参籠のころにちょうど高野山に参詣していることである。「仁和寺御伝」によると、守覚は寿永三年（元暦元年・一一八四）三月八日に高野山に参籠し、道法は翌四月六日に高野山へ参籠している[22]。康平二年（一〇五九）の大御室性信の参詣[23]以来、仁和寺御室は代々高野山へ参詣するようになったが、さらに守覚の代に至って、御室が精進のために伝法灌頂の受者である後嗣の宮を伴って参詣するという形が定例となった[24]。今回の参籠では、道法は守覚から七月に金剛界念誦の次第を受け[25]、八月には不動法所作を行なっている[26]。二人の下山は九月十三日だが、下山中も不断に行法を勤修していた[27]。したがって今村氏が推測されたように、如寂は、道法法親王に同行して高野山へ参籠したのであり、そして守覚・道法の二名の下山が、禅慧の往生した元暦元年（一一八四）九月九日の直後であることから、二人とその取り巻きが禅慧の往生の様子を実見し、それ以前に百日参籠を終えて（日野に）帰ってしまった如寂が、後日仁和寺宮に参じたときにその時の様子を聞いたのではないかと考えられる[28]。

近年の著しい仁和寺研究によると、本来は東寺末寺である仁和寺の長官であった御室だが、大御室性信以後、代々天皇の皇子が法親王として御室に任ぜられ、その関係から、僧綱制の枠を越えた存在となり、真言宗僧侶の人事権を掌握、また真言宗寺院への介入を行ない、真言宗寺院と院権力とを結合する支配機構を構築し、院政期には真言宗を統括する立場になっていくという[29]。

御室による高野山をも含めた真言宗統括には、天皇の皇子であることに加えて、彼等の宗教的権威も必要不可欠であったと思われる。したがって、御室覚法（一〇九一～一一五三、白河天皇第四皇子）が、後継者覚性（一一二九～一一六九、鳥羽天皇第五皇子）と共に、「高祖大師一生持念之御本尊」である門跡相承の孔雀明王像を、御室によって独占しようと図ったり、[30]文治二年（一一八六）に守覚が、空海が唐から持ち帰った三十帖策子を、両界曼荼羅と共に東寺から仁和寺へ納めさせたのも、[31]空海に由来する品々を所有することで、自らの権威化を図ったとみることができよう。

この時期にはまた高野山自体の伽藍配置にも変化が加えられている。山田耕二氏によると、空海在世時に創建された講堂が、十二世紀初め頃には薬師堂と称され、本尊が真言密教の阿閦如来から薬師如来と改称、薬師堂はその後さらに、伽藍の中心をなす仏堂として金堂と称されたという。[32]氏はこれについて「講堂とその本尊の改称は、金剛峯寺全体の本尊を薬師如来とすることによって、高野山を真言宗のみでなく、仏教全般の信仰の山としようとする意図のもとにおこなわれたと考えられるのである」と述べておられる。[33]

したがって御室にとって、高野山参籠は自分たちの力を高めるための精進であると位置づけられ、守覚たちは、その点からも高野山の霊場性を知らしめる『高野山往生伝』執筆を悦んで援助したと考えられる。仁和寺御室による僧綱制の枠を超えた真言宗の統括は、祖師空海由来の品々の所有に加え、空海入定の地である霊場高野山での修行を通じて、自分たちにその霊性を付与させることで、初めて可能になったと考えられるのである。

これらの点から『高野山往生伝』撰述の背景には、当時高野山全体および宮廷に幅広く通じていた高野山僧の仏厳房聖心とともに、仁和寺御室守覚の影響があったとみることができる。先述した経得上人の往生を目撃した寛暁・宗寛が、どちらも仁和寺関係の僧であることもそのためであろう。仏厳と守覚の関わりは、仏厳が後白河院をはじめとする天皇家・貴族たちの信頼を得ていたこと、そして学頭を勤める大伝法院の開祖覚鑁が、仁和寺領藤津荘出身で仁和寺寛助に付いたことなどに起因すると思われる。つまり、『高野山往生伝』執筆における如寂の情報源は、仁和寺御室守覚や高野山僧仏厳を中心にかなりの広がりを持っていたことが指摘できる。

先に挙げた『参籠日記』が書かれる以前の長承元年（一一三二）、覚鑁により大伝法院と密厳院が建立された。長承三年五月八日に出された太政官符で両院の組織・人員が定められるとともに、大伝法院の衆徒一〇六人が金剛峯寺の山籠・入寺職に補任されたことから、金剛峯寺側がこれに反発、[34]以後金剛峯寺と大伝法院は対立するようになったといわれる。しかし、一方で、この対立の金剛峯寺方中心人物の一人とみなされていた宝乗房尋賢や、執行検校である解脱房良禅が、覚鑁や大伝法院の教学や事相研鑽に相当の役割を果たしていたことが坂本正仁氏により指摘されている。[35]また、苫米地誠一氏は、従来覚鑁とその弟子が高野山を離れる原因となったと解釈されている保延六年（一一四〇）の金剛峯寺僧による大伝法院・密厳院襲撃事件は事実ではなく、保延六年以後も大伝法院僧・密厳院僧は高野山上に住していたと述べられている。その根拠のひとつが、『高野山往生伝』に収載される教尋が大伝法院学頭であり、その入滅時期が永治元年（一一四一）で、襲撃により覚鑁たちが高野山を去ったとされる保延六年より後であることを挙げられている。[36]坂本氏・苫米地氏の指摘や、仏厳が大伝法院学頭であるとともに、金剛峯寺側の中院流を受けていること、『高野山往生伝』に、教尋以外にも琳賢・兼海・正直・証印など大伝法院座主・学頭や密厳院院主を勤めた僧も収録されていること（ただし琳賢は金剛峯寺執行検校も勤めている）は、この時期の大伝法院・密厳院と金剛峯寺との関係を考えるひとつの史料になるであろう。教尋の伝では、教尋の情報を如寂に話す仏厳を「当山伝法院学頭也」と記している。「当山伝法院」の表現は、十二世紀末の段階においては、大伝法院・密厳院をも含めて高野山一山とみなされていたことを示すのではないだろうか。金剛峯寺が大伝法院を破却した最初の事件は、苫米地氏によると、仁安三年（一一六八）の裳切騒動である。[37]しかし、『高野山往生伝』が撰述された時期には、従来説かれていたような金剛峯寺と大伝法院との対立はある程度沈静化していたのであろう。歴代御室たちの高野山参詣とそれに続く御室守覚の存在、そして守覚が仏厳とともに『高野山往生伝』撰述を計画したことも、山内沈静化の状況を受けてのものであったと考えられるし、逆に、御室たちの参詣や『高野山往生伝』撰述の計画が、山内の沈静化にある程度の影響を与えたのかもしれない。

高野山は、治安三年（一〇二三）十月の藤原道長参詣を契機として、以後貴紳の参詣が続き、寛治二年（一〇八八）二月には「太上皇臨幸之儀、前代未聞」といわれる白河上皇の御幸をみるに至った[38]。その後も鳥羽上皇・後白河上皇や、法親王、摂関家などの参詣が相次ぎ、高野山浄土信仰が高まりつつあった。高野山納骨の初期の例としては美福門院が有名だが、他にも藤原忠親の母、御室覚法・覚性などが挙げられる[39]。そして保元の乱やそれに続く源平争乱は、高野山への遁世者たちの出現を促し、争乱による死者たちの菩提も営まれた。保元の乱に破れ讃岐に流された崇徳天皇の骨が高野山の虚空蔵院に安置され[40]、南都焼き討ちを行なった平重衡は元暦二年（一一八五）六月の処刑後、日野に身を寄せていた重衡の妻邦子（高倉院乳母）により、法界寺で供養され、骨が高野山に送られている[41]。『源平盛衰記』や『愚管抄』によると、邦子が日野に身を寄せたのは、その姉成子（六条院乳母）が醍醐と日野の間に家を構えていたためとあり[42]、『醍醐雑事記』には、重衡の妻は、醍醐寺行円寺主の住房を借りて住したと記される[43]。『尊卑分脈』によると、成子の夫参議成頼は「高野宰相入道」と号し、高野山で大往生を遂げたという。このような動きの中で守覚や仏厳は『高野山往生伝』撰述を計画したのであろう。

（二）『高野山往生伝』の展開

さて、それでは『高野山往生伝』のその後の展開をみることとする。「雪眉僧侶」は如寂に、山内での往生の記録を留め、「宜しく後代に伝え」るように頼んだ。したがって、如寂は後世に残すことを考えた上で編集したと思われる。『高野山往生伝』を貴族社会に流布させる場合、その手段は少なくとも二つはあったであろう。ひとつは、資長自身および日野一族を通じて、もうひとつは、仏厳や仁和寺宮を通じてである。

残された当時の貴族の日記などには、管見の限りでは残念ながら『高野山往生伝』のことは出てこない。資長が薨じたのは、建久六年（一一九五）十月であるが、前節で述べたように、そのことを記した藤原長兼の『三長記』（『如天記』）

同年十月六日条には資長が撰述した往生伝のことは触れられていない。仁和寺は、すでに指摘されるように御室を中心に仁和寺文化圏が形成されていたと指摘されることから、守覚たちの意図とも相まって『高野山往生伝』は尊重されたと思われるが、残念ながらこれまでのところ、仁和寺に『高野山往生伝』が残されたという形跡はない。[44][45]

日野一族には残されたかとみられるが、そのことを記す記録は見当たらない。資長自身の「資長卿記」をはじめとして、現在伝わる日野一族の日記は、儒者官人の家としての記録であり、そこからは窺い知ることはできない。法界寺を建立した資業による法界寺文庫には納められたと思われるが、法界寺文庫が絶えてしまったこと、そしてもともと、一般に公開されたものとは考えられないことなどから、法界寺文庫を通じて『高野山往生伝』が流布された可能性は少ないであろう。[46][47]

このように『高野山往生伝』の貴族社会への普及が窺えない理由はどこに求められるだろうか。その一つの鍵は、高野山の住僧に限って編集したというその性格にあると思われる。兼実に代表される当時の貴族たちの信仰は、来世での往生極楽と共に、現世での利益をも求める現当二世利益信仰であった。一方『高野山往生伝』は、遁世僧たちが往生するために行なった出世間の行業が中心に記された往生の実例書であった。『高野山往生伝』の特徴のひとつに、俗世における地位や立場をすべて排除して編集された点が挙げられることは、すでに指摘した通りである。すなわち『高野山往生伝』は、高野山の霊場性を世間に知らしめる資料としては最適であった。その点では貴族たちも『高野山往生伝』を読み、この世の浄土と見立てた高野山へ参詣することで、自分たちの往生を願ったことは十分に推測できる。そして大師廟を訪れ、往生僧たちの旧跡を訪ねることで、自分たちもその縁に預かろうと願ったかもしれない。しかし、現世での利益も求める貴族たちが、世間を捨てた遁世僧たちの厳しい行業のみを記した『高野山往生伝』を、自分たちの往生の手引書として読むことはなかったのではないかと考えられるのである。貴族たちの間で『高野山往生伝』が流布された形跡が窺えないのは、その点にひとつの理由が求められるのではないだろうか。

それでは高野山をはじめとする寺院の間ではどうだったであろう。『高野山往生伝』成立後一五〇年ほど後に、京都山科の真言宗寺院である勧修寺の俊然が、その師である栄海（一二七八～一三四七、勧修寺慈尊院六世で後に東寺長者になった）と勧修寺長吏寛胤（後伏見天皇第七皇子、建武七年〈一三三七〉正月に長吏補任、寛胤の入寺を契機として、以後勧修寺は天皇家の関係者が入寺する寺となった。勧修寺については第四章を参照）から受けた勧修寺流相承の印信口決・法流血脈等についての口決を、延文元年（一三五六）にまとめた『四巻鈔』（『印璽口伝』とも）には、「一隠岐入道往生事」という一文があり、「高野往生伝云、隠岐入道明寂時棟孫隠岐守大江安成息也（下略、傍線筆者）」と記されている。[48] ここには明確に「高野往生伝」と記され、『高野山往生伝』のこの時期における存在を証明すると共に、それが、少なくとも勧修寺の栄海等によって伝えられ、読まれていたことがわかる。それより先の正中二年（一三二五）に栄海が著わした『真言伝』には『高野山往生伝』に載せられている人物も六名収められており、栄海は『高野山往生伝』を参考にしてこれらを書いたのであろう。[49]

また、元亀元年（一五七〇）十月に興福寺別当となった光明院僧正実堯が記した『実堯記』九の「習見聴諺集」第九には、永禄四年（一五六一）九月に修南院権僧正光尊から預かった「東院家十合之櫃」に収められている書物の題名が記録されているが、その中に、『日本往生極楽記』や『続本朝往生伝』・『拾遺往生伝』などと共に『高野山往生伝』の名前がみえる。[50] すなわち『高野山往生伝』は、南都の興福寺にも伝来されていた。そこに「一　高野山往生伝　法界寺沙門如寂撰　一帖〈卅八人在之〉」と書かれていることから、その収録人数は、現在伝わっている形同様に三八名であり、[51] そして「法界寺沙門如寂撰」の書き方から、おそらく序文も現在のような形で付されていたことが推測される。このように、真言宗寺院勧修寺や南都の興福寺に伝来しているという事実は、『高野山往生伝』が、往生僧を輩出する高野山の霊場性を知らしめるものとして、寺院間で読み継がれていったことを示すといえるだろう。

注

(1)『血脈類集記』第五（『真言宗全書』三九　真言宗全書刊行会、一九三四年）。
(2)『野澤血脈集』巻三　澤方六流（『真言宗全書』三九　真言宗全書刊行会、一九三四年）、『血脈鈔』野澤（『続真言宗全書』二五　続真言宗全書刊行会、一九八五年）。
(3)大屋徳城「仏厳と十念極楽易往集—藤原兼実の信仰に対する疑問」（同著作選集四巻『日本仏教史の研究』三、国書刊行会、一九八八年。初出一九二四年、「『十念極楽易往集』と藤原兼実の信仰に対する疑問」）。
(4)井上光貞『日本浄土教成立史の研究』第四章「院政期の真言及び南都系の浄土教」（同著作集第七巻、岩波書店、一九八五年。初版一九五六年・新訂版一九七五年、いずれも山川出版社）。
(5)和多秀乗「『十念極楽易往集』について」（『印度学仏教学研究』三二—一、一九八三年）。
(6)坂本正仁「醍醐寺所蔵大伝法院関係諸職の補任次第について」（『豊山教学大会紀要』一六、一九八八年）。
(7)五来重『増補　高野聖』（角川書店、一九七五年、初版一九六五年）。
(8)『玉葉』治承元年十月二日条。
(9)文治二年三月七日僧聖心譲状（大日本古文書 家わけ第一九『醍醐寺文書』二—一九六）。高橋慎一朗「仏名院と醍醐寺三宝院」（『東京大学史料編纂所研究紀要』六、一九九六年）。
(10)注9高橋論文。
(11)注6坂本論文。証印は、高野山西谷に月上院という子院も建立している（『信堅院号帳』・『高野山諸院家日記』（『続真言宗全書』四一　続真言宗全書刊行会、一九八七年）。
(12)苫米地誠一氏のご教示による。「大伝法院座主次第」によると隆海が入滅したのは安元三年（一一七七）正月十八日であり（注6坂本論文）、『高野山往生伝』が記す同年正月十一日と一週間の隔たりがある。
(13)「御室御所高野山御参籠日記」（大日本古文書 家わけ第一『高野山文書』「又続宝簡集」四—一〇〇）。

(14)『血脈類集記』第四（『真言宗全書』三九、真言宗全書刊行会、一九三四年）。
(15)五来重注7書。
(16)「仁和寺御伝」（『仁和寺史料』寺誌編二〈奈良国立文化財研究所史料六、一九六七年〉、『群書類従』五）、「仁和寺御室系譜」（『続群書類従』四下）。
(17)『玉葉』治承三年十月十日条、文治二年十一月十六日条。
(18)安元元年閏九月二十三日「宮庁下文」（『平安遺文』三七〇八）、元暦二年七月七日「仁和寺宮庁下文」（『同』四二六八）、文治二年十一月十二日「守覚法親王庁下文」（『鎌倉遺文』一九〇）、文治四年十二月日「仁和寺宮（守覚法親王）庁下文」（『同』三五六）、文治五年正月二十二日「仁和寺宮（守覚法親王）庁下文」（『同』三六一）、建久九年三月日「守覚法親王庁下文」（『同』九七二）。
(19)井上光貞氏は仁和寺宮を道法法親王とされているが（井上光貞『往生伝　法華験記』前掲解題）、筆者はこれまでに述べた理由から守覚法親王であると考える。
(20)『兵範記』仁安四年三月十七日条。
(21)治承四年・寿永元年「北院御室御日次記」（仁和寺紺表紙小双紙研究会編『守覚法親王の儀礼世界―仁和寺蔵紺表紙小双紙の研究―』基幹法会解題・付録資料集・論考・索引編、勉誠社、一九九五年）。
(22)「仁和寺御伝」（『仁和寺史料』寺誌編二　奈良国立文化財研究所史料六　一九六七年、『群書類従』五　伝部）。寿永三年「宮高野御参詣次第」（注21『守覚法親王の儀礼世界―仁和寺蔵紺表紙小双紙の研究―』本文篇1　勉誠社、一九九五年）。松尾恒一氏は、この参籠は、同年十月の守覚の伝法灌頂授与儀および十一月の道法の伝法灌頂受法のための精進であったと推察されている（松尾恒一「観音院灌頂をめぐる諸問題」『守覚法親王の儀礼世界―仁和寺蔵紺表紙小双紙の研究―』基幹法会解題・付録資料集・論考・索引篇）。
(23)「御室相承記」二　大御室（『仁和寺史料』寺誌編一、奈良国立文化財研究所史料三、一九六四年）。

（24）松尾恒一注21論文。
（25）「金剛界念誦次第」（『平安遺文』題跋編　二九八七）。
（26）注22「仁和寺御伝」。
（27）注22。
（28）今村みゑ子「『高野山往生伝』作者考」（『人間文化研究年報』十二、一九八八年）。
（29）横内裕人「仁和寺御室考―中世前期における院権力と真言密教―」（『史林』七九―四、一九九六年）、同「密教修法からみた治承・寿永内乱と後白河院の王権―寿永二年法住寺転法輪法と蓮華王院百壇大威徳法をめぐって―」（大山喬平教授退官記念会編『日本国家の史的特質』古代・中世　思文閣出版、一九九七年）、横山和弘「鎌倉中・後期の東寺供僧と仁和寺御室」（『年報中世史研究』二六、二〇〇一年）、赤川一博「高野山金剛峯寺孔雀明王坐像の造像背景」（『仏教芸術』二五八、二〇〇一年）。近年の仁和寺および守覚法親王研究で主なものとしては前記『守覚法親王の儀礼世界』（注21・22）、阿部泰郎・山崎誠編『守覚法親王と仁和寺御流の文献学的研究―仁和寺蔵御流聖教―』（勉誠社、一九九七年）、阿部泰郎・山崎誠・福島金治編『改訂版　守覚法親王と仁和寺御流の文献学的研究―金沢文庫蔵御流聖教―』（勉誠社、一九九八年）、『仁和寺研究』一～四（古代学協会、一九九九～二〇〇四年）、『真言宗寺院所蔵の典籍文書の総合調査研究―仁和寺御経蔵を対象として―』（研究代表者　月本雅幸、平成九～十二年度科学研究費補助金基盤研究（A）（1）研究成果報告書、二〇〇一年三月）などが挙げられる。
（30）仁平三年八月十九日「孔雀明王同経壇具等相承起請文（門跡相承本尊大孔雀明王同経壇具等事）」（東京大学史料編纂所影写本『仁和寺文書』十一、および東京国立博物館図録『仁和寺の名宝』一九八九年）。
（31）注22「仁和寺御伝」。
（32）山田耕二『日本の古美術9　高野山』四二～六六頁（保育社、一九八六年）。寛治二年（一〇八八）の白河上皇の高野山参詣を記した「寛治二年白河上皇高野御幸記」（『続史料大成』一八）には、壇上伽藍の御影堂・三鈷松を廻った上皇が次に「薬師堂」に入御したとあり、その後天治元年（一一二四）の鳥羽上皇の高野山参詣を記した「高野御幸記」（『群書類従』三）でも、鳥羽上皇は御影堂・食堂を廻った後「薬師堂」に参っている。これらの記載にある「薬師堂」が空海在世時に創建された講堂と考えられる。そして「高野御幸記」では、東寺長者寛助が「薬師堂」の仏像について「長者大僧正示云。薬師。不動。降三世。金剛界真言菩薩云云。又其前左右懸二五幅両界曼荼羅一。」と説明していることから、講堂が薬師堂と呼ばれ、その本尊が薬師如来と称されていたことがわかる。その後薬師堂は、伽藍の中心をなす仏堂として金堂と改称された。講堂の本尊は、康保五年（九六八）成立と伝える「金剛峯寺建立修行縁起」（『続群書類従』二八上）に「三間四面講堂一宇。柱長一丈六尺。奉安置一丈六尺阿閦如来。八尺五寸四菩薩。七尺二寸不動。降三世。并七幅（下略）」とあり、本来は阿閦如来であったと考えられる。

(33) 山田注32書六三頁。

(34) 長承三年六月十九日付「高野山住僧等解并山籠禅信等連署交名案」（総本山醍醐寺編『根来要書―覚鑁基礎史料集成―』東京美術、一九九四年）。

(35) 坂本注6論文。

(36) 苫米地誠一「大伝法院襲撃事件と不動化現説話―覚鑁の伝記をめぐって―」（『興教大師覚鑁聖人年譜』下　鳥羽院政期、ノンブル社、二〇〇二年。初出二〇〇〇年）。

(37) 裳切騒動とは、仁安三年一月八日の修正会で、大伝法院衆徒が色衣を着したことを、黒衣を着すこととした高祖空海の起請に背くものであるとして金剛峯寺衆徒が非難し、制止しようとして起こった騒動である。この騒動で金剛峯寺衆徒の中に死亡するものがあったことから、金剛峯寺衆徒が大伝法院の坊舎を襲撃した。

(38) 「寛治二年白河上皇高野御幸記」（『続史料大成』一八）。

(39) 美福門院の記事は『山槐記』永暦元年十二月六日条、藤原忠親母の記事は『同』保元三年八月十一日～九月七日条、御室覚法および覚性の記事は、『兵範記』仁平三年十二月六日～八日条、同嘉応元年十二月十一日～十三日条にそれぞれみられる。年代順では覚法・藤原忠親母・美福門院・覚性となる。

(40)『信堅院号帳』(『続真言宗全書』四一　続真言宗全書刊行会、一九八七年)。正和四年(一三一五)五月二十三日「藤原公廉中国妹尾荘和太方領家職譲状」(藤波家文書)によると、妹尾荘は「高野山　崇徳院御骨三昧堂領」とみえる(『岡山県史』十九　編年資料、一九八八年)。

(41)『平家物語』巻第十一「重衡被斬」・『源平盛衰記』巻第四五「内大臣京上被斬附重衡向南都被斬並大地震之事」。『高野春秋』元暦元年(二年の間違いか)七月条に「七月日。木工允友時齎平重衡髑髏。来瘞奥院。是法然上人乞得梟首。送遣日野里。平後室令友時来葬也。〈譜曰。友時宿于往生院三宝院云云。〉」とある。志村有弘氏は、重衡の供養を行なったのは資長であろうと述べられている(「往生伝の系譜」『国文学解釈と鑑賞』一九八七年十一月号)。

(42)『愚管抄』巻第五「後鳥羽」(日本古典文学大系八六、岩波書店、一九六七年)。

(43)『醍醐雑事記』巻第十、元暦二年六月二十二日条。

(44)土谷恵「中世初期の仁和寺御室」(『日本歴史』四五一、一九八五年)。

(45)注29参照。

(46)『歴代残闕日記』には、巻三〇に「姉小路中納言藤兼光卿記」と「太宰権帥藤資実卿記」、巻三七に「中納言藤家光卿記」、巻四一に「勘解由小路中納言藤経光卿記」、巻五四に「日野大納言藤俊光卿記」・「日野中納言藤資朝卿記」、巻五六に「日野中納言藤資名卿記」、巻六三に「日野大納言藤時光卿記」、巻八五に「日野中納言藤広光卿記」、巻八八に「広橋中納言藤兼顕卿記」、巻一〇一に「広橋内大臣藤兼秀公記」が所収されている(臨川書店、一九六九年)が、いずれも記録である。

(47)小野則秋『日本文庫史』(教育図書、一九四二年)、同『日本文庫史研究』(臨川書店、一九七九年)。

(48)『四巻鈔』巻上、十七　偈頌印信。本来無題であったものをその構成に因んで四巻鈔と名付けられたという。『真言宗全書』三一(真言宗全書刊行会、一九三五年)に収載される。この書は『印璽口伝』(東寺観智院蔵、今回は東京大学史料編纂所影写本を参照した)

とも称されていたようである。『印璽口伝』はその奥書によると、正本破損を恐れた勧修寺長吏常信法親王が、永正五年～六年（一五〇八～九）に書写したものである。

(49)『真言伝』（『大日本仏教全書』一〇六）に載せる教懐・維範・蓮待・良禅・教尋・琳賢の伝。このうち教懐・維範・蓮待は『拾遺往生伝』にもみえているが、維範の出身地を伊都郡相賀郷、蓮待の出身地を土佐国とするなど、記述に『拾遺往生伝』と『高野山往生伝』の違いがある部分は『高野山往生伝』の記載を採っている。

(50)藤原重雄氏のご教示による。今回は東京大学史料編纂所謄写本を参照した。

(51)『高野山往生伝』に記載される人数についての問題は、第三章第三節を参照されたい。

（追記）本稿は、拙稿「『高野山往生伝』撰者如寂について—その信仰と撰述意識を中心に—」（『駿台史学』一一五、二〇〇二年）をもとにして、博士学位請求論文用に加筆・修正したものである。二〇〇五年十一月にこの拙稿を含めた学位請求論文を提出した後、苫米地誠一氏「『高野山往生伝』の成立について—高野山大伝法院方との関係をめぐって—」（速水侑編『奈良・平安仏教の展開』吉川弘文館、二〇〇六年八月）が出された。本稿と関わる部分も多い。あわせて参照されたい。

第二章　高野山における聖方の成立

一　研究史の整理と問題点

本章では、中世に高野山信仰の展開を担った高野聖たちを取り上げ、その組織化の過程について検討する。

空海は唐からの帰朝後、弘仁七年（八一六）に上表して高野山に「修禅の一院」建立を願い、金剛峯寺造営を始めた。しかしながら、高野の地の厳しい自然条件もあって、造営事業はなかなか進展しなかった。空海在世時に完成した堂宇は、高さ十六丈の多宝塔一基、三間四面の講堂一宇、七枢二十一間の僧坊一宇であったという[1]。承和二年（八三五）三月二十一日、空海は高野山で示寂、その後の伽藍造営と整備は弟子たちに任せられることとなった。多くの弟子の中で金剛峯寺の経営を任せられた空海の甥真然は、東寺長者実恵の援助を受け、仁和三年（八八七）年の勅により三間四面の真言堂一宇、一間四面の真言堂一宇、高さ九丈の多宝塔一基を完成させた。真然はさらに鐘堂一宇・経蔵一宇・食堂一宇・御影堂一宇・奥院塔一基を私建立し、実恵も中門一宇・陀羅尼幢二基を私建立したという[2]。真然が完成させた高さ九丈の多宝塔が現在の西塔であり、この西塔と空海在世時に完成した十六丈の多宝塔（現大塔）とが共に、空海が当初構想した二基の「法界体性塔」として、修禅の道場である金剛峯寺の中心をなすものであったとみられている。御影堂・奥院塔など、空海の死により新しく構想され建立された建物もあるが、空海の構想に基づく伽藍は、これによって一応の完成をみた[3]。そして翌仁和四年、真然は高野山座主職の設置を奏上して許され、初代座主に真然の弟子寿長が就任、寺内の組織も次第に整備されていった。しかしその後、高野山の運営は困難な状況に陥った。それは、寿長の後に座主職に就いた無空が、真然が貞観十八年（八七六）に東寺から借り出した空海の三十帖策子を[4]勅命を受けても東寺に納めず、延喜十六年（九一六）にこれを持ったまま門徒を率いて離山し、高野一山の荒廃を招いたとされる「三十帖策子事件」[5]が起きたことや、天暦六年（九五二）・正暦五年（九九四）の火災による堂宇焼失等[6]で打撃を受けたために、その結果、山上に僧が住み続けることができなくなり、高野山は、長保三年（一〇〇一）から長和五年（一〇一六）まで「当山人跡、悉断絶訖」という状況に追い込まれたのである。[7]このような中で、大和国長谷寺の観音の教示によって高野山に参詣した祈親上人定誉は、高野山興隆を志しその復興に尽力、少しずつ山内に僧が戻りはじめ、寺運も回復していった。[8]

その後、高野山を霊場として参詣を勧めた小野僧正仁海の言を受けて、治安三年（一〇二三）の藤原道長が高野山へ参詣した。永承三年（一〇四八）には道長の息藤原頼通も高野山に参詣。以後、上皇・貴紳が高野山へ参詣するようになり、荒廃していた堂塔が再建され、山内には子院も建立された。十一世紀頃からのこうした急速な高野山復興・堂塔整備により、山内には住僧が増加していった。一方で高野山浄土信仰の普及に伴い、多くの僧が高野山へ隠遁してきた。このような隠遁僧や遁世末法思想の影響や保元・平治の乱をはじめとする争乱も、高野山への遁世者の増加を促した。このような隠遁僧や遁世者たちが住した草庵が、別所へと発展していった。この頃の別所としては、延久四年（一〇七二）の「高野南別所」をはじめとして、天永二年（一一一一）の「金剛峯寺東別所」、俊乗房重源の新別所（往生院別所）等の存在が知られる。[9]この別所に住む遁世者・隠遁者たちが「別所聖人」と呼ばれるようになった。

従来の解釈では、この別所聖人たちが、中世に高野山納骨や参詣を全国に広めた高野聖たちの原型であるとされている。それについて、本章では、その組織化の過程を取り上げ、高野山における聖方の成立を検討する。[10]

江戸時代に学侶方・行人方とともに高野三方のひとつを形成していた聖方が、その由来を平安時代末にみられる別所の聖人たちに求めているのは周知のことである。これまでの研究では、衆徒（学侶）・行人・聖という高野山の三派体制は、鎌倉時代末にはほぼ完成していたとされている。しかし、この別所聖人たち、そして中世におけるいわゆる高野聖たちが、そのまま近世の聖方のような組織を有してかどうかは、まだ検討が必要であろう。それに加えて、これまでの高野聖研究では、もっぱら中世に焦点が当てられており、したがって近世における高野聖たちの様相については、まだ不明な点が残されている。この点についてもう少し研究を進めることは、高野聖の変遷を追っていく上で重要であると考える。

中世の寺院上層部には、学侶・堂衆などと呼ばれる組織が存在していた。これらの寺院組織については、先学により、多くが解明されている[11]。また、それればかりではなく、中下層部についても研究が進んでいるが、まだ解明されていない部分が多いというのが現状であろう。それは、寺院制度や組織を窺える史料が、その性格上、寺院中枢を構成する学侶など上層部に関するものが主であり、寺院の底辺部に存在した僧たちの組織や活動を窺わせる史料はあまり残されていないという、史料残存状況の上からやむを得ない部分もある。

寺院組織の解明と密接に関わるものに、寺院集会制度の解明がある[12]。本章で取り扱う高野山の組織については、和多秀乗（昭夫）氏により、すでに多くの部分が論究されている[13]。和多氏は、集会制度の成立・発展とからめて、行人・聖が鎌倉時代にはすでに台頭したとしており、学侶・行人・聖の三派体制の必要上からも集会制度が大体この時期に完成したとみておられる。しかし、三派体制が鎌倉時代にほぼ完成したとする点に関しては、検討の余地が残されている[14]。

高野山における集会制度・組織については、和多氏以後も多くの研究が積み重ねられてきたが、他の寺院組織研究全体の傾向同様、もっぱらその対象は学侶・衆徒と呼ばれる上層部に視点を据えたものであるといえるだろう[15]。近年、集団における身分の面から行人についても触れられてはきているが[16]、まだ十分とはいえない。さらに聖については、古代の別所聖人・中世の高野聖との流れから、その存在こそは著名であるが、具体的に高野山内における組織についての研究はほとんどなされていないのが現状ではないだろうか。

「聖」の語は、本来は、その徳性・験力ゆえに与えられた尊称であり、身分を表わす言葉ではない。しかし、「聖」と称せられた僧たちで記録に留められた僧たちの多くが、体制外の宗教者・遁世者であったとみられることから、次第に彼らの身分的側面とも関連して、聖＝体制外の宗教者→中下層身分、と解釈されるようになっていったと考えられる。「聖」と呼ばれる存在についての各研究者の言及はまちまちだが、「聖の有する種々の性格の中での公約数」を「彼らが既成教団の外にある宗教者」であるとする大隅和雄氏の表現[17]に代表されるように、聖を体制外の宗教者ととらえているところにその共通点を見出すことができる。しかし一方で、聖・聖人・上人とは、徳行に優れた名僧・高僧に対する敬称として用いられていることや[18]、平安時代末期にはこの三つの称が同義として理解されるようになったことも指摘がある[19]。この場合、聖・聖人・上人と呼ばれる宗教者は、体制外の宗教者ばかりでなく、体制内の宗教者が含まれることもあるはずである。高野聖についての研究は、五来重氏の一連の研究に代表される[20]。

かつて黒田俊雄氏は、諸寺を通じての本来のもっとも基本的な身分を、①学侶（学生）、②行人・禅衆・堂衆・承仕・神人など、③聖・上人の三つに分類した[21]。そして③の例として高野山における聖を挙げ、高野山の聖は寺内における一身分であり、彼らは古来の山林抖藪の行者ではなく、小田原聖教懐にはじまる谷々の別所の聖であり、聖・上人は本来は寺院から隔絶して別所などに住むものなので、形式上は寺院大衆の集団から離脱した集団だというべきであるが、体制を客観的にみれば、寺社勢力全体の中での一つの基本的身分であったというべきである、とされた。その上で氏は、高野山で特に聖方が成立したのは、高野聖が聖の典型的なものだったからではなく、高野山が顕密仏教全体にとっての別所ともいうべき特殊な位置を占めていたからであろう、とされた[22]。

高野山そのものが深山の別所的位置を有していたとは思われるが、しかし、黒田氏のこの解釈では、江戸時代の高野山における聖方の存在から、その組織としての存在を古代末〜中世にまで適応しているとはいえないだろうか。これまで、高野山では院政期以来、聖や行人の集団化・結衆化が進展し、ある程度組織化されたといわれてきた。そこには十一世紀末頃から現われる「別所聖」のような存在を、江戸時代の聖方のような組織として無意識にとらえていたのではないだろうか。このようなとらえ方はまさしく「近世の宗派秩序を中世に投影させることから生じる誤解」[23]と同じもので、理解と解明を妨げることになろう[24]。

このような問題点を踏まえ、本章では、高野山における聖方の成立を再検討してみたい。そのために、以下の点を確認する。

まず第一点は、高野山における聖・聖人・上人たちの再確認である。聖を考える上でこれまで共通認識とされていた「体制外の宗教者」という理解で高野山における聖たちをとらえられるかどうか。高野山において聖は鎌倉時代にはすでに寺院組織の一角をなすものとしてとらえられているが、そこには、江戸時代の聖方についての解釈が影響しているのではないだろうか。

次に二点目として、中世におけるいわゆる「高野聖」の山内・山外の活動から、その性格をみてみたい。そして近世の聖方につながるような組織化がなされていたかどうかを検討したいと思う。

なお、表現の都合上、本稿では、近世の高野三方である学侶方・行人方・聖方につながるような組織としての集団を、それ以前の時代においても想定して《学侶方》・《行人方》・《聖方》と表わすこととする。

注

（1）（2）「金剛峯寺建立修行縁起」（『続群書類従』二八上）。

（3）山田耕二『日本の古美術9　高野山』四二～六六頁（保育社、一九八六年）。

（4）貞観十八年六月六日「権律師真然三十帖策子領収状写」（大日本古文書 家わけ第一『高野山文書』「又続宝簡集」五―六九六）。

（5）無空は寛平六年（八九四）に高野山座主となったが、東寺との宗主権争いに敗れ、延喜十六年（九一六）山城円提寺（圓提寺とも）

に隠棲したという（日野西眞定編集校訂『新校　高野春秋編年輯録』、以下『高野春秋』と称する）。この無空の下山以後、高野山が荒廃していくとされるが、武内孝善氏は、観賢の「三十帖策子勘問」によると、無空はつねに「三十帖策子」を随身して、橘氏（無空は橘氏出身）の氏寺である山城の圓提寺と高野山の間を往復しており、たまたま圓提寺滞在中の延喜十六年に示寂したもので、したがって『高野春秋』にいうように、一山の衆徒を率いて下山したのではないこと、また延喜十六年夏、衆徒の選挙によって選ばれた峯禅が、第三代金剛峯寺座主に補任されていることから、延喜十六年以降高野山が急速にさびれてしまったとは考えられないと述べられている（武内孝善「興教大師と大伝法会」興教大師八百五十年御遠忌記念論集『興教大師覚鑁研究』興教大師研究論集編集委員会、一九九二年）。

無空は、『日本往生極楽記』や『法華験記』に「律師無空は、平生念仏を業となせり」とみえており、念仏を自分の業に取り入れていたことがわかる。この史料について井上光貞氏は、高野山への浄土教の影響が窺われる初見と指摘されている（井上光貞『日本浄土教成立史の研究』／同著作集第七巻、岩波書店、一九八五年。初版一九五六年・新訂版一九七五年、いずれも山川出版社）。

（6）「高野山奥院興廃記」（『続群書類従』二八上）。「高野興廃記」（『大日本仏教全書』一二〇、寺誌叢書四）、久安五年（一一四九）五月日「金剛峯寺焼失修復注進状草」（大日本古文書　家わけ第一『高野山文書』「又続宝簡集」八一一七四二）。

（7）注6「高野興廃記」高野山二箇度中絶事。

（8）『高野春秋』巻四、長和五年三月日条。

（9）『平安遺文』題跋編三二八、八一八、『信堅院号帳』等。

（10）「方」という語について、橋本初子氏は、中世では、進止権をもった組織を政治的に指し示す場合に「〜方」というように用いると説明されている（橋本初子『中世東寺と弘法大師信仰』七〇頁、思文閣出版、一九九〇年）。

（11）膨大な研究のすべてを挙げることはできないので、以下、特に寺院組織に言及したものについて列挙する。圭室諦成「平安朝末寺院の社会史的考察」（『史学雑誌』四三―一、一九三二年）、同「中世的寺院形態の成立」（『日本の宗教学―第二回日本宗教学大会紀要』日本宗教学会、一九三三年）、豊田武『日本宗教制度史の研究』（同著作集第五巻『宗教制度史』吉川弘文館、一九八二年、初出は一九三八年）。興福寺の組織については、すでに圭室諦成「中世的寺院の崩壊に就ての一考察」（『宗教研究』新一〇―一、一九三三年）による考察がある。東寺については網野善彦『中世東寺と東寺領荘園』（東京大学出版会、一九七八年）や富田正弘「中世東寺の寺院組織と文書授受の構造」（『京都府立総合資料館紀要』八、一九八〇年）、同「中世東寺の寺官組織について」（『同上』一三、一九八五年）などがあり、東大寺については、平岡定海『東大寺の歴史』（至文堂、一九六六年）、同『日本寺院史の研究』（吉川弘文館、一九八一年）、稲葉伸道『中世寺院の権力構造』（岩波書店、一九九七年）、堀池春峰『南都仏教史の研究』上、東大寺編（法蔵館、一九八〇年）、永村眞『中世東大寺の組織と経営』（塙書房、一九八九年）、久野修義『日本中世の寺院と社会』（塙書房、一九九九年）などがある。律宗寺院については細川涼一『中世の律宗寺院と民衆』（吉川弘文館、一九八七年）を参照。細川氏によると、律宗寺院は、戒律の軽重にもとづき律僧と斎戒衆という二元的な身分構成をとる。律僧は侍身分に相当、斎戒衆は寺辺農民に出自をもつ凡下身分に属す。律僧が大勧進職を勤める際には斎戒衆が勧進聖として実務を担当したという。

(12) 牧健二「我が中世の寺院法に於ける僧侶集会」（『法学論叢』一七―四・六、一九二七年）、細川亀市『日本中世寺院法総論』（大岡山書店、一九三三年）、同「日本中世寺院の組織法」（『社会経済史学』八―一〇、一九三九年）など。

(13) 和多秀乗（昭夫）「中世高野山の僧侶集会制度」（『密教文化』四五・四六合併号、一九五九年）―和多a、同「中世高野山教団の組織について」（豊田武編『高野山領庄園の支配と構造』（巌南堂書店、一九七七年、初出は一九六七年）―和多b、同「高野山教団と紀州出身者―特に明算上人を中心として―」（安藤精一先生退官記念論文集『和歌山地方史の研究』一九八七年）―和多c。

(14) 注13和多a論文。和多氏は、幾種類もある集会の中で、満山大衆による全山大集会評定、各院内での集会評定の中で谷上院内の三方衆評定、千手院内の三党集会評定を、《学侶方》《行人方》《聖方》による評定とみておられる。しかし、全山大集会評定はあくまでも非常手段であるとして、例は挙げておられない。三方衆評定は永正六年（一五〇九）五月晦日「谷上院三方評定事書案」（大日本古文書 家わけ第一『高野山文書』「又続宝簡集」四―一四九）、および同七年（一五一〇）十二月七日「谷上院三方衆評定事書」（大日本古文書 家わけ第一『高野山文書』「又続宝簡集」四―一四三）の二例のみで、三党集会評定も長禄二年（一四五八）閏正月十一日「三党集会評定事書」（金剛峯寺編『高野山文書』一―四七）の一例のみである。「三方」「三党」が本当に《学侶方》《行人方》《聖方》を指すものかどうか、史料からは明らかではない。集会制度の整備は、無論、山内寺院組織の整備に伴うものであるが、学侶に対する行人・聖の台頭により集会制度が整備され、三派体制が鎌倉時代にはほぼ完成したとされるのは、検討の余地があると思われる。

(15) 和多氏以前に僧侶集会制度との関連で高野山のそれに言及したものとしては、細川亀市「高野山に於ける僧侶集会と寺院法」（注12書、初出は一九三二年）がある。氏はその分析にあたって、高野山における集会制度には、《学侶方》《行人方》《聖方》という三派が存在していたということを前提としておられる。和多氏以後の主な研究としては、田中文英「荘園制支配の形成と僧団組織―金剛峯寺と官省符荘をめぐって―」（大阪歴史学会二十五周年記念『中世社会の成立と展開』吉川弘文館、一九七六年）、平瀬直樹「中世寺院の組織構造と庄園支配―金剛峯寺領官省符庄の支配権力―」（『日本史研究』二六七、一九八四年）、本郷和人「中世寺院の社会的機能についての一考察―高野山を例として―」（『史学雑誌』九五―四、一九八六年）、同「中世寺院の社会的機能についての補論」（『東京大学史料編纂所研究紀要』七、一九九七年）、山陰加春夫「金剛峯寺衆徒とその生家」（『中世高野山史の研究』清文堂出版、一九九七年、初出は一九八八年）、池田寿「南北朝内乱期の高野山組織」（『国史学』一四四、一九九一年）、熊谷賢「中世高野山における「諸衆」評定の展開」（『高野山史研究』五、一九九四年）などが挙げられる。

(16) 平瀬直樹「中世寺院の身分と集団―金剛峯寺の中下層身分を中心に―」（中世寺院史研究会『寺院史論叢1 中世寺院史の研究』下、法蔵館、一九八八年）など。

(17) 大隅和雄「聖の宗教活動―組織と伝道の観点から―」（日本宗教史研究会編『日本宗教史研究一 組織と伝道』法蔵館、一九六七年）。
　聖の概念について言及したものは膨大であるが、代表的なものとしては、以下の諸研究が挙げられる。柳田國男「毛坊主考」（『定本柳田國男集』第九巻、筑摩書房、一九六九年、初出一九一四年）、橋川正「平安時代に於ける法華信仰と弥陀信仰」（『日本仏教文化史の研究』中外出版、一九二四年）、井上薫「ひじり考―平安時代浄土教の展開―」（『ヒストリア』一、一九五一年）、井上光貞『日本浄土教成立史の研究』（同著作集第七巻、岩波書店、一九八五年。初版一九五六年、新訂版一九七五年、いずれも山川出版社）、菊池勇次郎「聖について」（『歴史教育』一四―九、一九六六年）、同「平安仏教の展開（その二）」（家永三郎『日本仏教史』Ⅰ、法蔵館、一九六七年）、高木豊『平安時代法華仏教史研究』（平楽寺書店、一九七三年）など。近年のものとしては、伊藤唯真『聖仏教史の研究』上下（法蔵館、一九九五年）がある。

(18) 湯之上隆「六十六部聖の成立と展開」（『日本中世の政治権力と仏教』思文閣出版、二〇〇一年、初出一九九四年）

(19) 伊藤唯真注17書。

(20) 五来重「融通念仏・大念仏および六斎念仏」『大谷大学研究年報』一〇、一九五七年）、同「室町時代における高野聖の世俗的活動」『大谷学報』三九―四、一九六〇年）、同『増補　高野聖』角川書店、一九七五年、初版一九六五年）など。五来氏はその中で、高野聖を典型とする聖の属性を、隠遁性・苦行性・遊行性・呪術性・世俗性・集団性・勧進性・唱導性の八要素に分類した。この聖たちはその機能から勧進聖・念仏聖・遊行聖などと呼ばれるが、実際には一人の聖がこれらの面を併せもつ場合も多い。

(21) 黒田俊雄「中世寺社勢力論」（同著作集第三巻『顕密仏教と寺社勢力』（法蔵館、一九九五年、初出は一九七五年）。

(22) 後に黒田氏は、注21論文において述べた、学侶（《学侶方》）と行人（《行人方》）が寺内の二大階層で、聖（《聖方》）はそこから離脱しつつも不可欠な役割を果たす存在であるという点について、寺内の二大階層という位置づけを、学侶―行人―下法師の三階層が基本であると訂正、この三階層は俗世における侍―百姓―下人に対応するとされた（黒田俊雄「中世の身分意識と社会観」同著作集第六巻『中世共同体論・身分制論』法蔵館、一九九五年、初出一九八七年）。

(23) 平雅行「中世仏教の成立と展開」（『日本中世の社会と仏教』塙書房、一九九二年、初出一九八四年）。

(24) このような思いこみから生じる誤解については、黒田俊雄氏も「神道」の語義とその歴史的変遷を例にして言及しておられる（「中世宗教史における神道の位置」同著作集第四巻『神国思想と専修念仏』法蔵館、一九九五年、初出一九七九年）。筆者もかつて、ドイツ滞在中に影響を受けたドイツにおける日本研究の例を紹介するにあたり、後世において確立した意味をそれ以前の時代にまで、無意識にせよ応用してしまうことによる誤解の危険性について取り上げた（拙稿「中世における *shintō* の語をめぐって—ドイツにおける日本研究の一紹介—」福田榮次郎編『新訂　中世史料採訪記』ぺりかん社、一九九八年）。

二　高野山における「聖」たち—『御室御所高野参籠日記』にみる—

それでは、高野山において、聖もしくは聖人と呼ばれる人々は、どのような存在であったのだろうか。

聖・聖人・上人と呼ばれる存在が高野山で認められはじめるのは、十一世紀頃からといわれる。彼らは、皇族、貴族、武士、庶民など、さまざまな階層出身者から構成され、八つの別所を中心に住しており、以下に大別されるという[1]。もと興福寺僧で、山城国久世郡小田原に住み、後に高野山へ移住した教懐（一〇〇一～九三）を祖とする小田原聖。平治の乱（一一五九）の首謀者藤原信西の息子である明遍（一一四二～一二二四）を祖とする蓮華谷聖。臨済宗法燈派開祖で由良興国寺を開き、金剛三昧院六世になった法燈国師心地覚心（一二〇七～九八）に由緒をもつ萱堂聖。そして時宗開祖一遍（一二三九～八九）を祖とする時宗聖（千手院聖）などである。

聖人の語がみえはじめるのは、貴紳の高野山参詣に伴ってである。寛治二年（一〇八八）白河上皇が参詣したとき、上皇は「別所聖人等并漏二請僧一之輩」に「小袖綿衣卅領」を下賜し[2]、そして「三十口聖人」を設置したという[3]。この三十口聖人（上人）の補任権を有するのが小田原聖教懐であったとすることから[4]、一般には、三十口聖人も別所聖人、すなわち別所に住む聖たちであると考えられている[5]。だが、「三十口聖人」「別所聖人」などの「聖人」を《聖方》の聖と同様の概念で把握し、分類できるだろうか[6]。

この点について、久安三年（一一四七）から同六年（一一五〇）に仁和寺御室覚法法親王（高野御室、白河上皇第四皇子）

が高野山へ参籠した時の様子を記した『御室御所高野参籠日記』（以下『参籠日記』）[7]を例に考えてみよう。『参籠日記』に出てくる「聖人」たちをまとめたのが後掲の表である（『御室御所高野参籠日記』にみえる聖人たち）。これらの「聖人」たちは、先述したように、いわゆる「別所聖人」たちで、それは覚鑁の開いた大伝法院や《聖方》の聖人たちであると指摘されている。[8]しかしながら、これらの「聖人」たち、すなわち表にみえる久安五年七月に盂蘭盆会で諸役を勤めた「七口聖人」大乗・理覚・仏厳や、久安六年六月二十一日から七月十二日まで行なわれた三七日（二十一日）逆修で七日目と結願日に導師を勤めた「兼海聖人」は、初期高野聖の祖の一人とされる小田原聖教懐（表では「教快」）との関係を有する一方、検校阿闍梨から高野山の主流である中院流を付されたり、覚鑁に始まる伝法院流を継いだりしている。

すなわち、大乗房証印は、第六代・十五代の大伝法院学頭で、第二代密厳院院主であると同時に、第十四代検校阿闍梨良禅から第十六代執行検校阿闍梨真誉を経て、高野山主流である中院流を付されている。[9]理覚房尋蓮（『高野山往生伝』では心蓮）も良禅付法の弟子で、山内に東禅院を建立、[10]『参籠日記』によると、久安三年五月十五日にも、山籠俊覚を導師とする「六口僧」の一人として阿弥陀講を行なっている。山籠とは《学侶方》の位階のひとつである。厳寒の冬の間も高野山に籠もって奉仕する意から生じたという。長久五年（一〇四五）、山籠清撰死欠の替として大法師行明を山籠に補任したとあることから、[11]十一世紀半ばには職として存在していたとみられる。続いて仏厳房聖心は、第十一代・十八代の大伝法院学頭で、覚鑁の法脈を受けるとともに、良禅付法の弟子日禅から中院流の法脈も受け継いでいた。[12]後白河院からの信頼も篤く、鳥羽天皇皇后美福門院の御願により建立された普成仏院（仏名院）の初代院主にも任ぜられている。[13]「小聖」とも称される兼海は、覚鑁付法の資で、初代密厳院院主・第四代大伝法院学頭に就任している。一旦は覚鑁に従い高野山を下りたが、久安三年に還住を許可されたという。[14]その後、山内に八角二階の堂舎を建立し、丈六大日像・両界三部諸経などを安置、鳥羽天皇の御願寺として寄進した。[15]

『御室御所高野参籠日記』にみえる聖人たち

年	月　日	内　　容
久安３年（1147）	５月15日	「聖人卅六人」に不断尊勝陀羅尼を修させる。 同日夕刻より「六口僧」による阿弥陀講、導師山籠俊覚、維覚、俊叡、玄信、土佐、理覚。
久安４年（1148）	４月17日	百日間「廿四口聖人」に不断尊勝陀羅尼を修させる。
	７月７日	白河院忌日のため「十二口聖人」に一昼夜不断尊勝陀羅尼を修させる。
久安５年（1149）	４月15日	「十二口聖人」に恒例の一昼夜不断尊勝陀羅尼を修させる。
	５月５日	「別所聖人等」に菓子を分与。
	５月８日	「別所聖人」中、無縁の輩に糧米を配付。
	６月14日	覚法の母師子の月忌により「十二口別所聖人」に一昼夜不断念仏を行なわせる。
	７月７日	白河院忌日、「別所聖人十二人」が一昼夜不断尊勝陀羅尼読誦。
	７月14日	師子月忌により「十二口聖人」が一昼夜念仏読誦。
	７月15日	念仏結願により「聖人」にそれぞれ布一反を配布。 「小田原教快聖人堂」にて「七口聖人」により盂蘭盆講、導師浄林、読師性蓮、咒願大乗、三礼泉勝、唄理覚、散華仏厳、他一名。
	７月21日	理覚房聖人を禅定院丈六堂供僧に補任。
久安６年（1150）	６月21日	７月12日まで、三七日逆修。
	（６月27日）	第七日、等身皆金色阿弥陀像・法華経一部供養、導師兼海聖人。
	（７月12日）	結願日、等身阿弥陀像・法華経・尊勝陀羅尼百遍供養、導師兼海聖人（「説法優美」）。
	７月15日	「七人聖人」が勝蓮花院谷にて二所聖霊奉為に盂蘭盆講を行ず。

これらの点から、『参籠日記』の記載を検討してみると、聖・聖人・上人と呼ばれている僧は、金剛峯寺系の僧・大伝法院系の僧・別所に住した小田原聖教懐の流れを汲む僧のすべてが含まれていることがわかるのである。『参籠日記』にみえる諸仏事の内訳と特徴を整理なさった山陰氏はその中で、「六口僧」・「十口僧」などを金剛峯寺方の僧侶としておられるが、この久安三年五月十五日条の阿弥陀講における「六口僧」は例外、とされている。[16]その理由は付されていないが、おそらく、六口僧のひとり理覚房尋蓮が、久安五年七月十五日に小田原教懐聖人堂で盂蘭盆講を勤めた「七口聖人」のひとりであることを考慮されたのかもしれない。しかし、久安三年の阿弥陀講で導師を勤めたのは山籠俊覚とある。山籠は、《学侶方》の位階であり、従来通り尋蓮を《聖方》ととらえた場合は、この阿弥陀講は《学侶方》と《聖方》の合同で勤仕されたことになる。その場合は、むしろこの時期の高野山の法会が、後世の《学侶方》や《聖方》のような区別にとらわれず、さまざまな僧による合同で営まれたことを示す例になろう。したがって教懐聖人堂で盂蘭盆講を勤めた「七口聖人」も、《聖方》の聖人ではなく、山内における優れた僧侶を七人集めて行なったと考えるべきである。すなわち、この時期における高野山では、聖・聖人・上人とは、身分・階層的区別を表わすものではないことが指摘できる。

年月日未詳ではあるが、「高野別所狼藉制止置文案」[17]によると、高野別所に住むのは「清浄持律聖人」であり、金剛峯寺からは凡人は去り、聖人が住すると記す。「聖人」は優れた僧侶に対する尊称で用いられ、[18]金剛峯寺に住むのも別所に住むのも「聖人」と称されている。「置文案」は続けて、近年「浄行持律」の聖人の中に、「放逸不善之輩」が混じり、仲間を招じて種々の悪事を行なうので相論が絶えないことを挙げ、このような争いは別所の本意ではなく、隠者の所為でもない、として、これらの狼藉を禁止している。いささかの誇張や理想が含まれているかもしれないが、高野山における別所とは、聖人（隠者）の住む特別で神聖な場所とみなされていたことがわかる。

以上の点から、「七口聖人」「三十口聖人」「別所聖人」「教快（教懐）聖人」「兼海聖人」と記される「聖人」とは、聖本来の特色であった宗教的特殊能力者、秀れた験者としての意味とみなすべきで、《聖方》という組織・派や身分を表わすものではない。「七口聖人」「三十口聖人」たちは、これまで考えられていたような《聖方》の頭七人・三十人という意味[19]ではなく、法会のために集められた山内における優れた僧侶（聖人たち）七人・三十人の意味であると考えられる。したがって聖（聖人）たちによる《聖方》につながるような組織は形成されておらず、そのような区別や認識もまだなかったといえるだろう。

注

(1) 武内孝善「高野三方」（今泉淑夫編『日本仏教史辞典』吉川弘文館、一九九九年）。

(2) 『扶桑略記』寛治二年二月二十六日条。

(3) 「高野山御幸御出記」（『続群書類従』二八上）。「寛治二年白河上皇高野御幸記」（『増補続史料大成』）では、「理趣三昧〈請僧三十口〉」（〈 〉は割注、以下同）と記す。

(4) 『高野春秋』寛治二年二月二十六日条。

古史云。小田原谷教懐。慶暹両上人。此時上奏始二賜三十口上人之補任状一也。

(5) 例えば五来重『増補　高野聖』一〇三頁など（角川書店、一九七五年、初版一九六五年）。

(6) この点については和多秀乗氏が、導師を勤めた山僧第一臈維範が学侶であること、そして寛治五年の白河上皇再度参詣の際の三十人聖人も、明算上人（十二代検校、中院流祖）を導師とする結衆であることから、三十口聖人を別所聖人ととらえるのは誤解であると指摘されている（和多秀乗「高野山教団と紀州出身者—特に明算上人を中心として—」安藤精一先生退官記念論文集『和歌山地方史の研究』一九八七年）。すなわち、氏は、この「三十口聖人」は学侶僧を含む、もしくは学侶僧によって構成されている存在であるので、《聖方》に分類される別所聖人とは違うと指摘されたのだと思われる。氏の指摘通り、三十口聖人＝別所聖人というとらえ方は誤解だが、別所聖人が《聖方》に分類される存在であると考えることも正しいとはいえない。

(7) 大日本古文書 家わけ第一『高野山文書』「又続宝簡集」四―二〇〇。

(8) 井上光貞『日本浄土教成立史の研究』二三一～二四〇頁（同著作集第七巻、岩波書店、一九八五年。初版一九五六年・新訂版一九七五年、いずれも山川出版社)。五来重注5書。山陰加春夫「「御室御所高野山御参籠日記」にみえる仏事」(『高野山大学論集』高野山大学、一九九六年)。五来氏は、『参籠日記』の記述より、聖たちが山内のあらゆる法会に出席しており、このことは高野山における高野聖の地位の向上を如実に示すものとされる（一〇四～一〇五頁)。山陰氏は、この時の高野山の組織を「金剛峯寺方」と「大伝法院・聖方」の二派でとらえておられる。

(9) 坂本正仁「醍醐寺所蔵大伝法院関係諸職の補任次第について」(『豊山教学大会紀要』一六、一九八八年)。『血脈類集記』第四（『真言宗全書』三九、真言宗全書刊行会、一九三四年、以下同)。

(10) 『高野山往生伝』（日本思想大系七『往生伝　法華験記』岩波書店、一九七四年、以下同)。『血脈類集記』第四。『高野山諸院家日記』(『続真言宗全書』四一、続真言宗全書刊行会、一九八七年、以下同)。

(11) 「高野山検校帳」（大日本古文書　家わけ第一『高野山文書』「又続宝簡集」七―一六六一、第九執行山籠大法師行明)。『高野春秋』正暦五年（九九四）七月六日条には、落雷による火災で壇上伽藍が炎上、類焼を免れた御影堂への勤仕のために天野に坊舎を造り、そこから順に登山することが山籠供僧の始まりという。時代は下るが、承久三年（一二二一）十月晦日付「権大僧都静遍奉書」（大日本古文書 家わけ第一『高野山文書』「宝簡集」一―二六九）に「一山禅侶之中、有六重位階、所謂阿闍梨、山籠、入寺、三昧、久住者、衆分也（下略)」とある。

(12) 坂本注9論文。『血脈類集記』第四。

(13) 第一章第二節参照。

(14) 第一章第二節で挙げたように、苫米地誠一氏は、覚鑁や大伝法院・密厳院衆徒が離山する原因となった保延六年（一一四〇）の金剛峯寺衆徒による大伝法院・密厳院襲撃は事実ではなく、保延六年以後も大伝法院・密厳院衆徒は山上に住していたとされている。したがって、久安三年に兼海らが帰山を許されたというのも信憑性はないと指摘しておられる（「大伝法院襲撃事件と不動化現説話―覚鑁の伝記をめぐって―」『興教大師覚鑁聖人年譜』下　鳥羽院政期、ノンブル社、二〇〇二年）。

(15) 坂本注9論文。『高野山検校帳』十九代琳賢の項目（大日本古文書 家わけ第一『高野山文書』「又続宝簡集」七―一六六一、以下『高野山検校帳』の引用はこれによる）。『高野山往生伝』。久安五年十一月二十四日付「兼海覚皇院供養願文案」、仁平二年十月二十四日付「永範覚皇院供養諷誦文案」（いずれも総本山醍醐寺編『根来要書―覚鑁基礎史料集成―』東京美術、一九九四年）。

(16) 山陰注8論文。

(17) 「高野別所狼藉制止置文案」（大日本古文書 家わけ第一『高野山文書』「宝簡集」一―四四二）
（前略）高野《ノ》別所《ハ》不可准他処《ニ》、是清浄持律聖人之住処也、（中略）金剛峯寺《ハ》非《ス》凡徒経廻《ノ》境界《ニ》、乃至准《シテ》鷲峯之風《ニ》、簡《ヒ》去《リ》凡人《ヲ》〈云々〉、仍適所住《ノ》聖人《ハ》、精進无《ク》極、道心堅固也、是以王臣四衆抽《ヌキテ》合《セタマヒ》帰依之掌《ヲ》、自他両門殊《ニ》凝《シタマフ》渇仰之誠《ヲ》、而近来浄行自律之御中《ニ》、放逸不善之輩相《ヒ》雑《リテ》、或《ハ》迎《ヘ》送《リ》少人《ヲ》、或置《テ》自房《ニ》同宿《ス》、因茲種々《ノ》悪事連々《トシテ》不《ス》絶、（中略）口舌諍論相《スルコト》続《シテス》不絶、是更《ニ》非別所《ノ》本意隠者《ノ》所為《ニハ》、（下略）

(18) 当時用いられていた聖・聖人・上人の意味については、苫米地誠一氏も、「聖・聖人というのは、まさに字義通りに神聖なる人ということ」で「正式な出家者・僧侶であって、決して非僧非俗・半僧半俗の民間宗教者などというものではない」こと、そして上人についても「実際の使用状況から見るならば、音通による別表記なだけで、全く同様に使われている」と述べておられる（「大伝法院の歴史」『興教大師覚鑁聖人年譜』下　鳥羽院政期、ノンブル社、二〇〇二年、初出二〇〇〇年「高野山大伝法院の歴史―金剛峰寺と大伝法院の対立を中心に―」）。

(19) 高木豊『平安時代法華仏教史研究』三六四～三六五頁（平楽寺書店、一九七三年）。

（追記）二〇〇八年三月に、苫米地誠一氏『平安期真言密教の研究』（ノンブル社）が刊行された。その「第二部　平安期の真言教学と密教浄土教」第二篇第四章の註で、氏は、別所について「「別所」とは本寺の寺域の外に建立された院家寺院」であり、そこには「多くの聖人達が止住」していて、「これらの別所聖人達は、本寺の交衆を外れ（＝隠遁し）て別所に移った僧侶達であり、三会講師にも与からず、僧綱職に就いていない凡僧であって、決して規制教団から離脱した存在ではないし、れっきとした官度の大僧（官僧＝官によって得度することを公認された正式な出家者）である。」としておられる。「別所」を、本寺の寺域外の院家寺院と解釈することにより、そこに住する僧は官度僧であり、その中に敬称として「聖人」と称される僧がいたということになる。

三　中世の高野聖たち

（一）勧進

十二世紀の高野山では、聖・聖人・上人は、優れた僧に対する尊称であることが判明した。すなわちこの段階での高野聖とは「高野山からの」もしくは「高野山に住する」優れた僧侶を意味する尊称であった。それでは、これらの点は、その後どのように展開したのだろうか。中世の高野聖の活動からそれについて考えてみよう。諸国における彼らの活動と、そして山内における聖たちの様子をとりあげ、その変化を窺ってみたい。

貞応元年（一二二二）五月、高野山大塔再建の勧進聖人となった良印は、太政官符によって京畿七道の勧進を許可された(1)。同年九月、先の官符を受けて鎌倉幕府は、御家人にこの勧進に奉加すべしとの下知状を出し(2)、翌貞応二年二月には、和泉国池田郷を寄進し、良印の勧進を援助した(3)。鎌倉時代、東大寺をはじめとする大寺社の大勧進に、組織力・人脈・地縁を有する「多知識」で、戒律をわきまえ、幕府と関係の深い「禅律僧」が任命されたことはすでに指摘がある(4)。

だがこの場合、良印も同様であったかどうかは、検討が必要であろう。『承久三年四年日次記』承久四年五月十日条に「今日、高野山住侶良印申、勧㆓進京畿七道㆒可㆑修㆓造大塔㆒事、被㆑下㆓裁許綸旨㆒」（返り点は筆者）とあり、良印は高野山僧と認識されているのである。[5] また、勧進聖人となってから後の、寛喜元年（一二二九）良印は、真言宗の中心法流のひとつである小野随心院流を付法されている。[6] したがって良印は決して「体制外の宗教者」ではなかったし、高野山の中心伽藍である大塔再建勧進のために諸国を廻る良印とその一団は、廻国先では、高野山からの尊い勧進聖、すなわち高野聖として認識されたであろう。この時の大塔修理は、勧進開始後十六年目の嘉禎四年（一二三八）に完成し、良印はこの偉業を賞して「大塔上人」と称された。[7] 良印の例にみられる「聖人・上人」は、これまで同様、優れた僧に対する尊称として用いられている。[8]

　中世の高野聖たちの諸国での活動と内容を推測させるものとして、文永六年（一二六九）銘の「紺綾地錦織弘法大師像・阿弥陀如来像」（金剛峯寺蔵）がある。高野山伽藍御影堂宝庫に納められていたもので、弘法大師像の裏に「南無大師明神　文永六年五月五日　念阿弥陀仏　勧進聖人」の墨書銘がある。[9] 高野聖念阿弥陀仏が、弘法大師信仰と高野山浄土信仰を唱導しながら勧進した折りに用いられたと考えられる。そして、南北朝期に活躍した古山珠阿弥陀仏は、将軍足利義満の側近「公方遁世者」である一方、高野山時衆として高野山に拠点を置き、高野山領である備後国太田庄および尾道浦の経営に関係した。さらに高野山西塔の勧進聖として諸国を廻っていたことが、康安二年（一三六二）十一月日付の鎌倉円覚寺『大般若経奥書』にみられる「高野山西塔勧進聖珠阿」の記載からわかる。[10] 珠阿のような存在からも、高野聖の幅広い活動と、その多様性が知られる。

　十三世紀後半に成立した無住の『沙石集』には、「高野聖」について、明遍が、兼密の名匠で道心者として名高い三井寺長吏公顕僧正の行儀を確かめるために、弟子の善阿弥陀仏を僧正の坊へ遣わした折、僧正が「高野聖ト聞テ、ナツカシク思ハレケルニヤ」と善阿弥陀仏を招きいれたことや、[11]「常州ニ真壁ノ敬仏房トテ明遍僧都ノ弟子ニテ、道心者ト聞シ高野ヒジリハ」[12]というような記事がみえる。この時代には、「高野聖」の語が、明遍を中心とする遁世者たちの集団として、敬意を込めて呼ばれていたことが窺える。

（二）高野納骨

高野聖の活動で著名なのは、高野納骨である。弘法大師入定の地である高野山へ納骨することにより往生を願う高野山信仰の中心をなすもので、その例はすでに十二世紀前半にみられる。初期には、藤原宗忠が、高野山を清浄の地として堀河天皇の遺髪を納めるよう内大臣源雅実に勧めた記事が『中右記』にみえる。[13]納骨の初期の例としては、仁平三年（一一五三）仁和寺御室覚法、[14]保元三年（一一五八）中山忠親の母、[15]永暦元年（一一六〇）美福門院、[16]嘉応元年（一一六九）仁和寺御室覚性[17]などが挙げられる。

初期の例は貴紳の高野山納骨であるが、次第にその動きは一般庶民にも広まっていった。『沙石集』には「尾張熱田ノ神官ノ語リシハ、性蓮房トイフ上人、母ノ遺骨ヲモチテ、高野へ参リケル次ニ、社頭ニ宿セントス。」[18]という話を載せており、無住の時代には、遺骨を高野山へ納めることが普及していた。永仁四年（一二九六）八月、僧澄円は、因幡国石田庄の領家職であった比丘尼善智から譲られた石田庄内の地一町、そして善智が比丘尼妙浄に譲渡した同庄内の地一町、併せて二町を「代々幽霊之菩提」の資として「善智御房之塔婆」と共に高野山御影堂に寄進している。[19]これも高野納骨の一形態をいえるだろう。鎌倉末期の「一遍聖絵」（「一遍上人絵伝」とも称す）には、高野山奥院の図が描かれている。そこには、宝形造の弘法大師廟、その前面にある小祠・玉垣・石垣・笠塔婆・五輪塔・拝殿等とともに、廟所に至る参道の両側に多数の卒都婆が林立している。[20]卒都婆は納骨を意味するものではないが、参詣者がこれらの卒都婆を建てたのであり、この時期の高野山参詣の興隆を知ることができる。

また『大乗院寺社雑事記』文明四年（一四七二）正月二十七日条には病に冒された「力者一臈正陣法師」が、高野山へ登るという記事がある。[21]法師は自分の領地のことなどを、弟子と思われる慶億という人物に申しつけており、高野山で死期を迎えることを覚悟しての登山とみられることから、高野山が穢れを厭わない霊地であり、この世における浄土とみなされていたことがわかる。天文元年（一五三二）に成立した中世の代表的な百科事典である『塵添壒嚢抄』でも、人々が高野山に納骨することの理由について、高野山は日本における九品の浄土の中で上品上生の地であること、なかんずく高野山は弘法大師入定留身の地であるので、高野山に納骨する者は、大師の徳に預かることができると説明している。[22]この説明から、高野山が極楽浄土の地として理解されていることがわかる。

（三）高野聖の変化

高野納骨との関連で、尊敬をこめて呼ばれていた高野聖のイメージはその後どうなるのであろうか。『桂川地蔵記』応永二十三年（一四一六）七月条には、縁日の祭礼の余興に「高野出入之頭陀聖」が出たことや、『看聞日記』応永三十年（一四二三）七月十五日条も、念仏踊で紅葉の枝を懸け提灯をもって参加する「風流躰高野聖」十余人がいたことを記している。「風流」を中心とするこのような寺社の祭礼は、神仏に対する奉納行為として行なわれる芸能という性格を有していると解釈されているが、林屋辰三郎氏によると、室町時代になると「風流」は宗教的な色彩を失って民衆的娯楽化し、拍子物、すなわち踊りを意味する言葉になっていったという。[23]したがって、本来は勧進のための行為であったかもしれないが、高野聖たちのこのような姿は、彼らからその宗教者としての側面を切り離し、芸能者として認識させてしまうことに繋がったのではないだろうか。さらに『大乗院寺社雑事記』文明十九年（一四八七）七月五日条には、盗品である宇治の橋寺本尊「二歳太子像」を売りつけにきた高野聖の話が載せられている。このような芸能者として錯覚させるような行動や、盗品を売りつけるような行為が、次第に「高野聖」に対するイメージ、ひいては「聖」の意味を変化させていくことにつながったことは想像に難くない。こういった高野聖たちの中には、後述するように高野聖の名を語って諸国を廻る偽の高野聖たちも当然のことながら存在した。

高野聖による高野納骨の始まりについて、『紀伊続風土記』に記されるような、源平争乱で興廃した諸国を明遍の弟子たちが廻り、死者を供養したことに求める説は、現在ではもはや受け容れられない。しかし高野聖がこの説を唱導していたことは、『室町殿日記』所収の永禄四年（一五六一）「聖笈籠之事」という記事から窺える。[24] 聖衆が中国下関を通行する時、関奉行塩津平左衛門から高野聖とその笈の由来を尋ねられ、「笈ひしり」が次のように答えているのである。かつて藤原信西の末子「按察の君」が一家追善のために高野山へ隠棲し、続いて隠遁してきた信西の臣下八人が、「諸国の路径にかはねをさらす法界の死人を灰にし骨をこの山におさめなは、おほひなる善根なるへしといひて」笈をこしらえ、諸国を「す行」（遊行）したことが始まりであると。すなわち、当時高野聖たちは、彼らの廻国の由来を明遍とその弟子たちに結びつけ、彼らが死者の菩提追善の火葬と高野山納骨を始めたという由緒を創り上げていたのである。死者の菩提を弔いながら諸国を巡るこれらの僧に対しては、「市聖」と呼ばれた空也の例をあげるまでもなく、崇敬の念をこめて聖・聖人・上人の語が冠せられたと思われる。

十六世紀半ばにおいて諸国を廻る高野聖たちは、その特徴である高野納骨について明遍による由来を唱導していたことがわかった。それとともに、この話からわかるもうひとつの面は、廻国する高野聖たちの一方で、商売のために笈を背負い諸国をまわる「ひしり」たちも存在したことである。前記『室町殿日記』「聖笈籠之事」には続けて「此笈ひしりは商売のためにむかしより諸国をまはら（り）候に依て、国々の案内をよく存たる事に付而、笈役に申付られ候」と書かれている。このことから、この話にでてくる「笈ひしり」はおそらく、明遍とその弟子によって始められた死者火葬・高野納骨の話をすることで、自分を高野聖のように思わせて、諸国を商売してまわったと推測される。そして高野山からの聖たちと彼らが出会い、ともに行動することもあったのである。『室町殿日記』「関役免状之事」には、伽藍修理のために諸国を廻る「高野聖衆」の通行に便宜を計らうようにとの永禄四年の免状が掲載されている。[25]「従二往古一も諸国差渡等其煩無レ之」と書かれるところから、このような取り計らいが、以前からの慣習であることが窺える。『室町殿日記』では廻国する高野聖たちを「高野聖衆」と表現している。この場合の「聖衆」とは、高野山からの聖たち、高野聖のグループという意味であろう。[26]

『室町殿日記』から、高野聖たちによる廻国と、一方でその名を語り、商売をしてまわる者たちの存在も窺える。彼らはその様相から「笈ひしり」と呼ばれる。このような存在が、後に高野聖を、商売をして歩く「売僧《まいす》聖」と呼ばせる原因にもなり、さらに呉服聖・衣聖とも称され、蔑称にもなっていったのであろう。それに加えて、先述した高野聖たちの勧進以外の活動も、そのイメージを低下させ、本来の「聖」の語が、次第にその意味を否定的なものに変化させていく要因となったと考えられる。戦国時代に来日した耶蘇会宣教師たちが、日本語習得のために編集した『日葡辞書』は、室町時代語研究の重要な資料と位置づけられているが、そこでは高野聖のことを「荷物包みを背負い、寄付を乞いながら遍歴する、高野の僧院の坊主」と説明している。[27]ここには、高野聖たちの物乞いをして歩く姿が表現されており、室町時代の高野聖に対する印象が世俗的なものに移行しつつあったことがわかる。[28]さらに『当代記』でも、天正九年（一五八一）八月十七日の織田信長による多数の高野聖殺害について記したあと、「自レ昔高野山聖諸国へ下時、我と宿とることなし、於二路巷一宿かやかやと呼る、心ある人は不レ寄二上下一宿をかす、若宿なければ、其ま、路頭に明す、信長今年聖殺害し給より此事なし、信長果給て後も、是より已来如レ元呼る事なし、た、如二旅人一宿をとる、〈殊に今は如二商人一、衣類已下色々之物を持来て令二沽却一、少の坊をもたる聖は、笈をも不レ持馬上にて国を令二上下一、何も遠二大師の掟一乎〉」という記述がある。[29]この文章から、かつては人々が高野聖へ尊敬と親しみを込めて宿を貸していたこと、しかし信長の殺戮以降はそのような風習がすたれてしまったことがわかる。高野聖たちが「旅人の如く」宿をとるようになった大きな理由は、信長による殺戮に対する人々の恐怖のためだけではなく、近年の高野聖が、死者を菩提追善のために火葬し、高野納骨を勧めるという本来の姿を失い、商人のように衣類や種々の物品を販売しながら諸国を廻るようになったためである。彼らは高野聖の特徴であった笈を持つこともせず、馬に乗って物品を販売して諸国を廻るという。「何も大師の掟に遠きや」という『当代記』筆者の感想のように、高野聖たちは当初の姿からかけ離れ、商売のために諸国を廻る商人のようになってしまったのである。

以上みてきたように、十三世紀後半までは、尊敬の念をこめて呼ばれていた「高野聖」の語であるが、十四世紀前半には、高野聖自身の活動に祭の余興に出たり、盗品を売りつけたりするような世俗的なものが混じるようになり、さらに、「笈ひしり」のように高野聖の名を語って商売をするような者も登場して「高野聖」の語が混用され、そのイメージは低下していった。それに伴い、本来は尊称であった「聖」の語もそのもともとの意味が忘れられていったのである。

（四）山内での様子

諸国における高野聖たちの世俗化の背景には、高野聖と称する偽者たちの登場の他に、山内における彼らの時衆化の問題もからんでいた。次にこのような聖たちが、山内で《聖方》として存在していたのかについて考えてみたい。

延慶三年（一三一〇）～正和六年（一三一六）の「修正壇供（修正餅）支配注進状」[30]は、正月修正会の餅の配分を記したものである。それによると毎回「聖」百人がその配分に預かっている。この時餅が配分された者は、検校・前検校・有識分・入寺三昧・衆分・預・承仕・夏衆・聖、導師・咒願・唄・散華・礼懺頭・讃頭・引頭・沙汰人、大塔承仕・金堂承仕・金堂預・金堂雑役・後誓貝吹や雑僧などである。導師以下沙汰人までは修正会で役を勤めた者たちであろう。正和五年の記載をみると、検校以下聖までが「交衆分」合計一一〇七・五枚で計上されている。「聖」も「交衆」であり、高野山僧であった。しかし《学侶方》や《行人方》に分類される検校以下夏衆は職掌である。ここから聖たちが《聖方》という組織を形成していたと結論づけるのは早急であろう[31]。

応永二十年（一四一三）五月二十六日の「高野山五番衆契状[32]」では、「覚心」と称する「荒入道」が密厳院の傍らに萱庵を結び、念仏を唱え、高野聖と称して空口を負い、諸国を頭陀するようになってから、これが易行であるゆえに、世を捨てた人々がこぞってこの門下に入り、今日では、高野山全山が念仏の庵室で埋め尽くされるほどで、密教の教えがほとんど壊滅状態になってしまった。したがって、以後は声高念仏・金叩・負頭陀を停止し、萱堂外での踊念仏も停止、庵室新造も禁止すると制定している。ここに登場する「覚心」とは、萱堂聖が祖とする心地覚心の弟子であるといわれる[33]。一遍が覚心から印可をうけたという後世の言い伝えにみられるように、彼らは、踊念仏を行ない遊行する時衆聖の要素も持っていた。文明五年（一四七三）多聞院住持重義が記した『高野山諸院家日記』には「小田原道南北」に「萱堂念仏者」という記載がある。創建の由来などについては書かれていないが、十五世紀後半、萱堂には念仏者が多く集まっていたことがわかる。五番衆契状にみえる、覚心門下の一党が「高野聖」と称して諸国を廻ったという表現には、彼らは本来の高野聖たちではない、という五番衆側の意図が窺える。諸国を廻る高野聖たちの世俗化の背景には、時衆聖たちの山内における増大化・集団化があったのである。

応永二十六年（一四一九）四月十五日付「両所十聴衆評定事書案[34]」には、奥院山の材木を引く「谷々念仏者」と呼ばれる存在が記されている。また応永三十一年「近木庄上番馬上取帳[35]」には耕作者として「時衆」「聖」という記載がみられる。この「谷々念仏者」や「時衆」とはおそらく前掲「五番衆契状」で糾弾された集団であろう。山内の萱堂に集まる時衆聖を中心に、各谷に念仏聖たちが住んでいたのである。

これらの史料から、十四世紀前半の高野山で聖と呼ばれる人々は交衆であったことがわかる。しかし十五世紀には山内で時衆聖が増え、谷々に多くの念仏聖たちが住むようになって、廻国する高野聖たちの世俗化も進んでいった。

（五）組織化の過程

『満済准后日記』永享二年（一四三〇）十月十日条には、七月以来の「高野衆徒行人確執」で「衆徒悉離山」となり、「高野ニハ行人念仏衆計止住云々」とある。衆徒と行人の対立により衆徒が離山してしまった高野山の様子を、満済は行人と念仏衆ばかり、と記しているのである。[36]さらに彼は「行人ハ悉衆徒等召仕下法師」なのに「行人等以外過分下剋上」と記している。本来衆徒（《学侶方》）の下働きをする存在であった行人（《行人方》）が衆徒に対立することは、「下剋上」のように満済には思われたのであった。

この記事から、高野山内における階層・組織が明確化してきたのは、十五世紀にはいってからであることがわかる。それは、まず「衆徒」「行人」というカテゴリーであった。当初は上下関係を有していたこの二つの集団が、対立するようになった。[37]そしてこの二つの集団とは別に「念仏衆」という集団がいた。衆徒と行人の争いに際して、衆徒が離山した後も念仏衆は行人とともに山内に残ったところから、念仏衆は、この争いに関与しない第三者的存在か、もしくは行人に近い存在と考えられる。その主体は、先述した応永二十年（一四一三）の「五番衆契状」で糾弾された、踊念仏や声高念仏を主とする集団や、同二十六年の「評定事書案」にみえる「谷々念仏者」、同三十一年の「取帳」に記されている「時衆」「聖」たちであろう。しかし、単に「念仏衆」と表現されている点から推測すると、この段階でも念仏をもっぱらとする衆という状態で、衆徒や行人に対応するような組織としては未成熟だったのではなかろうか。

衆徒については、すでに承久三年（一二二一）十月晦日付「権大僧都静遍奉書」[38]に、その階位が六階であると記されており、組織化が進んでいたことが窺える。明徳四年（一三九三）九月二十三日「小集会評定事書」[39]に「学侶方」の語がみえるので、十四世紀末までには、「学侶方」が組織されていた。行人についても、十五世紀末と推定される「粉河寺行人方追加規式」[40]に出てくる「三箇寺行人方」が高野山・根来寺・粉河寺の行人方を指すと考えられ、この時期には

「行人方」が組織されていたことがわかる。

聖たちについては、十五世紀末、『大乗院寺社雑事記』長享二年（一四八八）二月十五日条に、「高野山山伏方より聖方ニ」用銭を申し懸けたところ、先例の無いことと聖方が断ったため、「両方」が合戦に及び、十一日から十二日にかけて高野山が火災にあったという記述がある。(41) 山伏方・聖方の表現から、かつては単に「念仏衆」と呼ばれていた彼らが、山伏方（《行人方》にあたると思われる）と対抗しうるような集団となりつつあったことがわかる。そして高野山を大火災に至らしめるような合戦を行なったということから、山伏方だけでなく聖方も僧兵的要素・武装能力を有していたことも窺える。この記事ではすでに聖方という語が用いられている。それでは実際に彼らは《聖方》という一派を形成していたのだろうか。そのことを、他の史料から探ってみよう。

明応三年（一四九四）十二月二十二日付「五室時宗六ヶ所水役銭規定」(42)は「蓮花院　及阿弥、大知院　西阿弥、花遊院、極楽堂　了阿弥、大定院　寂阿弥、華蔵院」の六院が「五室御院中」に提出したものである。ここに出てくる六院は、勧修寺蔵「高野山聖方三十六院（現寺取調書上）」に出てくる三十六の院に含まれている。(43)「聖方三十六院」の称は、高野山へ来住した聖たちが後に三十六の道場（院）を開いたことに由来するという。これらの院は後に幾つかの院家に分かれたが、江戸時代にはいっても聖方を表わす総合的な呼称として「聖方三十六院」の称が用いられている。

先にみた「五番衆契状」で糾弾された萱堂聖たちは、後日、自らの時宗化を正統化するために一遍参禅説話を形成したといわれる。この説話の形成過程や布教者、その意義などについてはさまざまな論究があるが、(44) ここでは、十五世紀末、高野山五室谷で時衆聖が院家を形成していたこと、その院家は後世の聖方寺院であったことを指摘しておきたい。(45)

次に、「宇野主水日記」を取り上げよう。これは、本願寺顕如が高野山へ参詣したときの様子を、右筆である宇野主水が記したもので、『石山本願寺日記』の中に「顕如上人文案」などと共に収録されている。(46) まず天正八年（一五八〇）九月の顕如の参詣記事には「一、聖ヲハ時宗方《ホウ》ト云テ、一円スエズエノ事也」とあり、聖衆が「時宗方」と称されていたことがわかる。また天正十一年（一五八三）三月の興門主参詣記事には「一、聖ハ七年ノ間役ヲツトメテ《役トハ八木三石餘ツヽ》、其後ハ住山モ心ノマヽ也、一年二一度《一年中ニイルコトアリ》山上へマイラ子ドモ不苦。役モ無之。〈阿弥陀経一巻オボユレバ、其外ニハイラヌ也、聖ノ坊谷々ニ九間ヅヽ、アルト云。九品ノ心ナド、申也〉」「一、高野ニ物ノイル事ヲバ、七ツニワケテ配分セラル、也。聖衆モ七ツノ内一分ノ役ヲ出スナリ」とある。聖たちは、米三石余づつ納める「役」を七年間勤めた後は、住山してもよいし、山上へ参詣しなくても構わないし、「役」も免除されたことがわかる。また高野山への物入りの場合は、聖たちは全体の七分の一の負担で済んだこともわかる。その修行の様子も「阿弥陀経一巻オボユレバ、其外ニハイラヌ也」とあるところから、やはり念仏が主であったことが推測される。したがって後世聖方寺院が主張するような付法灌頂が行なわれていたとは考えがたい。ここにでてくる「聖」の語にはすでに尊称の意味は失われている。

「宇野主水日記」から、「時宗方」と称された聖たちはある程度の役や負担はあるものの、その割合は低いものであり、高野山に定住するか否かもその意に任されていたことがわかった。したがって、彼らの山内における立場も、組織化された堅固なものではなかったであろう。先述の明応三年の史料ともあわせて考えると、聖たちは、応永二十年の声高念仏などの禁止以後も依然として念仏をもっぱらとしていたのである。そのため、長享二年の『大乗院寺社雑事記』にみられるように「聖方」と呼ばれることもあったが、むしろその特徴から「時宗方」と呼ばれる集団であったことがわかる。先述したように織田信長による高野聖の大量殺戮は天正九年（一五八一）であるが、(47)「宇野主水日記」天正十一年の記事をみる限り、彼らの活動に衰えはなかったようである。

さらに、興山上人木食応其を勧進上人とする文禄三年（一五九四）十一月十九日付「神通寺社頭上葺奉加帳」(48)には、奉加者の分類に「時宗方　参拾石之内（黒印）」とある。「学侶中」（《学侶方》）「世間者方惣分」（《行人方》）と並んで記されている点から、一派を成す集団として形成されはじめたことが窺える。しかし、学侶寺院および行人寺院に対しては、上記のように一括しての奉加額とは別に、各寺院個別の奉加額も記されるが、聖衆寺院に対しては「時宗方」

と一括してまとめられたこの記述のみである。先の「宇野主水日記」の記述ともあわせて、聖衆寺院は高野山において、一派として認識されつつはあったものの、その存在はまだ稀薄であった感は否めない。

これらの点から、聖衆たちは次第に《学侶方》や《行人方》に対応するような集団となりつつあったことは窺えるものの、山内における一派としての地位は確立しておらず、その実態は「時宗方」と呼ばれるような時衆聖の存在が強かったことが窺える。

ここまで高野山における聖たちの様相と変化をみてきた。それによると、本来優れた宗教的能力を有した僧に対する尊称であった聖・聖人・上人の語は、その後、勧進という大業を行なう僧侶に対する尊称として、また、諸国を巡って死者を埋葬し、遺骨を聖地高野へ運ぶという尊い行為をする僧への尊称として用いられた。十四世紀前半、聖たちは「交衆」として史料に登場しており、高野山僧であった。したがって「高野聖」とは、高野山からやってきた尊い聖たちという通称であったと考えられる。しかし、廻国する高野聖たちに紛れ、商売を行なうような下級僧、もしくは僧に擬して寄進を募るような存在が登場し、「売僧聖」「宿借聖」などと呼ばれる存在となっていき、聖本来の尊称の意味は失われていった。天正九年（一五八一）に、信長によって大量に処刑された「高野聖」たちの中には、本来高野山とは関係なく、その名を語っていた者も多かったであろう。十五世紀前半に高野山内を埋め尽くすほどに広まった時衆聖たちの存在も、本来の高野聖のイメージの変化にからんでいた。十五世紀後半になって、彼らは山内で「聖方」として「山伏方」と武力衝突するような一団には成長しつつあったが、その立場は確立したものではなく、そしてその実態も「時宗方」と呼ばれる時衆聖の存在が強かったのである。

注

（1）貞応元年五月十二日「太政官符」（金剛峯寺編『高野山文書』一―八、四―一、四―一三四、『鎌倉遺文』二九五九）。

（2）貞応元年九月二十五日「北条義時下知状（関東下知状）」（金剛峯寺編『高野山文書』一―九、四―二、四―一三五、『鎌倉遺文』三〇〇一）。

（3）貞応二年二月十六日「関東御教書案」（『鎌倉遺文』三〇五二）。

（4）中ノ堂一信「中世的「勧進」の形成過程」（日本史研究会史料研究部会編『中世の権力と民衆』一九七〇年）。永村眞「東大寺大勧進職と「禪律僧」」（『南都仏教』四七、一九八一年）、後に『中世東大寺の組織と経営』（塙書房、一九八九年）に補訂再録。松尾剛次「勧進の体制化と中世律僧―鎌倉後期から南北朝期を中心に―」（『勧進と破戒の中世史―中世仏教の実相―』吉川弘文館、一九九五年、初出は一九八二年）。近年のものでは横内裕人「新出千載家文書にみる造東大寺大勧進と鎌倉幕府―行勇時代の再建事業―」（『鎌倉遺文研究』一二、二〇〇三年）がある。

（5）仁和寺蔵。今回は東京大学史料編纂所影写本を利用した。

（6）『血脈類集記』第七。築島裕「醍醐寺蔵本「伝法灌頂師資相承血脈」」（醍醐寺文化財研究所『研究紀要』一、一九七八年）。

（7）『紀伊続風土記』高野山之部学侶「根本大塔」（巌南堂、一九七五年、以下同）。『紀伊続風土記』は紀伊国の地誌で文化三年（一八〇六）幕命により和歌山藩が編纂に着手、一度中断し、天保十年（一八三九）に完成した。

良印は、高野山遍照光院第八世住持になるが、その時期は不明である。第七世観専の文永六年（一二六九）三月譲状案によると、遍照光院を良印に譲与したが、彼の死後、止住する人物がいないので、良印と親しかった教王御房（覚斅）に譲るとある（文永六年三月二十二日「僧観専文書譲状案」金剛峯寺編『高野山文書』一―一三五および『鎌倉遺文』一〇四〇〇）。『鎌倉遺文』では表題が「紀伊南部荘年貢米下行定」となり、譲状本文の前に年貢米の下行内訳が記載されている。

往生院内に位置する遍照光院は、仏種房心覚（一一一七～八二）の住房であった。五来重氏の分類によると中期高野聖である心覚は（五来重『増補　高野聖』角川書店、一九七五年、初版一九六五年）参議平実親の息で、宰相阿闍梨とも、また高野山内に常喜院を建立したところから常喜院阿闍梨とも呼ばれる。もとは園城寺で受戒したが、のちに醍醐寺にはいった。光明山にも住んだという。『別尊雑記』をはじめ多くの著作がある。心覚がもとは天台僧でありながら醍醐寺で灌頂を受けられたのは、求法の志と器量が優れていたためといわれる。遍照光院は、文禄三年（一五九四）十一月十九日「神通寺社頭上葺奉加帳」（大日本古文書 家わけ第一『高野山文書』「続宝簡集」三―五一〇）では学侶方寺院に分類され、慶長十三年（一六〇八）七月十三日「遍照光院住持条々掟書写」（金剛峯寺編『高野山文書』二―三五七）でも自分たちは「真言一派古来学室」であり、その「庵室本堂」は「明遍上人之古跡」であると称している。永正年中の院号を書き上げた「高野山聖方三十六院（現寺取調書上）」（勧修寺蔵、『藤沢市史資料所在目録稿』二〇「勧修寺文書」三六八）には、聖方三十六院の中に遍照光院の名がみえる。しかし『紀伊続風土記』（伊都郡高野山部四「聖三十六院の名」）には、「遍照光院〈今学侶房〉となる」とある。すなわち遍照光院は、当初高野山に来住した聖たちにより開かれた三十六の道場（院）の一つで、十六世紀後半には、学侶方寺院となったことがわかる。『紀伊続風土記』によると、この他にも、金剛三昧院や清浄心院など、聖三十六院の由来を有した子院で、後に学侶方寺院や行人方寺院になったと記される院がみられる。

　第四章で触れる京都山科の門跡寺院勧修寺に伝来する文書の目録は、藤沢市文書館発行の『藤沢市史資料所在目録稿』十六集（一九八三年）・二〇集（一九八八年）・二一集（一九九〇年）に掲載されている。本章で用いる勧修寺文書の表題および文書番号は、この目録稿の記載にもとづく。

（8）中世において勧進聖となる人物に学侶僧もいたことは、例えば、十一世紀から十二世紀の法隆寺における一切経書写のための勧進聖人が法隆寺学僧の中核である五師僧であったことからも窺える（久野修義「中世法隆寺成立と別所」『日本中世の寺院と社会』塙書房、一九九九年、初出一九八四年）。

（9）日野西眞定「弘法大師と先祖信仰―特に宝号と遊行信仰について―」（『説話・伝承学』七、一九九九年）、同「山岳霊場に祀られる神と仏―特に高野山の場合―」（頼富本宏編『聖なるものの形と場』法藏館、二〇〇四年）、『国宝　弘法大師空海』展』（『国宝弘法大師空海」展実行委員会、一九九九年）、『弘法大師空海と高野山の秘法』展』（『弘法大師空海と高野山の秘法」展実行委員会、

館、二〇〇三年）。

(10) 貫達人「円覚寺大般若経刊記等に就いて」（『金沢文庫研究』七五～八一・八三・八四、一九六二年）、田中純子「公方遁世者の一類型―古山珠阿弥陀仏をめぐって―」（『洛北史学』三、二〇〇一年）。

(11) 『沙石集』一―三「出離ヲ神明ニ祈事」（日本古典文学大系八五、岩波書店、一九六六年、以下同）。

(12) 同前十（本）―十「妄執ニヨリテ魔道ニ落タル事」。

(13) 『中右記』天仁元年正月十三日条。

(14) 『兵範記』仁平三年十二月八日条。

(15) 『山槐記』保元三年八月二十一日条。

(16) 『山槐記』永暦元年十一月二十三日条。

(17) 『兵範記』嘉応元年十二月十三日条。

(18) 『沙石集』一―四「神明慈悲を貴給事」。

(19) 永仁四年八月十八日付「僧澄円御影堂中檀田地寄進状」（大日本古文書 家わけ第一『高野山文書』「続宝簡集」二―一六一）。

(20) 日本の絵巻二〇『一遍上人絵伝』（中央公論社、一九八八年）。「一遍聖絵」は、その奥書から、一遍の没後十年目にあたる正安元年（一二九九）に完成したことがわかる。

(21) 『大乗院寺社雑事記』文明四年正月二十七日条（『増補続史料大成』臨川書店、以下同）。力者一臈正陣法師受二癩病一之間、自二今日一登二紀州高野山一、遺跡事申二付慶億一之由言上之、不便々々、七十五歳歟云々、

(22) 『塵添壒嚢抄』巻第十六　緇問中二「六　骨ヲ専納高野事」（『大日本仏教全書』一五〇、一九八三年）
△諸人取骨必ス高野ニ納ルハ。何ノ由緒ソ。〇凡ソ不限南山。所々ノ霊区ニ置之歟。就中高野山ハ是日本ニ九品ノ浄土アル中ニ、

上品ノ上生ニ当レリ。是清涼山ノ文殊ノ示現也。然レバ勝タル霊幅ナル故ニ。専ラ此ニ置歟。又寛治年中ニヤ。東寺ノ定額僧勝実ト云シ人。讃州善通寺ノ別当ニ被補テ。下向シタリケルカ。於彼寺御筆ノ一紙ヲ感得ス文云。

　卜居於高野樹下　遊神於兜率雲上
　不闕日々之影嚮　検知處々之遺跡

ト侍ヘリ。サレバ高祖草創ノ砌リ望マン人ハ。巨益空シカルベカラザル中ニ。殊ニ彼ノ山ハ。親《マノア》タリ入定留身ノ地也。彼《カシコ》ニ身骨ヲ納メン輩。争カ有縁ノ益ニ不預哉。加之大師ノ御記文ニ云

　結舎那之秘印。秘先身。雖留身於樹下。意者有兜率内院。雖然為加持遺跡。不闕日々之影嚮。至有信者。其身授幸。不信者。可恨先業。但我山所送置。亡者之舎利。我毎日以三密加持力。先送安養宝刹。当来我山ノ可為慈尊説法之聴衆菩薩云々。

此御記文宝性院ノ経蔵ニアリト云也。依加様ノ子細。取別高野山ニ亂置《ヲサメ》者也。

(23) 林屋辰三郎『中世文化の基調』Ⅲ「町衆の生活と芸術」（東京大学出版会、一九五三年）。

(24) 京都大学国語国文学資料叢書十六・十七『室町殿日記』巻四—六〇「聖笈籠之事」（京都大学蔵、臨川書店、一九八〇年、以下同）。この内容が後世の『紀伊続風土記』（高野山之部　巻之四十五　非事吏事歴　蓮花谷）に「諸国路次に尸を晒す無縁霊骨を拾ひ、是を高野の霊地に納め、菩提の資糧に擬す。其骨を運ける料に負口を造りて諸州に遍歴す〈室町日記〉」というように若干形を変えて伝えられている。

　『室町殿日記』は、序文によると、楢村長教が、室町幕府関係の日記類を一覧したいという前田玄以の希望を受けて編纂したという。したがって、その成立は玄以の死亡以前（一六〇二）で、記事の中に足利義昭の死が語られているところから、慶長二年（一五九七）九月以後ということになる。記事の内容については、不審な点もあり、材料の提供者たちの身元も判然としない点があるため、引用史料の性質によっては注意が必要であろう。しかし、今回引用した高野聖についての記事は、『室町殿日記』で多く採用されている軍事・政治関係のものではなく、巷間の話題として取り上げられているものであるので、史実かどうかという取り上

げ方ではなく、当時の高野聖に対するイメージや、その唱導内容を理解する上で参考にできると考えられる。

(25)『室町殿日記』巻四―五九「関役免状之事」。

一　高野山聖衆諸伽藍為㆓修理㆒諸国を令㆓勧進㆒候。往返之事、従㆓往古㆒も諸国差渡等其煩無㆑之上者、今以子細有間敷候。若於違反之輩於㆑有㆑之は、可㆑被㆑加㆓御成敗㆒之由、被㆓仰出㆒候也。仍免状如㆑件。

永禄四年

三月朔日　猶村市右衛門（尉）長高

脇屋惣左衛門（尉）貞親

諸関所中

（返り点は筆者）

なおこの記事は、『後鑑』永禄四年（一五六一）三月朔日条にも「依㆓高野山聖衆申請㆒。被㆑出㆓関所免状㆒」として載せられている。

(26)「衆」の意味については「①多数の人。大勢の人。また、三人以上の称。しゅ。②ある集団をかたちづくる人々。集団の構成員。しゅ。③（「ところ（所）の衆」の略）御所などに詰めている侍。しゅ。④人。お人。人々。しゅ。」などが挙げられる（小学館『日本国語大辞典』第二版）。

(27) 土井忠夫・森田武・長南実編訳『邦訳日葡辞書』（岩波書店、一九八〇年）。

(28) 聖についての説明でも、『日葡辞書』は高野聖を例として挙げて「一種の籠、すなわち背負い籠のような物を背負って遍歴する坊主」と説明している。しかし、それに続けて「また、聖ある地位をもっている重立った坊主、または普通一般の坊主を言う」とも書いている。この「聖ある地位」の「聖（ひじり、ひじる）」については、同辞書に「行動や言葉などに注意し、貞潔を守ることについては特別に用心して自ら身を慎む」と説明されており、「聖」の語の本来の意味が一方では残されていることがわかる。

(29)『当代記』天正九年八月十七日条（史籍雑纂『当代記　駿府記』続群書類従完成会、以下同）。『当代記』は成立年不詳である。その編者は亀山城主松平忠明ともいわれるが、明らかではない。全十巻で、天文～永禄年間（一五三二～一五七〇、但し弘治年間の記録はない）と元亀元年（一五七〇）～元和元年（一六一五）まで四十六年間の記録がまとめられている。

(30) 大日本古文書 家わけ第一『高野山文書』「又続宝簡集」四―一〇〇～一〇七。

(31) 伊藤正敏氏は同氏書『中世の寺社勢力と境内都市』（吉川弘文館、一九九九年）において、当該期の学侶・行人・聖の勢力配分をみる史料として、これらの注進状を位置付けておられる。

(32) 応永二十年五月二十六日「高野山五番衆契状」（大日本古文書 家わけ第一『高野山文書』「宝簡集」一―四四一）

定置　五番衆一味契状事

夫以、当山者、密教相応之勝地、真言弘通之霊峯也、依之明神卜叢祠而送劫數、大師構定室而契三会、誠以、高山深嶺而為禪客之住居、幽藪窮巌離聚落之俗塵、是故、國有動揺似不驚、偏談六大四曼之教法、思普天之静謐、朝有潜乱如不知、只玩五相三密之宗旨、祈卒土之安全、伝聞、不令他人離《雑》住、与非門徒不猥雑云事、高祖之厳誡者歟、然間制止異門、先規之例也、爰近年云覚心荒入道、密厳院傍結萱菴、偏令念仏以来、号高野聖、肩空口、令頭陀于諸国、是則易行得分之作業故、被捨于世類、挙入此門下、於于今者、寺家大躰成念仏菴室、密教既為滅可不歎乎、所詮仰高祖之遺誡、任先規之制符、可有其沙汰也、若有贔屓之倫、雖致私曲之秘計、敢不可叙用、令下知三類之族、堅可被加炳誡事、

条々

一声高念仏　金叩　肩頭陀一向可停止事

一踊念仏可止事〈萱堂外〉

一於寺辺新造菴室堅可制之事

右以前条々、五番衆以一味同心之儀、令評儀上者、雖為一筒《（箇）》条、不可改轉者也、若此条偽申者、

奉始梵天帝釈四大天王、惣日本国中大小神祇王城鎮守諸大明神、殊地主山王両大明神十二王子百廿伴部類眷属、三地大聖両界諸尊

金剛天護法善神御治罰蒙違犯身上八万四千毛孔、現世受白癩黒癩病患、感符交人果報、到来堕無間大城底、永不可有出期、仍起請契約之条如件、

応永廿年五月廿六日

預大法師　賢秀（花押）
行事入寺　長敏（花押）
年預阿闍梨　実祐（花押）

（下略）

(33)『紀伊続風土記』（高野山之部　巻之四十五　非事吏事歴「萱堂」）。
(34)大日本古文書 家わけ第一『高野山文書』「又続宝簡集」四―一二七五。
(35)大日本古文書 家わけ第一『高野山文書』「又続宝簡集」五―八六七。
(36)『満済准后日記』永享二年十月十日条（『続群書類従』補遺）
（前略）七月以来、高野衆徒行人確執。衆徒悉離山。長日勤行以下悉退転。高野ニハ行人念仏衆計止住云々。言語道断事也。行人等以外過分下刻上シヲ。已衆徒ノ首ヲ切云々。行人ハ悉衆徒等召仕下法師也。主人ノ首ヲ切程ニ過分ニ罷成候。仍山中事。今時分厳密沙汰無之者。高野已可及滅亡云々。珍事々々。（下略）
(37)永享五年の「高野動乱」に代表されるこの時期の学侶と行人の争いについて、伊藤（黒田）弘子氏は、この動乱は最下級僧侶の権力中枢部に対する武装反乱ととらえておられる（伊藤弘子「中世後期における高野山権力と農民闘争」『歴史学研究』三六八、一九七一年）。伊藤氏のいう最下級僧侶とは行人、権力中枢部とは学侶を指すのであろう。
(38)大日本古文書 家わけ第一『高野山文書』「宝簡集」一―二六九。
(39)大日本古文書 家わけ第一『高野山文書』「又続宝簡集」四―一二五六。
(40)粉河寺御池坊文書七「粉河寺行人方追加規式」（『和歌山県史』中世史料一）。

（41）『大乗院寺社雑事記』長享二年二月十五日条
高野山山伏方より聖方ニ用銭申懸之、無先例旨申、両方及合戦、十一日・二日大焼亡之由聞之、事実歟且如何、

（42）金剛峯寺編『高野山文書』四―八八。

（43）「高野山聖方三十六院（現寺取調書上）」（『藤沢市史資料所在目録稿』二〇「勧修寺文書」三六八）。この各院は江戸時代の『紀伊続風土記』（伊都郡高野山部四「聖三十六院の名」）に出てくる院名とも一致する、但し蓮花院は出てこない。聖方三十六院については第四章第一節も参照されたい。

（44）例えば、法燈国師心地覚心を祖とする萱堂聖が、自らの時宗化の正統性付与のために、この説話を形成したとする説（五来重「一遍上人と法燈国師」『印度学仏教学研究』九―二、一九六一年）、今井雅晴「法燈国師伝説考―一遍上人の参禅説をめぐって―」今枝愛真編『禅宗の諸問題』雄山閣出版、一九七九年、萩原龍夫「法燈国師とその伝承」『巫女と仏教史』吉川弘文館、一九八三年、など）。それに対し、一遍参禅説話は室町末に宗門外で生まれ、江戸時代に時宗教団内に移入され人々に容認されるようになったもので、この物語は、座禅を最上とする禅宗の徒から、声高念仏の時宗に対する「からかい」「ひやかし」から生まれたものとする説（橘俊道「南無阿弥陀仏の声ばかりして」『時宗史研究』創刊号、一九八五年、同「一遍と覚心」『時宗教学年報』一二、一九八四年）等がある。これら先学説に対し、原田正俊氏は、この説話は、中世前期の禅僧・時衆という遁世僧間の交流を背景として生まれたもので、十五世紀半ばまでに五山の僧により完成されたとしておられる。原田氏によると、中世において禅僧たちは、黒衣の遁世僧として存在し、遍歴の過程で多くの律僧・念仏聖と接触したという（「中世社会における禅僧と時衆―一遍上人参禅説話再考」『日本中世の禅宗と社会』吉川弘文館、一九九八年、初出は一九八八年）。松下みどり氏も一遍参禅説話を生み出す背景に禅と念仏の交流を指摘し、法燈国師の思想に禅・念・密が混在するとされる（「禅と念仏の接点―法燈国師と萱堂聖をめぐって―」『日本思想史学』二六、一九九四年）。

（45）江戸時代五之室谷には十一の聖方寺院が存在した（『紀伊続風土記』伊都郡　高野山部「十所祠宇堂舎并寺家」）。五室谷（五之室谷）

の名は、この谷にある光臺院の開基、仁和寺門跡の光臺院御室道助法親王（一説には仁和寺四代門跡、高野御室覚法法親王）が院内に五つの庵室を開いたことに因むという。御室による開創との由緒から光臺院には多くの法親王が参籠、江戸時代には仁和寺宮の兼帯所であった。

（46）『石山本願寺日記』下巻（大阪府立図書館長今井貫一君在職二十五年記念会、一九三〇年）。

（47）注29。

（48）大日本古文書 家わけ第一『高野山文書』「続宝簡集」三―五一〇。

四　聖方の成立

高野山から廻ってくる聖たちが勧めた勧進や高野納骨といった活動は、自然と高野山と廻国先との宿坊・師檀関係の形成にもつながっていったと考えられる[1]。例えば、『山科言継卿記』永禄九年（一五六六）七月条には、高野聖が廻国先の筑前で宗像大宮司から京都で束帯をあつらえてほしいと頼まれ、言継にそれを依頼した話が載せられている[2]。全国を廻る高野聖は、地方からのこのような依頼を受けることも多かったと推測される。このような活動を通じて、廻国が円滑に行なわれたであろうし、後世の師檀関係につながるような縁故もできたのではないだろうか。さらにまた高野聖としてやってくる僧の中に廻国先出身者がいた場合は、それだけ勧進もしやすかっただろうし、そこの人々が参詣した折りには宿坊にもされやすかったであろう。高野山への庶民の参詣が盛んになるのは、高野山の宿坊が所蔵する供養帳[3]によると、十六世紀中頃からである。高野聖と廻国先との関係が縁檀地の形成へと発展していく場合もあったと考えられる。

庶民の墓地を寺の境内に設けることは室町時代後期からのことであるという[4]。戦乱による死者の多かった中世までは、高野聖たちによる高野山への納骨も広く行なわれていたと思われるが、それも、江戸時代にはいり檀家制度が整えられ、檀那寺が埋葬・葬祭を担当するようになると、人々が高野山へ求める役割も変化していったであろう。それに伴い高野山側も対応の変更を余儀なくされていったと考えられる。(5)

高野山内における聖衆が時衆聖と化していた様子は、これまでに挙げた史料から確認できた。集団としては一定の数を有していたものの、高野山内の組織を形成する存在としては一段低い立場にあったといえよう。しかし、徳川氏が幕府を開くと、彼らは、その先祖徳阿弥との師檀関係を由緒として徳川氏と関係を結び、徳川氏の菩提寺大徳院を聖方三十六院の総頭とする聖方寺院として勢力を有するようになった。

大徳院は、もとは蓮花院と称したという。徳川家康の祖父で天文四年（一五三五）に没した松平清康の遺骨を納めたところから光徳院とも称する。(6)徳川氏と蓮花院との師檀関係のはじまりについて、『紀伊続風土記』や『高野春秋』は以下のように説明する。すなわち、この地にはもともと伝法院派俊清の院があったが、伝法院派が根来に去って以来、念仏者の庵となっていた。そこへ、寿永二年（一一八二）に登山してきた快仙上人が住するようになり、その後新田氏の祖である義重が快仙に帰依した。これが徳川氏との師檀関係のはじまりであるという。徳川氏は時宗聖の時代があり、新田氏の系図を継いでいた。家康より八代前の徳阿弥（親氏）が十二代遊行上人尊観に従い廻国中に藤沢道場にとどまり、やはり行脚のついでに藤沢道場に宿した蓮花院主と出会って師檀関係を結んだ。その後文禄三年（一五九四）に、吉野から高野山へ参詣した豊臣秀吉の一行に加わった家康は、三月三日から六日まで蓮花院（光徳院）に宿泊した。蓮花院はこの時家康の祖父清康の墓があったことから、清康の法名に因み光徳院と称していたが、家康の命でその時に大徳院と改名したという。(7)一方、秀吉の宿所は自身が寄贈した剃髪寺で、母である大政所（法名青巌院）の遺髪を納め法事を行なった。剃髪寺はこの時大政所の法名青巌院に因んで青巌寺と改名された。この時秀吉の接待を担当したのは、当時秀吉の信頼を受けていた木食上人応其である。秀吉はこの時に禄物として、五〇石を検校に、九〇石を大阿闍梨九名に、二〇〇石を平僧一〇〇人に、二〇〇〇石を行人二〇〇〇人に、一〇〇石を新発意一〇〇人に、そして一〇〇〇石を応其に、一〇〇石を応其の召仕者に賜った。[8]『当代記』は、秀吉の禄物について「衆徒」それぞれに米一石ずつ下賜と記しており、[9]記述に若干違いがみられるが、いずれにしてもこの時の秀吉の参詣の豪華さが推測される。『当代記』によると、その有様はかつて白河院が高野山へ行幸した時のようであったという。[10]

徳川氏が新田氏につながる系図を作成したことはすでに先学の研究で指摘されている。しかし、大徳院はその徳川家康の先祖との関係を主張して、聖方筆頭寺院の地位を得、それによって「聖方三十六院」を統括し、聖方一〇〇余ヶ寺を指図するようになったことは明らかである。大徳院や聖方寺院が、時宗聖を祖とするという徳川氏の由緒と自分たちと結びつけるようになった時期は明確ではないが、おそらく、後述する慶長十一年（一六〇六）の真言帰入令以前には、すでにその意識は生まれていたと考えられる。この段階では、聖衆は、大徳院を中心として自分たちが時宗聖の流れを汲むと強調することによって、山内の存在基盤を固めようとしていた。聖衆が自分たちの立場を意識し、聖方としての組織を成立させたのは十七世紀からといえるだろう。

徳川氏からの援助を受けるようになった聖方寺院は、学侶方・行人方と同じ様式で堂舎を建立した。[11]この聖方寺院の動きに怒った行人方が慶長十一年に大徳院を襲撃、[12]その解決策として同年に出されたのが、真言帰入令と呼ばれるものである。この時、聖方数人と行人方勢誉が駿府に呼び出され、家康より、時宗（僧）が「弘法開闢之霊山」に住むのは「宗旨混乱」なので、以後一同真言宗に改め、真言の四度加行や最略灌頂は学侶坊で勤修するようにと命じられたという。[13]

この時期、聖方が自分たちの由来をどのように説明していたかを「聖方事書案」[14]から窺ってみよう。この事書案は、年未詳であるが、その内容から慶長以後まもない頃に出されたと推測される。

「聖方事書案」

一当初宮武之貴族顕密之碩《尊宿》才野山隠遁之刻、居住之菴室只今ハ聖方之道場と相成、各住持仕候由申上候、惣不レ限二高野尊貴之所一レ居、卑賤之住宅上下互到二改転一候儀、何程も可レ有二御座一候、聖方之系図ニハ如何様ニ申成候哉無二覚束一存候事、

一聖方ハ遊行之流を汲時宗を立候由申上候、此ハ絹綿を絶、麻之法衣ニ罷在候段見覚候者、此方之内ニも数多御座候事、

一大権現様之御諚として慶長年中以来真言之法流を受候由申上候、其段内々聖方之申分本地蓮花三昧院口上承候、但大権現様之冥慮不レ恐候て妨レ他之由何事ニ而御座候哉合點不レ参候事、

（裏書）

一慶長年中ニ行人聖屋作之儀ニ付出来有レ之処、公儀被レ為二聞召一遂聖方へハ破風角木狐格子被レ成二御免許一、行人方ハ三辺共被レ成二停止一之旨増上寺国師（観智国師）、板倉伊賀守（勝重）殿之墨付御座候由申上候、兎ニ角公儀ニ而相究、御奉行所御墨付御座候上者、不レ被二申上一候、但内々承及とは相違之儀御座候事、

（返り点は筆者）

この事書案にまとめられている聖方の由来についての要点は以下の通りである。

・公家や武家・顕密の碩才が隠遁し居住した庵室が、聖方の道場となる
・聖方は遊行の流れを汲む時宗
・家康の諚で慶長年中以来真言の法流を受ける

そして裏書には、慶長年中に行人と聖が堂舎の建築様式で対立、公儀により聖方へは破風・角木・狐格子が許可されたが、行人方へはいずれも停止であるとの旨が、増上寺観智国師・板倉勝重による墨付を受けた、と書かれている。こ

の事書案では、聖方は、自分たちを遊行の流れを汲む時宗であり、家康の命により慶長年中以来真言の法流を受ける、と明言している。この段階では、聖方は自分たちの由緒を時宗に求めていることがわかる。

事書案が書かれた時期は、その内容から慶長十一年（一六〇六）の真言帰入令以降である。裏書に記されている聖方と行人方の堂舎をめぐる建築様式の争いについては、『当代記』慶長十四年（一六〇九）十二月条にも「又行人と聖との云事は、聖に家の高棟を可レ止との儀也、聖は自前に如レ斯仕来由言上也」とある。したがってこの事書案は、行人方と聖方との争いの後、聖方が、慶長以降のまもない時期に、自分たちの由緒を説明するために書き上げたものと考えられる。

事書案から窺えるように、時宗の由緒にもとづき徳川氏との師檀関係を主張する大徳院は、その後寛永年間（一六二四～四四）に境内に東照宮・台徳院御霊屋を建立し[15]、慶安二年（一六四九）には、無禄の聖方寺院の中で唯一、東照宮・台徳院御霊屋領二〇〇石を与えられた[16]。したがって、真言帰入令により、高野山における時宗系聖には終止符が打たれたというものの、十七世紀半ばの段階では、聖方寺院は、自分たちが時宗の流れを汲むことを重要視していたのである。

学侶・行人・聖の三方という明確な表記は、それより少し後の元和二年（一六一六）十二月十四日付「衆徒行人及聖方銀子注文[17]」に出てくる。

「衆徒行人及聖方銀子注文」
大判金三枚分　但し壹枚ニ付、五百拾匁かへ
此艮〔銀〕子壹貫五百卅目
一　五千百五拾一丸　　学侶方　但ふけうの散共

此艮子五百九拾弐匁七分　但壹丸ニ付壹歩壹リン五毛ツヽ

一　七千五百四拾五　行人方

此艮子八百六拾八匁

一　六百弐　聖方

此艮子六拾九匁三分

荷物合壹万三千弐百九拾七丸

艮子合壹貫五百卅目也

元和二辰十二月十四日

衆徒方 万勝院（花押）

同 三蔵院（花押）

興山寺 愛染院（花押）

聖方 奥之坊

ここでは銀子注文の内訳がそれぞれ学侶方・行人方・聖方と分けて書き上げられている。その金額が学侶方・行人方と比べて極端に少ないことから、規模には大きな差があったものの、聖方が近世にみられる形での高野三方の一として成立していたことを示すものといえよう。

以上、高野山における聖方の成立について本章で述べた点をまとめると以下のようになる。

（1）史料上に十一世紀後半からその存在が認められる高野山の聖・聖人・上人たちは、尊称として「別所聖人」「七口聖人」などと呼ばれた。したがってこの段階では聖方と呼べるような組織はなかった。

（2）中世にはいり、これらの語は、山外では、尊称として用いられると同時に、一方では世俗化し賤称の響きをも帯びるようになった。その背景には、山内における聖たちが「念仏衆」として時衆化・集団化していくという事実があった。それに伴い、山内では彼らを「時宗方」と呼ぶようになった。彼らは「念仏衆」「時宗方」と呼ばれる集団にまとまりつつあり、十五世紀後半には武力も有するようになって、次第に組織として固まりはじめた。

（3）近世にはいり、時衆系聖たちは、時宗聖として徳川氏との師檀関係を由緒に持ち出して、大徳院を総頭とする聖方寺院としてまとまった。聖方の成立はこの段階からだといえる。

このように聖方については、その成立は、従来いわれてきた鎌倉時代ではなく、江戸時代にまで下ることが明らかになった。一方、近世以降の学侶方・行人方にあたるものについても中世の史料に「衆徒」「学侶中」「山伏方」「世間者方」という呼称がみられる。これらについても今後検討する必要があろう。

注

（1）例として、天正十七年（一五八九）八月十六日付「松平康国勧進許状」（金剛峯寺編『高野山文書』四―二九八）にみえる蓮華定院と信州の関係等。

（2）『山科言継卿記』永禄九年七月十日～二十八日条。かつて五来重氏は、この記事について、七月十一日から二十八日の記事を挙げて、高野聖春阿弥が十二日に言継の束帯の注文をとり、十七日に材料の絹を持参、二十七日に付属品と共に納入したとされ、これは「まさしく立派な呉服商人」で、このようなことから売僧《まいす》が高野聖の代名詞となり、呉服聖・衣聖と呼ばれるようになったと指摘された（五来重「室町時代における高野聖の世俗的活動」『大谷学報』三九―四、一九六〇年）。しかし、氏が引用されていない前日の七月十日条を読むと、高野聖春阿弥は、「宗像大宮司束帯之具」について相談するために、隠岐守忠宗に伴われて十一日に言継を訪問していることがわかる。したがってこの一連の記事は、宗像大宮司から束帯の手配を頼まれた春阿弥が、有職故実に通じる公家言継に依頼したと解釈すべきであろう。それゆえ、二十八日条に「高野聖春阿弥、先日誂之束帯之具取に来、袍、大帷《下襲袍》、袖単《ふくり》、表袴、赤大口、笏、石帯、襪、沓、裾以上十種渡之、衣文之様見度之由申候間、薄に令着之見之了、鈴代十疋送之、」（波線部筆者）とあるように、春阿弥は束帯之具を引き取りにきたのであり、その際言継に衣文之様を見たいと願ったのである。

春阿弥は筑前を廻国した際に、宗像大宮司から京都で束帯をあつらえてほしいという依頼を受け、讃岐守を通じて言継に頼んだのである。十七日に春阿弥が持参した絹は、宗像大宮司から預かってきたか、その意を受けて春阿弥が用意したものと考えられる。

（3）過去帳とも称し、またその供養種類にもとづいて日牌帳・月牌帳・茶牌帳と呼ばれることもある。高野山の供養帳については第五章を参照されたい。

（4）圭室諦成『葬式仏教』（大法輪閣、一九六三年）。

（5）圭室文雄「中世後期から近世初期の高野山の師檀関係」（西垣晴次先生退官記念『宗教史・地方史論纂』刀水書房、一九九四年）。

（6）『高野春秋』永享十一年（一四〇九）条

月　日〈院譜失此月日。〉五室谷聖派蓮花院主。行脚次二宿相州藤沢寺一。与二松平太郎左衛門親氏入道徳阿弥一結二師檀之蘭契一。帰山也。〈是後来五室大徳院創建之起本。○見聞記。天文五年。清康公御遺骨斂二蓮花院一。改二名光徳院一。是清康公之広号也。○考。蓮花院者。已然伝法院派俊清之院迹也。伝院退山已後。成二念仏者之庵地一。終合二其数庵地一。号二光徳院一。〉

（7）『紀伊続風土記』高野山之部　聖方「五之室」、『高野春秋』文禄三年三月三日条。

（8）『高野春秋』文禄三年三月三日条。

（9）（10）『当代記』文禄三年此春条。白河上皇の高野山参詣は寛治二年（一〇八八）でこの時上皇は「別所聖人等并漏請僧之輩」に「小袖綿衣卅領」を下賜した。

（11）『高野春秋』慶長十年九月七日条

（九月）七日。圓豊両寺（圓光寺・豊光寺　筆者注）自二駿府一来書〈御奉書宛二賜金剛峯寺惣中一。〉云。山中時宗寺破風隅木等。自二先規一無レ之儀可レ為二無用一之由。又卅六道場以二御奉書一被二下知一同二台命一也。〈是聖寺大徳院屋形造非例之旨。行人訴レ之。相二諍于

駿府一也。〉

(12)『高野春秋』慶長十一年七月十一日条、同年八月条
（七月）十一日。圓豊両寺重　御奉書下二賜卅六道場一。是依二去秋已来聖寺屋形造之営構不一レ止レ之故。行人頻訴レ之也。〈章云。各坊舎之儀。如二前々一与被二仰出一候処于レ今不レ改之由。上意違背に候。破風角木等諸事。可レ為レ如二有来一之旨。重而被二　仰出候一段。両人此旨堅可二申遣一之由に候。若及二違儀一候はゞ為二行人衆一可二申付一之由　仰に候。再三御諚之儀。於二油断一者可レ為二越度一候云云。〉
八月。行人方相二催大勢一。押二入大徳院一。以二斧鋸鑿槌等一打二落破風角木格子等一。運二積大塔場一。〈見聞集云。行人方。聖方。雖レ為二中使屡往復ストー。大徳院不レ改レ之。行人為以ク。　御文言ニ若及二異儀一者為行人衆可二申付一之由云云。今已其時也ト。故大勢押入如二本文一。〉

(13)『高野春秋』慶長十一年九月条
九月。聖方数衲参二上駿府一。訟二歎公廳一。被レ召二寄勢誉及聖方於　御目通一。台命曰。行人等強勢之働。蔑二如　公儀一之過不レ軽。依レ之此已後不レ可レ綺二時宗方之屋作一。時宗亦住二弘法開闢之霊山一。宗旨混乱不レ宜之条。已後者一同可レ改二真言宗一也。爾来可レ勤二修真言之四度加行最略之灌頂於学侶坊一矣。

(14)金剛峯寺編『高野山文書』二―三六三。

(15)後述する延享三年「公儀江指上候書付之写」（勧修寺蔵）には寛永年中に建立が許可されたとある。日野西眞定氏によると、家光から聖派へ東照宮と台徳院御霊屋建立の認可が下りたのは寛永十六年（一六三九）、完成は寛永二十年だという（「高野山の東照宮の建立―特に聖派について―」（『密教学研究』二一、一九八九年）。

(16)『徳川実紀』第三編「大猷院殿御実紀」巻七十六　慶安二年九月二十三日条。寛文五年七月十一日「高野山大徳院内東照宮・台徳院仏殿領」（史料館叢書『寛文朱印留』下、国立史料館、一九八〇年）。

(17) 大日本古文書 家わけ第一『高野山文書』「又続宝簡集」五—八一八。

第三章　江戸時代の高野山信仰

一　江戸幕府の高野山政策

（一）聖方と徳川氏―『南山奥之院諸大名石塔記』にみる―

高野山から諸国へやってくる聖たちが勧める高野納骨や勧進活動を契機として、十五世紀後半以降、次第に廻国先と高野山との師檀関係が成立していった。前章で検討したように、高野山における聖衆は、十五世紀後半には時衆聖と化し、諸国を廻っていた。聖衆たちは金叩や踊念仏を行ない遊行するというその実態から「時宗方」とも呼ばれており、山内における組織としてはまだ立場は低かった。しかし、徳川氏が幕府を開くとその状況は変わっていった。聖衆は、徳川氏が系図を継いでいる新田氏の祖義重が、かつて大徳院の前身である蓮花院の院主快仙に帰依したことに因んで、家康の八代前である親氏（時宗徳阿弥）が、廻国先の藤沢道場で出会った蓮花院主と師檀関係を結んだという由緒をもとに、徳川氏と師檀関係を結んだのである。そして、その関係のもとに大徳院（蓮花院）を聖方三十六院の総頭とする聖方寺院として組織化を行ない、勢力を有するようになっていった。聖方が時宗の流れを汲むという由緒が、この段階では大きな役割を果たしたのである。したがって、前章第四節で取り上げた「聖方事書案」で確認したように、聖方自身もその由緒を重要視していた。

蓮花院の名の由来は、天長七年（八三〇）に大僧都済高がこの地に弘法大師作と伝える十一面観音を安置して修行していたところ、その堂に光が現われ、その光の中に八葉の蓮花が生じたことに因むという[1]。済高は、第四章に出てくる昌泰三年（九〇〇）に完成した勧修寺の初代別当に任ぜられた人物である。江戸時代にはいって、聖方は勧修寺の法末となるが、済高との関わりを説くこの由来は、勧修寺との法末関係に関連して作成されたものと考えられる。

江戸時代になると高野山は高野三方と呼ばれる、学侶方（衆徒）・行人方・聖方の三方で組織されるようになった。しかし、この三方は均等な勢力を有していたわけではない。江戸幕府は、寺院政策を遂行する中で、かつての豊臣秀吉と木食応其との関係を引継ぎ一大勢力を有していた行人方の勢力を次第に弱め、学侶方を中心とする教学道場へと高野山を編成しなおしていった。『駿府記』には、家康が各宗の僧侶を駿府に招いて論議を行なわせた記事がよくみられる。高野山からその論議に招かれるのは、教学研究を専門とする学侶方寺院の僧侶であった。次節で触れるように、家康は当初は木食応其の後を継いだ行人方の文殊院勢誉を厚遇していた。しかし、論議開催などを契機として、家康と学侶方寺院との接触も次第に深まっていったと考えられる。このような寺院政策の流れの中で、聖方寺院へも、徳川氏との師檀関係とは関係なく、幕府政策としての統制策が加えられていったと思われる。江戸幕府の高野山政策を考えるにあたり、本節ではまず、文政五年（一八二二）に書かれた『南山奥之院諸大名石塔記』の検討を通じて、高野山奥院に石塔を造立した、将軍をはじめとする諸大名が、高野三方のどこと師檀関係を結び、高野山信仰の表現としての石塔を建立していたのかを概観する。

高野聖たちの活動により高野山信仰が全国に広められるにつれて、高野山の各院家（子院）は、参詣者と個別につながりを有するようになった。その関係にもとづき、参詣者は参詣の際にはその院家を宿坊とするという形をとりはじめ、このような結びつきが戦国大名や各地域の有力者との師檀関係の成立につながっていった。院家と各地との師檀関係は、江戸時代にはいってからも、将軍徳川氏をはじめ、各地の大名との間で結ばれ継続されていった。

文政五年（一八二二）に作成された『南山奥之院諸大名石塔記』（以下『石塔記』）や天保十年（一八三九）に完成した『紀伊続風土記』には、高野山奥院に建立された諸大名たちの石塔とその宿坊の名前が記されている。(2)『石塔記』はその奥書に「時文政五年壬午十一月日　高野山萱堂千蔵院内　小林甚三郎直保書之」とあり、高野聖の中心であった蓮華谷萱堂に位置する聖方寺院千蔵院の手によって書き上げられたものである。小林甚三郎は千蔵院の寺侍とみられる。千蔵院は、第五章で述べるように、武蔵国豊島郡三河島村およびその近辺を檀那場としていた。萱堂を中心に集まる高野聖たちは、由良興国寺を開いた法燈国師心地覚心を祖とし、萱堂聖と呼ばれた。応永二十年（一四一三）五月二十六日付「高野山五番衆契状」[3]に、「覚心」と称する荒入道が密厳院の傍らに萱庵を結び、念仏を唱え、高野聖と称して空口を負い、諸国を頭陀するようになって以来、これが易行であるがゆえに世を捨てた人々がこぞってこの門下にはいるようになった。そのために、今日では高野山全山が念仏の庵室で埋め尽くされるという状況を呈し、密教の教えはほとんど壊滅状態にある。ゆえに以後は、声高念仏・金叩・負頭陀の停止、萱堂外での踊念仏の停止、庵室新造を禁止すると書かれている。これは念仏・金叩を禁ずるために、いささか誇張して表現されているのかもしれないが、萱堂を中心に萱堂聖たちが、声高念仏・踊念仏等を繰り広げていたことがわかる。一遍が覚心から印可を受けたという言い伝えにもみられるように、萱堂聖たちは踊念仏や遊行を行なっていたのである。奥院の墓石群を記した『石塔記』の著者が萱堂関係者であったということは、萱堂聖たちが全国を廻って活動をしていたことと無関係ではないだろう。『石塔記』が作成された理由のひとつには、諸大名たちと師檀関係を結ぶ院家（宿坊）を記録することにより、おそらく、頻繁に起きたであろう檀家をめぐる院家の争いを解決・防止する目的があったと考えられる。

『石塔記』に記される奥院石塔の数は約三七〇基である。ひとつの石塔が墓所として代々祀られている例もあるので、祀られる人数はさらに多い。この中でまず注目される点は、徳川氏関係の人物で、聖方総頭大徳院が宿坊となり石塔を建立・管理している例が多いという事実であろう。家康の孫で豊臣秀頼に嫁いだ千姫や、二代将軍秀忠夫人崇源院、五代将軍綱吉の生母桂昌院、初代頼信（南龍公）をはじめとする紀伊徳川藩主の石塔が、聖方大徳院の管理にある。かつて家康の八代前である親氏が時宗聖（徳阿弥）だった時期に、蓮花院（大徳院）と師檀関係を結んだことから、大徳院は徳川氏と師檀関係を結んだと伝えられている。大徳院と徳川氏関係者との師檀関係の多さは、この由緒によるものと考えてよいであろう。ちなみに『石塔記』に記される檀那で、松平を称する人物は四三基あるが、内二六基は聖方寺院が管理している。その中でも大徳院の管轄にあるのは一六基である。そして『石塔記』に記載される石塔三七二基中、その石塔を管理する院家が不記載であったり、高野三方のどこに所属する院家か不明な場合を除く二四〇基で統計をとってみると、聖方寺院が管理している石塔の数は一二四基で全件数の五一・六％を占める。内五五基が大徳院の分である。それに対して学侶方の分は七四基、行人方の分は四二基である。

『石塔記』の記載から、大徳院を総頭とする聖方寺院が、徳川氏をはじめ、全国の大名と師檀関係を有していたことが確認できる。[4] 大徳院にはいちはやく東照宮および台徳院霊廟も設けられており、[5] そのことからも徳川氏との関係の深さが窺える。聖方寺院はこのような師檀関係を背景に、勢力を伸ばしていったと思われる。

（二）真言帰入令

それでは、江戸幕府の寺院政策・高野山政策の中で高野山がどのように組織化されていくかを追い、その中における聖方寺院の状況の変化を考察する。江戸幕府の高野山政策を、順を追って検討していこう。

聖方寺院は徳川氏との師檀関係により勢力を持ちだした。そのひとつの表われが、自分たちの堂舎を学侶方・行人方と同じ様式で建立したことである。聖方寺院のこのような振舞いに怒った行人方は、その建築様式が「非礼」であると駿府に訴え、[6] 聖方寺院がそれを改めないことから、慶長十一年（一六〇六）八月には大徳院を襲撃して堂舎を破壊した。[7] この争論の解決策として、家康は慶長十一年九月に聖方数人を駿府に呼び出し、時宗（僧）が「弘法開闢之霊山」に住むのは「宗旨混乱」なので、以後一同真言宗に改め、真言の四度加行や最略灌頂も学侶坊で勤修するようにと命じた。[8]

これがいわゆる真言帰入令と呼ばれるものである。この命により時宗高野聖に終止符が打たれたといわれている。[9]しかし、真言帰入令が出される引き金となった堂舎をめぐる対立は続いていた。『当代記』慶長十五年（一六一〇）三月条にも「此比高野山衆徒・行人・聖、何背云事、駿府に在レ滞、衆徒中云事は（中略）、又行人と聖との云事は、聖に家の高棟を可レ止との儀也、聖は自前に如レ斯仕来由言上也」と書かれており、行人方と聖方とのこの事件がまだ決着していないことがわかる。

真言帰入令後も聖方寺院が自分たちの由緒を時宗に求め、それを重要視していたことは、第二章第四節で「聖方事書案」を通じて明らかにした通りである。事書案に「聖方ハ遊行之流を汲、時宗を立候由申上候」、「大権現様之御諚として、慶長年中以来、真言之法流を受候由申上候」とあるように、[10]聖方寺院は、自分たちの由緒は時宗であり、家康の命によって真言の法流を受けるようになったと明記している。この段階では、聖方寺院にとって時宗の由緒は、徳川氏との師檀関係を維持し、山内での立場を保持する上で、大きな役割を果たしていたのである。

（三）真言宗法度

聖方は徳川氏との師檀関係をもとに、勢力の安定化を図ろうとした。このことは、幕府の高野山政策とどのようにかからむのであろうか。

江戸幕府の寺院統制は、宗派ごとに本山格寺院へ出された寺院法度を通じて整備されていった。幕府の高野山政策を概観すると、法度類の発布と、それに伴う山内の秩序統制の推進が挙げられる。

高野山に対する法度類は、慶長六年（一六〇一）五月二十一日、同十四年（一六〇九）八月二十八日、同年十一月二十一日、同十五年（一六一〇）四月二十日と、数度に分けて出され、最終的には、元和元年（一六一五）七月に、真言宗諸法度および高野山衆徒法度が発布された[11]。これらの法度類は、学侶方・行人方へのもので、聖方へは出されていない。

最初に出された慶長六年五月二十一日付の高野山寺中法度では、宛所は「金剛峯寺衆徒中」と学侶に対するものになっているが、その内容をみると、最初に「衆徒・行人、諸公事任㆓往古掟㆒、可㆑為㆓格別㆒事」とあり[12]、他の条目でも伽藍造営時の人足管理に双方から奉行を出すことや、修理においての学侶方と行人方の役割分担等、学侶と行人双方を対象にして書かれている。同日に発布された二通の寺領安堵状（高野山寺領寄附状および知行目録）も学侶と行人にそれぞれ出されており[13]、幕府は学侶方と行人方を独立した対象として捉えていた。これは後に新井白石が高野三方の由来や元禄高野騒動の顛末を記した「高野山事略」の中で、慶長六年五月、家康が行人方文殊院勢誉に対して「沙門の身多くの所領あらん事然るべからざるよし仰せありて」「勢誉を以て興山寺の住持とし、検校を以て青巌寺の住持となさる。これよりして学侶・行人の両派別れたり」と書いていることからも[14]、幕府は高野山の支配組織として学侶方と行人方の併存を認めたといえよう。本章第二節元禄高野騒動で述べるように、青巌寺はもともと木食応其が豊臣秀吉の命で建立し、応其の後は行人方文殊院勢誉が興山寺と兼務で住持を勤めていた。ここで青巌寺が学侶方の手に渡ったことは、突出した勢力を有する行人方[15]を、学侶方とともに高野山の支配組織として認めつつ、その力を抑え、学侶方との勢力均衡を図ったものと考えられる。

その後に出された慶長十四年・同十五年・元和元年の法度は、学侶を対象に発布されている[16]。聖方が含まれていないのは、慶長十一年に真言帰入令が出されたためであろう。聖方に関するものは、これより後の慶安二年（一六四九）九月に出された慶安の条目（猷祖〈大猷院徳川家光〉御条目）と呼ばれる六通の高野山法度の中に書かれた、大徳院境内に建立された東照宮・台徳院仏殿領二〇〇両を寄進するという条のみである。元和元年七月の法度二通の内容は以下の通りである[17]。

「真言宗諸法度」

一　従二四度加行一、至二授職灌頂師資授法儀式、并衣躰（鉢）色浅深一、可レ為レ如二先規寺法一事

一　事相・教相・習学・観心、尤可レ為二専要一事

一　修法者護国利民之基也、仍、密宗之建立、以レ之為二肝心一、彌可レ抽二四海安寧之丹誠一事

一　破戒無慙之比丘可レ令二衆抜一事

一　諸末寺相二守本寺之法度一、若有二法流中絶儀一者不レ求二他流一、可レ糺二自門濫觴一、自由之企於二在レ之者一、寺領可二改易一事

一　新義之僧積二廿箇年学問之功一、遂二住山三ヶ年一、其後帰国法談可レ為二一会一、但数年住山之仁、有二教道器重之誉一、任二能化之許一、可レ令二常法談執行一事

一　於二論席一徒謗二能化一、企二公事一、妨二学業一事、甚以悪僧也、速可レ令レ擯二出於其張本一事

一　於二紫衣一者、殊規模之事也、無二勅許一僧侶、叨不レ可二著用一之事

一　延喜御宇所二贈賜一野山大師之御衣、号二檜皮色一、或染二香衣一、或調二紫衣一、用二赤色一、然間於二香衣一者、非二密家之棟梁、有智之高僧公達一者、曾不レ可レ著レ之事

一　在国之僧、近年猥申二下上人号一、著二用香衣一、甚以無二其謂一、自今以後令二停止一訖、但有二智者之誉一輩者、格別之事

右可レ相二守此旨一、若違《背歟》輩之僧徒於レ有レ之者、可レ処二配流一者也、仍如レ件

元和元年〈乙卯〉七月日　御朱印（家康）

「高野山衆徒法度」

一　検校職之事、自今以後碩学之人者、如二古来一可レ為二三ヶ年之住持一、但学衆之人者、可レ為二壹ヶ年住持一者也、其外老若之修学、衣躰(鉢)之威儀、可レ守二先規一事

一　仁和・高雄・東寺・醍醐、并高野、此五ヶ寺、互致二交衆一可レ勤二事教之修学一、此旨弘法遺戒仁、門徒之間、修学最初成出可(マヽ)長者、不レ可レ乱二臈次一云々、然近年仁和寺・高雄・東寺・醍醐為二本寺一之由、雖レ令レ募二其旨一、遺戒分明上者、法会出仕之時、門跡僧正之外、任二戒臈一可レ有二烈(列)座一事

一　寺号・院号先規輙不レ許事也、近年恣称二寺院一、甚無レ謂、令二停止一之事

一　灌頂授職之作法、或云二由緒末寺一、或云二貧僧結縁一、輙執行、於二客坊・奥院等之非衆・非学之宿所一、灌頂曼供之執行、無二先規一由、堅令二停止一事

一　天野明神者、高野之鎮守也、祭礼神事惣神主社家供僧、守二先規一、不レ可レ企二新儀一之事

先年定二寺法一、成二渡黒印一上、今度依二諸寺社之法度一、右五ヶ条重所二相定一如レ件

元和元年七月日　御朱印有(家康)

真言宗諸法度では、四度加行から授職灌頂・師資授法の儀式に至るまで、そして衣鉢の色についてまで先規に従うことや、末寺は本寺の法度を守り、法流中絶の際には他流に求めないこと、みだりに紫衣や香衣を着用しないこと、勝手に上人号を名乗らないことなどが定められた。また、高野山衆徒法度においては、検校職は学侶の碩学より選ぶこと、老若の修学や衣鉢の威儀は先規を守ること、灌頂授職の作法についての規制、そして灌頂曼供の執行を客坊や奥院などの非衆・非学の宿所で行なうことの禁止、天野明神の祭礼・神事は先規を守ることなどが規定された。この高野山衆徒法度の中でとりわけ注目されるのは、第二条の規定にあるように高野山が仁和寺・神護寺・東寺・醍醐寺と並んで真言

五ヶ本寺に位置付けられたことであった[18]。この段階では幕府は高野山ばかりでなく各寺院に対し、先規の遵守や秩序の重視を主とする保護政策をとっていた。幕府が寺院政策全体を、統制策に方針変更するのは、寛文五年（一六六五）七月の「諸宗寺院法度」（将軍家綱の判物である「定」と老中連署の「条々」から成る）からである[19]。

注

（1）『紀伊続風土記』高野山之部　聖方「五之室」。『高野春秋』文禄三年三月三日条、以下、『高野春秋』の記事は、日野西眞定編集校訂『新校高野春秋編年輯録』増訂第二版（岩田書院、一九九八年）に拠る。

（2）日野西眞定『高野山古絵図集成』（清栄社、一九八三年）。『紀伊続風土記』高野山之部「奥院　附録」（巌南堂書店、一九七五年。以下同）。『高野山堂塔記』（蓮華定院蔵、今回は東京大学史料編纂所謄写本を参照した）にも「奥院石塔記」が存在する。しかしその記載件数は一七〇件と『石塔記』よりも少ない。

（3）大日本古文書　家わけ第一『高野山文書』「宝簡集」一―四四一。

（4）日野西眞定注2『高野山古絵図集成　解説索引』（タカラ写真製版株式会社、一九八八年）および『高野山民俗誌　奥の院編』（佼成出版社、一九九〇年）にも奥の院に祀られた大名の数を分類した表と、『石塔記』から主な供養塔を連記したものが載せられている。しかし、氏の供養塔連記には載せられていない分もある。今回の統計では、『石塔記』記載分すべてを対象とした。

（5）日野西真定「高野山の東照宮の建立―特に聖派について―」（『密教学研究』二一、一九八九）によると、徳川氏との師檀関係から、聖方の東照宮および台徳院霊廟建立は三方中でもっとも迅速に進み、寛永十年頃から建立が始められ、同二十年に完成したという。

（6）『高野春秋』慶長十年九月七日条。

（7）『高野春秋』慶長十一年七月十一日条、同八月条。

（8）『高野春秋』慶長十一年九月条。『紀伊続風土記』によると、聖方は、この後元和年間に再度家康より呼び出しを受け、明遍上人の古例に任せて真言に帰入するようにとの命が下されたというが、この元和の真言帰入令については『高野春秋』には出てこない。五来重氏は、元和の真言帰入令は、おなじ聖方でも時宗一辺倒だった五室大徳院に対立して、明遍の伝統をまもろうとする蓮花三昧院の頼慶の策動によるものであり、こののち聖方は大徳院のように聖方としてとどまるものと、行人方へ転派するものとにわかれた、と述べておられる（五来重『増補　高野聖』二七〇頁、角川書店、一九七五年、初版一九六五年）。

（9）五来重注8書、二六九頁。

（10）年未詳「聖方事書案」（金剛峯寺編『高野山文書』二―三六三）。

（11）各法度類の内容については、主に以下の書を参照した。石井良助校訂『徳川禁令考』巻四一、第四五章、寺院法度（創文社、一九五九年）、同編『近世法制史料叢書』2「御当家令条」・『同』3「武家厳制録」（創文社、復刊訂正、一九五九年）。中村孝也『新訂　徳川家康文書の研究』下巻の二（日本学術振興会、一九八二年、初版一九六〇年）。『祠部職掌類聚』第一冊、諸寺社御条目類（内閣文庫所蔵史籍叢刊十三、汲古書院、一九八二年）。

（12）内容は以下の通り（注11中村孝也『新訂　徳川家康文書の研究』下巻の二）。

高野山寺中法度条々

一　衆徒・行人、諸公事任二往古掟一、可レ為二格別一事、

一　衆徒方領内之人足竹木、可レ為二一職進退一、但山上山下之諸伽藍造営之時者、弐萬千石之人足等分出レ之、可二召仕一事、

付、於二人足之著到一者、従二双方一出二奉行一、行人方人足之著到者、従二衆徒方一取之、衆徒方人足之著到者、従二行人方一可レ取レ之事、

一　青巌寺之儀者、依レ為二公儀之寺一、修造之材木并薪等、此中如二有来一、惣山之中、雖レ為二何之山林一、可二伐採一事、

一　青巌寺二千石之内、千石者住持・検校諸賄之料、千石者衆徒中碩学衆八人可レ有二配分一、若八人之内闕如之時者、学侶之内器量之学者、任二臈次一彼迹可レ令二昇進一事、

付、無量光院加増者、可レ為二当住一代一事、

一　諸伽藍破壊之時者、従二衆徒一行人方江申送、可レ令二修理一之、於二出入算勘一者、対二衆徒一可レ遂レ之、諸伽藍無二簡別一、以二千石之修理免一可レ致二造営一事、

右条々堅守二此旨一、紹二隆仏法一、永代不レ忘二失一、可レ抽二天下安泰之懇祈一者也、

慶長六年五月廿一日　　大御所（家康）様御直判

金剛峯寺衆徒中

（13）内容は以下の通り（注11中村孝也『新訂　徳川家康文書の研究』下巻の二）。

高野山寺領寄附状

一　七千五百両（石カ）〈但紀州伊都・南賀（那）両郡之内〉　　衆徒中

一　弐千石内〈千石者碩学之衆分〉　　青巌寺領

都合九千五百石

右領地永代令二寄附一訖、配当之通全可二寺納一、然上者、彌可レ抽二天長《地》久・御願円満・一天泰平・四海静謐精祈一者也、

慶長六年五月廿一日　　大御所（家康）様御直判

金剛峯寺衆徒中

知行目録

一　弐千石　　奥院

一　千石　　修理料（領）

一　千石

但文殊院可レ為二一代一者也、　興山寺領
一　七千五百石　（朱書）行人方
右寺領之内、竹木人足等、全寺二納之一〔全可寺納〕、諸沙汰法如二往古一可二申付一者也、
慶長六年五月廿一日　家康公御判
高野山
行人方衆中

(14) 新井白石「高野山事略」学侶・行人両派わかれたつ事　附文珠院の事（今泉定介編輯・校訂『新井白石全集』第三、吉川半七、一九〇六年）。

(15) その後、正保元年（一六四四）八月二十九日、学侶対行人争論吟味のために高野山へ来た幕府検使の五味金右衛門が確認した当時の坊数は、全数一八六五軒、内学侶坊二一〇軒、行人坊一四四〇軒、客僧坊四二軒、聖坊一二〇軒、谷之者五三軒であり、行人坊が全体の七七%を占めている（『高野春秋』正保元年八月二十九日条）。

(16) 慶長十四年・同十五年の法度の内容は以下の通り（注11中村孝也『新訂　徳川家康文書の研究』下巻の二）。元和元年の法度については本文を参照されたい。

大御所様高野山江御墨印写
一　於二上通之古跡一者、学問次第可二相続一事
一　両門中於二廿箇所之名室一者、可レ有二碩学相続一事
一　両門首之二院者、為二天下之能化所一之間、必以二碩学之中器量一、可レ為二住持一候事
右仏法興隆、堅可レ被レ相二守此旨一者也、
慶長十四年八月廿八日　御墨印（家康）

高野山
　衆徒中

高野山寺中法度

一　衆徒中之諸沙汰可レ為レ如二前々一事、

一　両門徒中、諸式可レ順二門主異見一、但門主之分別重々於二非分一者可二申上一事、

一　於二古跡之院家相続一者、両門主相談、撰二学者一、致二師弟契約一、続二血脈一、可レ譲二与真俗諸道具一事、

一　碩学之仁、背二古法一、不レ可レ企二新儀一事、

一　学侶方知行、不レ論二贔屓偏頗一、院家相応可レ有二配当一、

付、両門徒中、無二疎意一有二入魂一、万端可レ被レ調事、

右条々堅可レ被レ守二此旨一也、

慶長十五年四月廿日　御黒印（家康）

金剛峯寺衆徒中

(17) 注11中村孝也『新訂　徳川家康文書の研究』下巻の二。

(18) 真言宗諸法度が下されるまでの経緯およびその過程で高野山が本寺に加えられる事情については、坂本正仁「「真言宗諸法度」と真言五箇本寺の成立について―近世初期真言宗史の一側面―」（『大正大学大学院研究論集』第三号、一九七九年）がある。

(19) 圭室文雄『日本仏教史　近世』八四～九二頁（吉川弘文館、一九八七年）。高柳真三・石井良助編『御触書寛保集成』二十一　寺社之部、一一七四号（岩波書店、一九三四年）。

二　元禄高野騒動

（一）学侶と行人の抗争

（1）堂上灌頂事件

繰り返し述べたように近世の高野山は、学侶方（衆徒）・行人方・聖方からなる「高野三方」と呼ばれる三つの組織から成り立っていた。この三者が組織として固まり、「高野三方」と称されるのは江戸時代になってからである。

その組織化、すなわち近世高野山の成立を語る上で欠かすことができない事件に「元禄高野騒動」がある。「元禄聖断」「元禄聖裁」とも呼ばれる。学侶方と行人方の権力闘争であるこの事件は、江戸幕府をも巻き込む大事件となり、元禄五年（一六三八）幕府の裁定によって、当時高野山にいた行人方の僧と行人方寺院の半数以上が流罪および取り潰しの判決を受けた。その結果、それまで圧倒的多数を誇っていた行人方寺院数は学侶方寺院数とほぼ同数となり、近世高野山は江戸幕府の援護を受けた学侶方を中心とする組織として確定した。この事件を指して「聖断」「聖裁」とするのは学侶方の目から見た呼称と言えるだろう。日野西眞定氏はこの事件を「江戸時代の高野山の行き方を決定づけた大問題である」と指摘されている[1]。学侶方と行人方のこの争いの中で、聖方も、自分たちの今後のあり方に大きな変化を求められることになっていく。

本節では元禄高野騒動を通じて、近世高野山の成立を考え、その中における聖方寺院の変化を捉えてみたい。

近世高野山の成立を考える上で不可欠といわれる元禄高野騒動であるが、その大事件のきっかけを作ったのは行人方の一人の僧であった。その名を文殊院応昌という[2]。事の発端は、寛永十五年（一六三八）九月、応昌が学侶方無量寿院門主澄栄から真言宗四度灌頂のひとつである堂上灌頂[3]を受けることを内約して、澄栄と共に江戸から高野山に戻ってきたことに始まる。

高野山に戻ってきた翌年の寛永十六年正月、応昌は澄栄の提案に基づき、堂上灌頂受戒の許可を、学侶方の門主寺院である無量寿院と宝性院宛てに願い出た。江戸在府中に二門主の一人である澄栄から内諾をもらっている応昌とすれば、当然この願は聞き届けられると思っていたであろう。このことについては既に、寺社奉行松平出雲守勝隆と安藤右京進重長の承諾も受けていたのである。[4]学侶方評定衆たちの連署で、応昌のみの例外として一度は許可された堂上灌頂は、その後一転して学侶方中臈たちにより、行人僧が堂上灌頂を受けた前例はないと反対された。澄栄は、今回の件は応昌のみの例外であり、今後の行人僧にまで反映されるものではないという約束の下に許可したことを伝えたが、学侶方の理解を得ることはできなかった。この約束違反に怒った応昌は、同年正月二十六日に行人方僧二五〇〇人を学侶方と絶交させた。[5]

これがこの事件の発端である。以後、高野山内では学侶方と行人方が元禄五年（一六九二）の解決まで五十年以上、江戸幕府を巻き込んでの争いを繰り広げていく。それでは、行人方の僧侶として学侶からの堂上灌頂を願ったこの応昌という僧は、一体どのような人物であったのだろう。

（2）学侶と行人の対立

応昌は、かつて豊臣秀吉から高野山を救った木食応其の後を受けた行人方文殊院勢誉の後継者である。木食応其は高野山客僧であったが、豊臣秀吉の帰依を受け、一旦は秀吉に没収された高野山寺領の内二万一〇〇〇石を取り戻した。応其は天正十八年（一五九〇）興山寺を建立し住職となり、同二十年（文禄元年）には秀吉の亡母追善のために青巌寺を建立、翌年落成した青巌寺の住職も兼ねるようになった。しかし秀吉の死後、秀吉と関わりの深い自分が高野山に残ることにより家康の反発を招くことを危惧した応其は、興山寺・青巌寺を弟子の勢誉に付嘱し近江の飯道寺に引退した。勢誉は、慶長五年（一六〇一）十一月大津の家康の陣屋を訪れ、天下安泰・武運長栄の巻数を献上、応其継目の朱印をもらった[6]。『又続宝簡集』所収の年未詳十一月六日付「文殊院勢誉書状」には「今度於大坂、内府様直ニ被仰出候者、当寺山上山下諸職之儀、悉拙子ニ被任置候旨、被成御諚候、（下略）」とあり[7]、勢誉が高野山一山を家康から任された旨が記されている。『義演准后日記』慶長六年四月二日条にも「高野山文殊院来、行人也、興山上人内衆也、雖然内府公被懸御目、当時一山彼悉申付了、上人ハ江州辺、去年一乱以後陰遁《隠》」とあり[8]、勢誉が応其の後継者として高野山一山の運営管理を家康から任されたことがわかる。しかしその後、青巌寺は学侶方の手に渡り、住持には高野山検校が任ぜられることとなった[9]。勢誉は慶長十三年（一六〇八）頃に家康の命により駿府に文殊院を建立して移住、興山寺を弟子の応昌に譲った[10]。

勢誉は慶長十七年（一六一二）三月に興山寺にて没した。その後を継いだのが応昌である。応昌は応其・勢誉の後を受けて、精力的に活動した。高野山へは五年毎の登山で、普段は駿府に住したという[12]。慶長十九年（一六一四）命により南都内山・吉野・大峯・熊野・北山等の山伏や民衆で大坂方に加担しているものを取り締まり[13]、さらに翌年四月は駿府より高野山へ登り僧たちに武装させて大坂の陣に参戦した[14]。家康没後は駿府の文殊院を江戸に移して江戸に常住し、高野山へは五年毎の登山とした[15]。さらに、興山寺の裏山に家康の東照宮を建立するために興山寺に住していた結衆を立ち退かせた[16]。当時の興山寺は高野山以外の僧が勉学する学寮であり、応昌はその看寮を勤めていたのである。その後寛永八年（一六三一）には、空海の御影堂再営のために私財銀一〇〇貫目を施入[17]、応昌の協力もあって、御影堂は翌九年十一月に再営された[18]。しかしながら、翌十年二月二十一日の御影堂落慶供養で焼香を行なおうとした応昌に対し、学侶はそれを阻止したのである[19]。

応昌の立場からすると、これまでの実績や幕府との関係から、自身の真言宗僧としての正統性と高野山内での地位向上を求めて堂上灌頂を望んだのは当然の成り行きと言えるだろう。しかし学侶方にとってみれば、もともとは学侶の法会での従者であった行人の勢力伸長には不満を感じていた。第二章にも記したように、学侶と行人の対立は中世以来続いており、[20] 学侶方にとって応昌の活躍は面白いものではなかったはずである。学侶方と、秀吉以来の高野山の危機を救ったのは自分たち行人僧であると自負する行人方の対立は、いずれは大きな騒動に発展する危険をはらんでいた。

先にみた寛永十六年の応昌の堂上灌頂事件はそのような中で起こった。内々に許可を取り付けていたにも拘わらず、学侶方中臈の反対により約束が取り消されたことに怒った応昌は、同年正月二十六日に行人方二五〇〇人を学侶と絶交させた。その後の経過を『高野春秋』の記載をもとに記すと以下の通りである。

寛永十七年二月十六日　高野山内御社の鎖鑰の所有を巡り執行代堯遍と行人方とで争論。

寛永十九年十月　（寛永七年の落雷で焼失した）大塔の造営完成。

同年十一月　学侶方宝性院政算が大塔棟札祝文を心柱に打ち付ける。

同二十年六月七日　大塔落慶供養。

同年九月　応昌、大塔棟札祝文を同じく心柱に打ち付ける（大塔棟札問題勃発）。

正保元年正月二十四日　秀忠十三回忌法要、学侶が大塔にて大曼荼羅供勤修。

同年正月二十五日　応昌の堂上灌頂事件および大塔棟札事件を訴えるため、学侶方無量寿院門主および宝性院門主が江戸へ出発。

同年二月三日　学侶方釈迦門院朝遍・龍光院宥遍、行人と対論のため江戸へ出発。行人方文殊院応昌・見樹院立詮同じく江戸へ出発。

同年八月九日　行人方十五ヶ条の訴状を提出。寺社奉行松平勝隆・安藤重長の求めに応じ学侶方返答書を提出。

正保元年（一六四四）の学侶方と行人方の訴訟を受けて、同年八月二十九日に五味金右衛門（豊直）が検使として高野山へ登山、当時の高野山の坊数や、学侶法事における行人方承仕の役目について、木食応其が学侶方行人方のどちらに属するのか等、今回の訴訟に関係する事柄を確認した。[21]

その中で特に注目されるのは、木食応其に対する学侶方の評価である。すなわち木食応其は学侶でもなく行人でもなく、客僧身分のものであること、応其はかつて文禄四年（一五九五）八月に青巌寺で庭儀灌頂を執行したが、それは学侶が授けたこと、また興山寺で行人方が曼荼羅供養を行なったのは、慶長十七年（一六一二）四月、文殊院勢誉の五七日供養のためであり、それは学侶を請待して行なったと答えたのだった。確かに応其は客僧であったが、行人方応昌たちは、応其の後を行人方勢誉が継ぎ、青巌寺・興山寺住持を引き継いだことから、応其の庭儀灌頂の例を元にして応昌の堂上灌頂を望む由緒にしていた。しかしながら、それに対して学侶方は、応其は学侶でもなく行人でもない客僧なのだから、応其の庭儀灌頂の例は応昌が堂上灌頂を受ける理由にはならないと一蹴したのであった。

当時の高野山坊数については、全数一八六五軒、内学侶坊二一〇軒、行人坊一四四〇軒、客僧坊四二軒、聖坊一二〇軒、谷之者五三軒というものであった。これは後の正保三年三月に描かれた「御公儀一山図」からも確認できる。[22]行人方坊数の一四四〇軒という数は、総数一八六五軒中の七七％を占めている。この数からも、当時の行人方の勢力が察せられる。

結局、このときの五味金右衛門の吟味では埒が明かないまま、翌正保二年五月二十四日、文殊院応昌は江戸で没した。その後は見樹院立詮が継ぎ、引き続き係争が行なわれた。立詮は碩学の僧として著名であり、『寛永諸家系図伝』の編集にも関与していた。[23]

天保二年六月二十日、学侶・行人双方の訴状に基づき、江戸評定所にて双方に対し高野山の古来からの法式糺明が行なわれた。[24]更に八月五日・二十二日には、老中酒井讃岐守忠勝も出席し、その前で双方が対論した。[25]

このときの行人方の口上は以下の通りである（番号は筆者）。①大塔・金堂・御社における正月の修正会では、まず行人が先に勤仕し次に学侶が勤仕する、学侶が勤仕する時には行人も同席し役儀を勤める。しかし行人が勤仕する時には学侶は同席しない。②灌頂を行人方でも執り行なう根拠については、立詮が、学侶方宝性院前門主政遍が行人方の文殊院勢誉に与えた印信紹文を取り出して、印信は大日如来・金剛薩埵から政遍に至り、政遍がこれを勢誉に授け、後次の阿闍梨と定め後代に示せと言ったのだから、これは行人が灌頂を行なえることの証拠であると主張した。立詮はさらに醍醐寺三宝院前門主が勢誉に与えた紹文も披露し、さらに大塔および奥院燈爐堂内で行人方が毎日供養法を勤修していることを述べた。それに対して学侶方の無量寿院門主澄栄が逐一論破したというが、解決はまだつかなかった。

印信とは真言宗において、阿闍梨が法を伝授した証拠として弟子に与える書状である。そして紹文とは、教主大日如来よりの相承血脈の縁由を記したものである。この時立詮が証拠として持ち出したという学侶方宝性院前門主政遍から勢誉への印信紹文に対する澄栄の反論内容は『高野春秋』には書かれていない。だが、前年八月二十九日条に記されるように、行人方が応昌の堂上灌頂の前例とした木食応其の庭儀灌頂については、応其は客僧であること、そして行人方曼荼羅供養執行の例とした慶長十七年四月の供養は、三月に死去した勢誉の三十五日供養という特例であり、学侶方が請待されて行なったのでこれまた行人方が執行できる根拠にはならないということが繰り返されたであろうことが『高野春秋』の記載から推測できる。『高野春秋』著者懐英は、元禄高野騒動において、江戸在番所に旧記証文を携えて宝性院・無量寿院門主の補佐役を勤めるなど、この騒動の中心的存在として活躍した人物である[26]。したがって、学侶方の論旨は大凡懐英の記載通りであっただろう。

『高野春秋』の記載によると、この後八月二十九日、検使として小堀遠州が高野山へ登山、そして十月二十二日に幕府からの裁許が下された。その内容は、無量寿院門主澄栄・宝性院門主政算および文殊院立詮に江戸での閉門蟄居を命ずるものであった。その理由について、まず無量寿院は、行人の堂上灌頂は先例がないのに文殊院への授与を許可し、その後それを改変し、今日の一山騒動の原因を作った罪、宝性院は、公儀建立の大塔に勝手に棟札を打付け、争論の基を作ったこと、そして文殊院に対しては、行人方は先例の無い堂上灌頂を望んだ上に、それが叶わないので鬱憤を募らせ一山騒動を起こしたためというものであった。行人方の文殊院応昌が既に死亡していたため、その跡式を相続した立詮が代わりに処罰を受けた。この三名は江戸で蟄居、高野山の三院も閉門となった。十一月十六日に安藤右京進・曾我丹波守・石川三右衛門尉・五味備前守（前年登山した五味金右衛門）・林春斎軒が高野山へ登山し、幕府の裁決を伝えた。[27]

澄栄・政算・立詮の逼塞蟄居は判決から四年後の慶安二年九月十七日に赦され、彼等三名および学侶代表として江戸に来ていた親王院義英・三宝院宥応たちは翌十八日に江戸を出発、二十七日に久々に高野山へ戻ってきた。[28]

慶安二年十月六日に寺社奉行松平出雲守・側用人久世大和守等五名が上使として高野山へ登山、七日に学侶方青巌寺・行人方興山寺へ赴き、今回の騒動に対して出された同年九月二十一日付の高野山法度計六通および行人方への高野山領定額朱印を申し渡した。[29] この時出された法度の内三通は、かつて家康から出された慶長六年（一六〇一）五月二十一日の高野山寺中法度、慶長十五年（一六一〇）四月二十日の高野山寺中法度、元和元年（一六一五）七月の高野山衆徒法度を改めて下したものである。

他の三通の内容は、まず学侶方に出された一通では、法度・勤行等は先規を守るべきこと、大曼荼羅供・庭儀灌頂・堂上灌頂は秘法なので学侶以外には行なってはならず、たとえ最略灌頂でも学侶の場以外で執り行なってはならないこと、学侶中老分の者二名ずつが交代で江戸在番を勤めること、山中で武具・馬具・婦女の衣服等の売買をしてはならないこと、山中に建立する石塔が近年みだりに大きくなっているので、今後は国持大名であってもその大きさは二間四方を越えてはならないことを命じている。そして行人方へ出された一通では、文殊院内に勧請されている東照宮への仏殿領として一〇〇石、文殊院領として五八〇石、六人組頭衆に計四二〇石を付与すること、六人組頭の内二名ずつが交代で江戸在番を勤めること、何事もまず六人組頭で相談すべきこと、天野明神の祭礼は古例に任せて衆徒・行人で勤仕すべきことを記し、さらに学侶方への法度と同内容の、大曼荼羅供・庭儀灌頂・堂上灌頂・最略灌頂は学侶の場以外での執行の禁止、山中での武具・馬具・婦女の衣服売買の禁止を挙げ、そして聖方大徳院内の東照宮・台徳院仏殿領として二〇〇石を新たに寄進するので、末代まで大徳院が管理すべきこと命じている。そして、もう一通はこれまでに挙げた後半三通の法度にすでに記された条目の中から、大徳院への二〇〇石の仏殿領寄進、文殊院への一〇〇石の仏殿領寄進、天野明神祭礼儀式を衆徒と行人で古例にもとづき勤仕すべきことが取り上げられて、記されている。

慶安の条目と呼ばれるこれらの法度では、灌頂執行を秘法として学侶のみに許可している。そこには「大曼陀羅供。庭儀。堂上灌頂は秘法なるが故に。学侶の者に非れば。競望すとも許容すべからず。最略の灌頂たりといふとも。学侶の坊外にて修行すべからず。」[30]とあり（波線筆者）、ここにおいて、応昌が望んだ堂上灌頂は、学侶以外には許容せずとの判決が下されたのである。また学侶方には無量寿院・宝性院両門中より老分二名ずつを今後交替で江戸在番とすべきことが、また行人方に対しても組頭六人中二名ずつに交替で江戸在番が命じられ、学侶・行人の江戸在番制がここから始まった。上使五名はその後十一日に江戸へ出発し、この騒動はこれで終結するかに見えた。

（3）御社内陣鑰論争

ところが明暦二年（一六五六）十一月、壇上伽藍に鎮座する御社修復落成遷宮に際して、内陣の扉の開閉を巡り、再び双方の争いが起こった[31]。両者は翌三年正月に江戸へ訴えたが、当時明暦の大火の対応に忙しい幕府に時期不適切なので出直すようにと言われ、一旦引き下がった。万治元年（一六五八）十月、再度学侶方が行人方の非法を数十ヶ条にまとめた訴状を提出、それに対し行人方は文殊院立詮が返答書をしたためて応酬、両者は再び江戸幕府を巻き込んでの争論を始めた。

万治二年正月二十八日、学侶方蓮上院覚秀が江戸へ出発した。壇上預役の件および大工所の職掌について訴えるためであった。大工所職掌についてというのは明暦二年の御社内陣の扉開閉を巡り、行人方が修理方大工狭間太郎左衛門に命じて海老錠を引き抜かせた事件に関わる。さらに二月には訴訟人である高室院清算・大楽院信龍から連絡を受けた宝性院門主玄宥・無量寿院門主快盤が参府、三月九日学侶方は行人方非例二十四ヶ条の訴状を提出、行人方は文殊院立詮・見樹院雲堂・組頭蓮花上院・宝瓶院が対峙した。そして行人方の命で社殿の海老錠を引き抜いた大工狭間太郎左衛門が入獄を命じられた。狭間は発病のために四月九日に出牢、その後死亡した。六月九日、蓮上院覚秀によって太郎左衛門の代わりに狭間猪之助が評定所に召された。これは、狭間氏と小佐田出羽氏が大工の正・権を巡って争っていた一件に関わる。七月九日に、旧記・証文により狭間を正大工と認める裁断が下された。六月二十五日、行人方が修理領と称して押領した土地を改めるため、学侶方・行人方双方が寺領の古検地帳を提出した。[32]

御社内陣の鑰を巡り再び勃発した学侶方と行人方の争いは、八月二十二日に判決が言い渡された。すなわち、前回の処分からそれほど時が経過していないにも拘わらず再びこのような事態を引き起こしたことは不届きであるとして、学侶方・行人方双方より四人ずつ、すなわち学侶方の両門主玄宥・快盤、両訴訟人高室院清算・大楽院信龍、行人方の文殊院立詮、其佐三院（組頭の見樹院雲堂・蓮花上院・宝瓶院　筆者注）の追放が命ぜられ、この八院は門戸を閉じた。[33]この判決に対して、学侶行人双方より放逐された僧たちの放免を願い出たが叶わず、翌万治三年正月二十七日、寺社奉行井上正利より、学侶方に対し、碩学衆である釈迦門院朝遍と高室院長栄をそれぞれ宝性院門主と無量寿院門主に任命、普門院実秀と遍明院尖恵が碩学衆となった。[34]また行人方に対しても、新たに組頭三院が任命された。この時放逐された八名の内、立詮を除く七名は、その後寛文三年七月に赦されたが、立詮は赦されることなく翌寛文四年八月伊勢で没した。[35]寛文三年十一月、興山寺は雲堂が住持となった。[36]

万治三年七月二十日、大目付渡辺大隅守列座のもと、寺社奉行から学侶・行人双方に九ヶ条の式目が言い渡された。[37]

問題の御社内陣の鑰は天野社神主が預かることとされ、また、行人方が執行できる法事としては修正会・供養法・理趣三昧が許可された。行人方の灌頂は学侶坊で受けるべしと定められたものの、行人で灌頂を望む者があれば学侶は「難渋なく」授けるように、と定められた。これらの点をみると幕府の行人方に対する配慮が感じられる。

しかしながらその後寛文元年（一六六一）六月二十七日、学侶方は行人方の非法を二十七ヶ条にまとめて上訴、行人方も九月三日にその返答書二十七ヶ条、及び学侶批判の口上覚書一巻、証文覚書一巻、証文写一冊の計四通を幕府に提出した[38]。

翌寛文二年八月二十七日、幕府評定所に双方を呼び出して糺明が行なわれ、最終的に寛文三年十二月八日に、幕府老中久世大和守・稲葉美濃守・阿部豊後守・酒井雅楽頭連判による山中格式を示した十五ヶ条の下知状および二十一ヶ条の覚からなる三十六ヶ条の式目（三十六ヶ条制条）が発令された[39]。その中で、今回の論争の発端となった社殿内陣の鑰については天野社神主が受取り封印した後、学侶方蓮上院が預かることとされた。また灌頂については、行人灌頂は学侶坊にて受けるべしと定められた。ここでは万治三年七月の式目にあったような、行人で灌頂を望む者には学侶は難渋無く授けよという但書は削られている。さらに行人方は奥の院や壇上伽藍での法事禁止、壇上・奥の院・諸伽藍での集会禁止が言い渡され、学侶法事の際には行人方は承仕役を出し学侶の指揮のもとにこれを勤めること、行人方説戒導師の停止等が定められた。

これらの点から、万治三年に出された九ヶ条の式目と比較した場合、圧倒的に学侶方に有利な判決となっている。この三十六ヶ条制条の発令によって、先に出された慶安の条目は収公された。行人方はそれに対し歎訴した。

高野山統制策として、幕府は学侶方・行人方に対して三十六ヶ条に及ぶ制条を下した。聖方へは後述するように寛文四年（一六六四）に七ヶ条の制条が下された。この時期、幕府は、大名・公家・門跡・寺社等へ一斉に領知判物・朱印状・領知目録を下しているが、高野山へも寛文五年七月、行人方に計一万一六〇〇石、学侶方に計九五〇〇石、聖方に東照宮・台徳院仏殿料として二〇〇石を許可する計三通の朱印状を与えた。[40]

（4）元禄高野騒動の結末

しかし両者はその後も争いを続けた。寛文六年二月、学侶方宝性院朝遍、行人方文殊院雲堂が在番のために江戸に向ったが、四月に入り朝遍は、行人方は下知状違犯が多いと再び訴え、九ヶ条にわたる書上を提出した。[41] その結果、雲堂は、奥州二本松城主丹羽左京大夫光重に預けられることとなった。[42]

それから二十年後の貞享三年（一六八六）、将軍綱吉の代に至り、幕府は再びこの件の吟味を決定した。『高野春秋』著者懐英がその対応のために、旧記証文を携えて江戸に向かったのはこの時期である。[43] 貞享四年十月十八日、幕府は学侶方宝性院・無量寿院・地蔵院・善集院、行人方雲堂・来迎院・上生院・宝積院を召し出し、老中・若年寄列座のもとに以下の判決を申し渡した。すなわち、学侶・行人の間の事は「大猷院（家光）様御代之御条目之通」に守るべしとして、慶安二年九月の条目を継承した黒印状計六通を下し、そして二本松に預けられていた雲堂の興山寺帰住を許したのである。[44] これに伴い、寛文三年十二月に下された三十六ヶ条制条は収公された。[45] 今回の黒印状は慶安二年九月に出された大猷院家光の朱印状を継承しているが、これまでは行人方の「文殊院」と書かれていた箇所がすべて「興山寺」と書き換えられている。雲堂は、貞享四年十二月二日に高野山へ戻り、興山寺に入った。[46]

その後も、行人方承仕が法会への出仕を拒否したために法会が中止となったり、学侶・行人双方が幕府へ訴状を提出するなど、双方の衝突が続いたが、それに対し、幕府は元禄四年（一六九一）四月二十八日、評定所にて諸奉行・老中列座のもと、大久保加賀守より二十一ヶ条の判決を下した[47]。その結果、興山寺雲堂は東山への隠居を命じられ、興山寺後住は来迎院堯誉が任ぜられた。

二十一ヶ条の最初に「其衆徒。行人。いにしへ雲泥の違ひたりといへども。慶長年間より御朱印各別になし下されし上は、其うへ興山寺の中に　東照宮建立の事を恩免せられ。こと更行人には若干の寺領賜はりしに。今僧侶の所業をなさず。国賊の罪科のがれがたし。」とあるように、行人方を厳しく戒めているが、続いて「こたび新説戒導師の事。興山寺并六人の組頭免許せらる。かつ奥院にて法会修法。行人これをゆるさる。諸寺院。諸堂社たりといふとも。向後学侶方勤行せし後に。双方違乱なく法会修行すべし。」と記され、寛文三年三十六ヶ条の制条で停止された説戒導師が、興山寺および六人組頭に免許されていること、さらに三十六ヶ条の制条同様に「行人方阿闍梨灌頂遂るにをいては。死者の引導をなすべし。」ともあるように、承仕として懈怠なく学侶方法会への出仕をするよう命じながらも、行人方にある程度の権限を認めている。

しかしこれらの幕府の裁決に対し、双方の解釈に相違があり、行人方は再度上訴、同年十月晦日の評定所での裁許[48]を経て、翌元禄五年七月、幕府はついに最終裁決を下した。寺社奉行本多紀伊守正永、大目付高木伊勢守守養、目付柴田七左衛門康能を派遣し[49]、行人方寺院一四〇〇余軒のうち服従しなかった行人六二七名を大隅・薩摩・肥前などに遠島とし、九〇二軒を潰寺としたのである[50]。『高野春秋』の元禄五年七月条以降にはその経過が詳しく記されている。この結果、行人方寺院で最終的に存続したのはわずか二八〇軒となり、学侶方寺院とほぼ同数となった。

この後、幕府の高野山内秩序統制策は大きく進められ、以後高野山は、幕府の政策のもとで学侶方主導の教学道場として、再生を図ることになる[51]。この年七月には新寺建立禁止令が発令されており[52]、江戸幕府の宗教政策が次第に固まっていく時期でもあった。元禄高野騒動の流れとその騒動の中で出された法度類・下知状類を年表にまとめたものが後掲の表である（高野山法度・元禄高野騒動略年表）。

元禄高野騒動は、最初に記したように「江戸時代の高野山の行き方を決定づけた大問題である」ことから、『高野春秋』をはじめとして、『高野山説物語』、新井白石の「高野山事略」などに記録が残され[53]、研究も蓄積されている。しかし、これまでの研究では、いずれも学侶対行人の争いの面から書かれているため、そのはざまにあった聖方の動きについてはほとんど注目されていない。無論、中心は学侶と行人の争いだが、これは高野山における権力闘争であり、その争いとそれに対する幕府の政策には、当然、聖方も影響を受けていた。次節では聖方の動きを追ってみることとする。

（二）聖方の動き

学侶方と行人方の争いの中で、高野三方の一派である聖方も行動を起こした。『高野春秋』によると、一連の学侶・行人の争いの中で双方に対して三十六ヶ条制条が発令された翌寛文四年（一六六四）二月二十日、聖方の西谷不動院と松風院が、灌頂授法及び大法執行を自分たち聖方で独立して行なえるよう願った九ヶ条の上書を幕府に提出したのである。この動きは、行人方応昌の堂上灌頂希望の一件から始まった学侶方と行人方の争論の影響を受けたものといえるだろう。同月二十九日には聖方総代の蓮花寺および講坊が新たに伝法灌頂執行諸法事以下五項目の願いを記した九ヶ条の訴状を提出した。このような聖方の要望の根底には、第四章で詳述するように、自分たちは真言宗の正統である勧修寺門主成宝から附法されているのだという主張があった。しかしこの聖方の行動に対して、学侶方は三月九日に十三ヶ条からなる書を提出、聖方の願が根拠のないものであることを訴えた[54]。

同年五月十二日、幕府は評定所に聖方の僧を呼出し、老中・寺社奉行列席のもとで、聖方に対して下知状を与えた。『徳川実紀』には以下のように記されている[55]（番号および改行は筆者）。

高野山法度・元禄高野騒動略年表　　（**太字は高野山法度**）

年　号	西暦	内　容
天正13年	1585	秀吉高野・根来攻め開始。秀吉母の逆修として金堂再建、本願は応其。
天正18年	1590	木食応其、興山寺建立。
天正20年	1592	秀吉、亡母追善のため青巌寺建立。翌年落成。応其、興山寺・青巌寺の住持を兼務。
慶長初頭		応其、興山寺・青巌寺を弟子の勢誉に付嘱。
慶長５年	1600	９月、関ヶ原の戦い。11月、勢誉、家康の陣へ行き天下安泰・武運長栄の巻数を献上。家康より応其後継者として認可される。
慶長６年	1601	５月、**高野山寺中法度**（衆徒・行人対象）。（青巌寺料2000石の内、検校へ1000石、碩学の僧配分料として1000石）。勢誉を興山寺住持、検校を青巌寺住持にとする。
慶長13年	1608	応其、近江国飯導寺にて寂、73歳。
慶長13年ヵ		勢誉、家康の命により駿府に文殊院を建立して移住、興山寺を弟子の応昌に譲る。
慶長14年	1609	８月、家康より衆徒へ黒印。 11月、**高野山法度**（衆徒）。
慶長15年	1610	４月、**高野山寺中法度**（衆徒）。
慶長17年	1612	３月、勢誉寂、66歳。応昌、高野山へは五年毎に登山とし常に駿府に伺候。
慶長19年	1614	12月５日、応昌、命により南都内山・吉野・大峯・熊野・北山等の山臥・民衆で大坂方のものを取締。
慶長20年	1615	４月、応昌、高野山登山、僧徒に武装させ大坂の家康の陣に参じる。
元和元年	1615	７月、**真言宗諸法度、高野山衆徒法度**。
元和２年	1616	家康没。
この頃		応昌、家康没後、江戸に寺地をもらい、駿府の文殊院坊舎を江戸に移す、高野山へは５年に一度登山することとする。
寛永４年	1627	応昌、徳祖・猷祖の仰せとして、高野山興山寺山上に、（東照宮）神宮・拝殿・宝庫・鐘楼等を建立、毎月17日に六十口僧により供養法事を営む。
寛永16年	1639	１月５日応昌、堂上灌頂を望む。学侶方異論を唱える。 １月26日応昌、行人方2500人に命じ学侶と絶交。
寛永20年	1643	９月、応昌、大塔棟札として祝文簡板を心柱にうちつける、前年11月の学侶の大塔棟札に倣ったもの。
正保元年	1644	春、応昌および行人の僧徒等、東照宮神前にて灌頂曼荼羅供等の大法会を希望、同年９月許可、学侶従わず。 ２月、学侶方・行人方双方江戸へ出府、争論開始。 ８月、幕府より検使。
正保２年	1645	５月、応昌寂。 ６月、幕府、評定所に学行双方を召し出し糺明。 ８月、江戸より使者。 10月、学侶方宝性院・無量寿院及び応昌弟子の立詮など江戸にて蟄居を命ぜられる。
慶安２年	1649	９月、**慶安の条目**（６通、猷祖〈大猷院家光〉御条目。学侶方・行人方）下付（行人の庭儀灌頂大曼荼羅供等の執行を禁ず）。高野山定額領朱印状（行人方）。東照宮領・寺領の朱印状を改下す。御霊屋領200石の地を聖方大徳院へ寄附。
明暦２年	1656	11月、高野山御社遷宮。社殿の鑰を学侶・行人双方が所有していたことにより争論出来。
万治３年	1660	７月、寺社奉行より**御条目９ヶ条**発布。社殿の鑰を天野神主へ付す。
寛文３年	1663	12月、学侶・行人に**36ヶ条の制条**下付（慶安の条目収公）。
寛文４年	1664	５月、聖方に制条を下す（**聖方制条・寛文４年下知状**）。
寛文５年	1665	７月、**諸宗寺院法度**。
寛文６年	1666	９月、雲堂、二本松へ預け置かれる。
貞享４年	1687	９月、**寛文４年の聖方制条**収公。 10月、雲堂並びに学侶・行人僧を評定所へ召還。寛文３年下付の**36ヶ条制条**収公。以後、**慶安の条目（猷祖御条目）**が再度有効に。雲堂を興山寺住持職に還補。
元禄４年	1691	４月学侶・行人僧を評定所に召還、21ヶ条の法制により学侶訴論を決す。雲堂に隠居を命じ、尭誉を興山寺住持に任命（応其よりの５代の法脈断絶）。
元禄５年	1692	７月、行人僧627人遠流。以後興山寺の事は在山行人の上首が輪番交替して執務。元禄高野騒動終結。
元禄６年	1693	５月、幕府からの指示で学侶・行人立会のもと高野山の総絵図作成。

十二日評定所に高野山聖方の僧を召て下知状をさづけらる。その文にいふ。

（1）こたび大徳院をもて、聖方の徒を主管せしめらるれば、そのむねを心得べし。かつ三十六院道場のうちに於て、其組頭をさだめ、大徳院の指揮をうけ万事所治すべし。

（2）加行灌頂は学侶の坊に就てうけ、他山にをいて受べからず。尤他人にさづくべからず。

（3）法会は三十六院護摩供養法、理趣三昧、影供、明神講等、各坊にをいて行ふことは免許すべし。

（4）金襴七条精好の袈裟、大徳院一人ゆるさるべし。その他は純子の五条を着すべし。但金入は停禁すべし。

（5）衣は綟子細美の直綴用べし。但三十六院階臈にしたがひ、絹、羽二重、縐紗等の直綴をゆるすべし。

（6）聖方帽子は薄墨の色を用べし。

（7）朱傘、漆屐、僧綱草履停禁すべし

此条件もし違犯せば曲事たるべし。よてこの下知状、衆徒、行人にも授るものなりとぞ。

聖方制条とも呼ばれるこの下知状の内容をみると、大徳院を聖方の筆頭とし、聖方三十六院は大徳院の指図に従うべきことがまず最初に定められ、以下、加行灌頂を学侶坊で行なうべきこと、法事の儀は、護摩供養法・理趣三昧・弘法大師御影供・天野明神講をその坊舎で行なうこと、七条の袈裟は大徳院のみ着用のこと、帽子は薄墨色を着用のこと、そして朱傘・漆屐・僧綱草履等の停止が定められている。徳川氏と関係の深い大徳院には聖方筆頭としての統制権を与えているが、加行灌頂は学侶坊で受けること、他者に授けてはいけないこととあり、やはり、学侶方と中心とする幕府の統一策が現われている。また、前年の寛文三年十二月八日に出された学侶方・行人方への三十六ヶ条制条と比較してみると、行人方へは灌頂は学侶坊で受けるようにと定めながらも、阿闍梨灌頂を遂げたならば亡者の引導を行なってもよいとの記載がある。この点は聖方へのこの七ヶ条の下知状には記載されておらず、幕府の対応の違いを窺わせる。

この聖方制条は、貞享四年（一六八七）、綱吉の代になって学侶・行人争論の再吟味が決定され、学侶・行人への三十六ヶ条制条が収公された際に同様に収公された[56]。その際、学侶・行人へは、既に述べたように、綱吉からの黒印状六通が代わりに下されたが、聖方へは特に代わりの条目は下されていない。

そして、その後寛保三年（一七四三）、この聖方制条が再び下付された。その条文は以下の通りである[57]。

定

一　聖方惣中之頭、今度大徳院被二仰付一之条、可レ存二其旨一、且又於二三十六院一、道場之内定二三十六人組頭一、受二大徳院差図一、万事可レ致二支配一事、

一　加行灌頂於二学侶之坊一、可レ受レ之、於二他山一不レ可レ受レ之、勿論不レ可レ授レ人事、

一　法事之儀、三十六院護摩供養法理趣三昧影供明神講事、於二其坊舎一免許之事、

一　金襴七条青甲之袈裟、大徳院壹人免二許之一、其外ハ緞子之五条可レ着レ之、但、金入ハ停止之事、

一　衣ハ文字細美之直綴可レ着二用之一、但、随二三十六院階臘一而、絹羽二重縐紗等之直綴免許之事、

一　聖方帽之儀、薄墨色可レ用レ之事、

右条々、堅可レ相二守之一、若於レ令二違犯一ハ、可レ為二曲事一、因レ茲、此趣遣二下知状於衆徒並行人方一者也、

寛文四年五月十二日　大和守　書判

美濃守　書判

豊後守　書判

雅楽頭　書判

高野山

聖方中

右、以旧記書二写之一訖、彌堅可二相守一之、為二後證一者也、仍如件、

寛保三年六月十三日　丹後守　書判

中務大輔　書判

伊豆守　書判

左近将監　書判

高野山

聖方中

再下付されたこの聖方制条をめぐる聖方の動きは、第四章で詳述するので、ここでは一点だけ触れることとする。それは条目数である。『徳川実紀』の記載では七ヶ条であったものが、こちらでは、七条目の朱傘等禁止の項目が省かれて六ヶ条になっている。この点に関しては、『徳川実紀』以外にも、『高野山説物語』に記載される制条が七ヶ条であること、また『高野春秋』にも「御条目七个条。聖方惣頭。加行灌頂。法事品。袈裟事。衣事。帽子事。朱傘等之事也。」とあることから、聖方制条は当初は七ヶ条であったと推測される。[58]さらに、勧修寺文書の年未詳「条々（高野山学侶行人定書）」[59]でも、聖方制条のことを「聖方への七ヶ条御書」と記してある。したがって、寛文四年に下された時の本来の形は、帽子の条の後に朱傘・漆屐・僧綱草履禁止の事が含まれた七ヶ条であったと考えられる。だが、寛保三年（一七四三）六月十三日付で収められた『徳川禁令考』では聖方制条は六ヶ条になっており、そして後に寛保四年（延享元年）・延享三年（一七四六）に聖方が勧修寺とともに提出した口上書にも、最後の一条のことは取り上げられていない。

これらのことから考えて、寛保三年に再下付された時に聖方制条は七ヶ条から六ヶ条に変更されたと推測される[60]。

幕府を巻き込み、聖方をも巻き込んだ学侶方対行人方の長引くこの騒動が最終的な決着をみたのは元禄五年である。先述したように元禄四年（一六九一）四月、幕府は二十一ヶ条にわたる裁許を出した。その後も学侶方・行人方双方から上訴がなされ、幕府は、ついに元禄五年（一六九二）七月に行人方僧六二七名の遠島、行人方寺院九〇二軒取り潰しという厳罰を下した。幕府の高野山内秩序統制策を大きく進めた元禄高野騒動以後、高野山は、幕府の政策のもとで学侶方主導の教学道場として、再生を図っていく。

幕府から高野山に対して下された法度類や下知状の流れをみると、収公や再発布を繰返しながらも、幕府は高野山を学侶方主導の教学道場にしようとしていることがわかる。学侶方・行人方寺院ともにその統制策に収斂されていった。そのような高野山内の論理と、聖方寺院が有する徳川氏との師檀関係にもとづく時宗聖としての由緒は、次第に相容れないものとなっていく。聖方寺院の置かれた状況は次第に変化していったのである。

このような江戸幕府の高野山政策の流れの中で、平安時代に霊場としての高野山の形成に大きな役割を果たした『高野山往生伝』が覆刻された。次節では、『高野山往生伝』の覆刻を通じて、江戸時代の高野山信仰の一面を考える。

注

（1）日野西眞定「元禄五年流罪の行人方僧の名簿」『密教文化』一四五、一九八三年。元禄高野騒動についての研究は、辻善之助『日本仏教史』九巻近世篇之三　十五～七二頁（岩波書店、一九七〇年、初版は一九五四年）に詳しい。近年では、小山譽城「近世高野山の成立と寺領支配」（安藤精一編『紀州史研究5　総特集高野山』国書刊行会、一九九〇年）、笠原正夫「江戸幕府による寺院支配の完成―元禄期高野山行人派僉議一件―」（同前書）、日野西眞定「かつらぎ町宮本丹生・狩場神社の縁起について」（『宗教民俗研究』十一、二〇〇一年）などがある。

（2）文殊院は文珠院とも記されるが、史料引用等の場合を除き、本文では「文殊院」に統一する。

（3）『祠曹雑識』巻十二「真言宗四度灌頂」（内閣文庫所蔵史籍叢刊九、汲古書院、一九八一年）によると、真言宗四度灌頂とは、①最略灌頂、②堂上灌頂、③庭儀灌頂、④結縁灌頂を指す。そのうち①～③は「出家ノ身ニ限」るもので、それに対し④は「僧俗共ニ入壇ス」る。最略灌頂は真言僧として不可欠のもので、『祠曹雑識』には「コレヲ全クスルヲ直ノ真言僧ト名付ク。若此灌頂入壇未成就ナレハ、亡者ノ引導ヲナス事能ハス。」という。堂上灌頂は、この最略灌頂を受けた後に受けられるもので、同じく『祠曹雑識』に「堂上灌頂ハ職衆ノ僧侶ノ多寡ハ受者ノ意ニ随テ請ス。其儀式厳重ニ刷ヒ、大阿闍梨職衆并受者集会所ニ参会ス。道場ノ荘厳等取繕、行事ノ大阿闍梨巳下案内ニ従テ入堂シ、三摩耶戒ノ法式ヲ執行フ。其夜日没ヲ定、初夜・後夜ノ入堂等前ノ如シ。但シ受者入壇授法ノ所ニテ深秘ノ口伝ヲツタフ」と書かれている。『祠曹雑識』は寺社奉行所に勤務していた人物が、在職中に閲覧した史料を筆録したもので、天保五年（一八三四）の成立と考えられている。

（4）『高野春秋』寛永十六年正月九日条。

（5）『高野春秋』寛永十六年正月二十六日条。

（6）『高野春秋』慶長五年十一月三日条。

（7）大日本古文書　家わけ第一『高野山文書』「又続宝簡集」六―一一七〇。

（8）『史料纂集』続群書類従完成会、一九八四年。

（9）新井白石「高野山事略」学侶・行人両派わかれたつ事　附文珠院の事（今泉定介編輯・校訂『新井白石全集』第三、吉川半七、一九〇六年、以下「高野山事略」の記事はこれによる。）には慶長六年五月に「沙門の身多くの所領あらん事然るべからざるよし仰せありて」「勢誉を以て興山寺の住持とし、検校を以て青巌寺の住持となさる。これよりして学侶・行人の両派別れたり」とある。また、慶長五年六月二十一日付「高野山寺中法度」にも青巌寺料二〇〇〇石の内一〇〇〇石を住持である高野山検校の賄い料、一〇〇〇石を衆徒中の碩学衆八人に配分するとあることからも、青巌寺は学侶方（衆徒）の手に渡ったことがわかる。

(10)「高野山事略」学侶・行人両派わかれたつ事　附文珠院の事。
(11)『高野春秋』慶長十七年三月二十一日条。
(12)「高野山事略」文珠院を江戸に移す事。
(13)『高野春秋』慶長十九年十二月五日条。
(14) 注12参照。
(15) 注12参照。
(16)『高野春秋』寛永四年春条。
(17)『高野春秋』寛永八年八月十五日条。
(18)『高野春秋』寛永九年十一月二十一日条。
(19)『高野春秋』寛永十年二月二十一日条。
(20) 二者の対立の初見は、応永二十七年（一四二〇）の天野社遷宮で料足を行人に懸けたために行人二十余名が離山した記事である（「高野山検校帳」大日本古文書　家わけ第一『高野山文書』「又続宝簡集」七一一六六一）。その後永享年間の対立で学侶が離山した頃から二派の対立抗争が起こったとされる（辻善之助『日本仏教史』六巻中世篇之五、二五二頁、岩波書店、一九五一年など）。第二章で触れたように、衆徒（学侶）は十三世紀前半にはすでに組織化が進んでおり、行人についても十五世紀末には「行人方」の表現がみられる。
(21)『高野春秋』正保元年八月二十九日条。正保二年八月五日・二十二日条に割注にもこの時の説明が書かれている。
(22) 日野西眞定『高野山古絵図集成』（清栄社、一九八三年）。
(23)『徳川実紀』第三篇「大猷院殿御実紀」巻五十六　正保元年正月十日条。
(24)『高野春秋』正保二年六月二十日条。

(25)『高野春秋』正保二年八月五日・二十二日条。
(26)日野西眞定編集校訂『新校高野春秋編年輯録』増訂第二版(岩田書院、一九九八年)解説。
(27)『徳川実紀』によると、幕府の裁許が下されたのは、『高野春秋』の記載よりも十日ほど早い正保二年十月十三日で、翌十四日に安藤右京進等五名の高野山派遣が決められた。安藤等五名は十七日に暇を賜い、高野山へ向かった。安藤等が江戸へ戻ってきたのは同年十二月二十七日であった。(『徳川実紀』第三編「大猷院殿御実紀」巻六十二 正保二年十月十三日条・同月十七日条・十二月二十七日条)。
(28)『高野春秋』慶安二年九月十七日・十八日・二十七日条。『徳川実紀』は帰山が赦された日を慶安二年九月二十三日と記す。
(29)『高野春秋』慶安二年十月七日条。『徳川実紀』第三篇「大猷院殿御実紀」巻七十六 慶安二年九月二十三日条によると、澄栄・政算・立詮の蟄居が許された時に、林道春信勝が双方へ条約として読み上げたという。『徳川禁令考』には慶安二年九月二十一日付高野山法度として二六二六・二六二七・二六二八・二六二九の四通が収められており、『祠部職掌類聚』第一冊、諸寺社御条目類にはこの四通を含め、九月二十一日付のものが『徳川実紀』同様に計六通所収されている。この六通は後述するように寛文三年十二月に一度召返されたものの、後貞享四年十月十八日に常憲院綱吉の黒印状として改めて下された。
(30)『徳川実紀』第三篇「大猷院殿御実紀」巻七十六 慶安二年九月二十三日条。
(31)辻善之助は、御社を高野山東照宮とするが(『日本仏教史』第九巻近世篇之三、三〇頁)、そうではなく、丹生・高野明神を祀る壇上伽藍の御社であろう。「高野山事略」学侶・行人第二度争論の事にも「高野山鎮守神壇一宮」と記されている。
(32)『高野春秋』明暦二年十一月三日条、同三年正月二十七日条、万治元年十月九日条、同二年正月二十八日条、二月日条、三月九日条、六月九日条、六月二十五日条、七月九日条。
(33)『高野春秋』、『徳川実紀』第四篇「厳有院殿御実紀」巻十八 万治二年八月二十二日条。「高野山事略」は高室院ではなく高祖院、蓮花上院ではなく蓮花王院と記す。

(34)『高野春秋』万治三年正月二十七日条。
(35)『高野春秋』寛文三年七月九日条。
(36)『高野春秋』寛文三年十一月二十一日条。
(37)『高野春秋』、『徳川実紀』第四篇「厳有院殿御実紀」巻二十　万治三年七月二十日条、「御当家令条」巻七—八三、万治三年七月十七日付学侶行人方裁判下知状（石井良助編『近世法制史料叢書』2、創文社、復刊訂正、一九五九年）、以下『近世法制史料叢書』からの引用はこれによる。辻善之助『日本仏教史』第九巻近世篇之三、三二一〜三二四頁。
(38)『高野春秋』寛文元年六月二十七日条・九月三日条。
(39)『徳川実紀』第四篇「厳有院殿御実紀」巻二十七、寛文三年十二月十二日条。「武家厳制録」巻十五　高野山公事御裁許御下知状部一五〇　寛文三年十二月八日付公事御裁許御下知条々（条々）・一五一　同日付同断（覚）（『近世法制史料叢書』3）。『憲教類典』四之十四上　寺社　寛文三年十二月八日付高野山公事御裁許御下知状（条々）・同日付高野山公事御裁許御下知状（覚）（内閣文庫所蔵史籍叢刊四一、汲古書院、一九八四年）。「武家厳制録」と『憲教類典』には、覚二十一ヶ条のうち、北室院に関する箇条が抜けている。辻善之助『日本仏教史』第九巻近世篇之三、三五〜四〇頁。元禄高野騒動の顛末を記した『高野山説物語』三之巻には十五ヶ条の下知状のみが載せられている（『続真言宗全書』四一、続真言宗全書刊行会、一九八七年、以下同）。
(40)史料館叢書2『寛文朱印留』下（国立史料館、一九八〇年）。
(41)『高野春秋』寛文六年二月三日、夏四月日条。
(42)『徳川実紀』第四篇「厳有院殿御実紀」巻三十三　寛文六年八月二十七日条、『高野春秋』寛文六年九月二日条。
(43)『高野春秋』貞享三年四月二十八日条。
(44)『徳川実紀』第五篇「常憲院殿御実紀」巻十六　貞享四年十月十八日条、『高野春秋』貞享四年九月十五日条、九月十八日条、十月十八日条。『祠部職掌類聚』には、学侶方・行人方へ宛てた貞享四年十月十八日付の五通の綱吉黒印状が収められている。さらに勧修寺に伝わる同日付「(高野山行人取締令)」(『藤沢市史資料所在目録稿』二〇「勧修寺文書」二九二)によると、もう一通綱吉黒印状が出されている。その一通は、『徳川禁令考』で二六二八号として収められているものである。すなわちこの時学侶方・行人方へは計六通の黒印状が出されていたことになる。

勧修寺に伝来する文書目録は、藤沢市文書館発行の『藤沢市史資料所在目録稿』十六集(一九八三年)・二〇集(一九八八年)・二一集(一九九〇年)に掲載されている。本章で用いる勧修寺文書の表題および文書番号は、この目録稿の記載にもとづく。

(45) 注44『徳川実紀』。

(46)『高野春秋』貞享四年十二月二日条。

(47)『徳川実紀』第六篇「常憲院殿御実紀」巻二十三 元禄四年四月二十八日条。「武家厳制録」巻十五 一五二 元禄四年四月二十八日付学侶方被抑渡覚書(条々)(『近世法制史料叢書』3)、辻善之助『日本仏教史』第九巻近世篇之三、五二～五三頁、『高野山説物語』五之巻、『祠曹雑識』巻二十六。

(48)『徳川実紀』第六編「常憲院殿御実紀」第二十四 元禄四年十月三十日条、『高野春秋』元禄四年十月晦日条。「武家厳制録」巻十五 一五三 元禄四年十月晦日付双方被抑渡口上之覚、一五四 同日付学侶方え被抑渡之覚、一五五 同日付同断(覚)(『近世法制史料叢書』3)。

(49)『徳川実紀』第六篇「常憲院殿御実紀」巻二十五 元禄五年六月二十六日条。「同」巻二十六 元禄五年七月朔日条。『高野春秋』元禄五年七月五日条。

(50)『徳川実紀』第六篇「常憲院殿御実紀」巻二十六 元禄五年九月四日条。『高野春秋』元禄六年十一月朔日・二日条、『同』序文。

(51) 幕府の寺院政策では、近世寺院は基本的にはいずれも「学侶方」中心に編成され直したと考えられる。中世末期の寺僧集団から近世の寺僧集団への変化の過程については、吉井敏幸「近世初期一山寺院の寺僧集団」(『日本史研究』二六六、一九八四年)の研究がある。

(52)『徳川実紀』第六篇「常憲院殿御実紀」巻二十六　元禄五年七月この月条。

(53)『高野春秋』は懐英が元禄高野騒動を契機として撰述した。序文にその主旨が記されている。

(54)『高野春秋』寛文四年二月二十日条、二十九日条、三月九日条。

(55)『徳川実紀』第四篇「厳有院殿御実紀」巻二十八　寛文四年五月十二日条。

(56)貞享四年十二月十一日に大徳院と聖方三十六院が勧修寺門跡に提出した「乍恐奉願覚（古来之通御法流諸法式衣躰等御定願）」（『藤沢市史資料所在目録稿』二〇「勧修寺文書」二九四）に「去十月廿七日於二酒井河内守殿御寄合一、酒井河内守殿・大久保安芸守殿御口上ニ而寛文四年之御書付被二　召上一諸事先規之通可二相守一之旨被二仰渡一候」（句読点、返り点、波線部筆者）とある。『祠曹雑識』巻四五　高野山学侶行人沿革には「貞享年中、衆徒・行人諍論ノ節、御用之儀有之申ニ而、学侶・行人・聖ノ御条目一同ニ召上ラレ、行人御仕置ノ後、学侶・行人ヘハ御条目ナシ下サルトイヘトモ、其時節聖ハ何事モナキ故ニヤ、御条目ノ御沙汰ニ及ハレス、然トイヘトモ行人厳重ノ御仕置ニ恐レ、諸事旧事ノ科目ヲ守リケルニ」とある（波線部筆者。内閣文庫所蔵史籍叢刊九、汲古書院、一九八一年）。

(57)石井良助校訂『徳川禁令考』巻四一、第四五章、寺院法度（真言宗）二六三二（創文社、一九五九年）。

(58)『高野春秋』寛文四年五月十二日条。『高野山説物語』三之巻に載せられている聖方制条は、帽子についての条が「一、聖方帽子之義、可用薄墨色事」と書かれ、語句に若干の違いがみられる。そして帽子の条の後に『徳川実紀』の記載同様「一、朱傘塗足駄僧綱草履停止之事」という一条が載せられ、全部で七ヶ条になっている。奥書は「右之条々、今度所レ遣二下知状於聖方一。仍為レ鑑衆徒并行人方江茂加二下知一者也」となっている。

(59)『藤沢市史資料所在目録稿』二〇「勧修寺文書」九六。

(60)『続真言宗全書』三九収載の『紀伊続風土記』（高野山之部学侶　巻十三「非事吏事歴　追加」）では、寛文の下知状を「貞享の御条目〈奥書を加〉」として寛保三年六月二十七日に下したという。こちらも『高野山説物語』所収のものと同様に「一、朱傘塗足駄僧綱草履停止之事」という一条があり全部で七ヶ条になっている。『徳川実紀』には寛保三年の下知状再下付についての記載はない。

三　『高野山往生伝』の覆刻

（一）現存状況

本節では、第一章で取り上げた『高野山往生伝』が江戸時代に覆刻された事実に注目し、現存する写本・版本の検討を通じて、江戸時代に『高野山往生伝』が覆刻された背景を、高野山政策を視野に置きつつ考察を加える。あわせて写本・版本の現存状況から、江戸時代における高野山信仰の一面をとらえてみたい。

第一章での検討で明らかになったように、『高野山往生伝』は十二世紀末に儒者官人であった藤原資長が、出家後に自身の往生行のひとつとして、仁和寺御室守覚や高野山僧仏厳房聖心からの依頼を受けて撰述したものであった。仁和寺御室守覚が『高野山往生伝』の先述を援助した目的は、弘法大師空海入定の地であり、往生者を多く輩出する霊地高野山の姿を描き出させ、その霊場性を知らしめることで、そこで修行・精進する自分自身に、聖なるものとしての価値を付与しその宗教的権威を高め、仁和寺御室としての真言宗統括を進める一助とするためであった。またもう一人の依頼者である高野山僧仏厳房聖心の目的は、『高野山往生伝』に『日本極楽往生記』等の先行往生伝のような往生の実例書・手引書という価値を付すことではなく、むしろそこで修行する往生者の記録を留めることで、高野山の霊場性・浄土性を強調し、上皇や貴族たちの高野山信仰・高野山納骨信仰をより活発化させ、それによって彼らの高野山参詣を促そうとしたと考えられる。以後盛んになる貴紳の高野山参詣の様子をみると、仏厳のその意図は十分に果たされたといえよう。

その後、江戸時代に入り、『高野山往生伝』は延宝五年（一六七七）に版本として覆刻された。現存する『高野山往生伝』の刊本・写本はすべて、この延宝五年版本を典拠としている。

それでは、第一章にも載せたが、刊本で唯一序文・奥書を載せる思想体系本『往生伝　法華験記』の序文と奥書を以下に挙げる。すでに述べたように、『高野山往生伝』翻刻文は、思想体系本以外に『大日本仏教全書』一〇七、『浄土宗全書』続十七（旧六）、『続群書類従』八上に収められているが、いずれも延宝五年版本に拠るとしながら、序文・奥書を載せていない。

高野山往生伝序

法界寺沙門如寂撰

夫以釈迦者東土之教主也。早建二撥遣之願一。弥陀者西方之世尊也。普設二摂取之光一。爾来厭二五濁境一。遊二八功池一之輩。始レ自二五竺一至二于吾朝一。往往有レ之。世世無レ絶。是以新生菩薩。宛如二駛雨之滂沱一。久住大士。屡成二恒沙之集会一。寔是華池易往之界。誰謂二宝閣無人之場一。予外雖レ纏二下界之繁機一。内猶執二西土之行業一。遂遁二俗塵一。専事二斗藪一。元暦歳夏四月。暫辞二故山之幽居一。攀二躋高野之霊窟一。雖レ慚二小量之微躬一。忝列二大師之末弟一。五智水潔。酌二余滴一以洗レ心。三密風閑。聴二遺韻一以驚レ夢。青嵐皓月之天。纔聞三山鳥之唱二三宝一。黄葉緑苔之地。自喜三林鹿之為二吾明一。三秋之素律慚闌。百日之精祈欲レ満。爰雪眉僧侶露レ胆相語。久住二斯山一永従二逝水之人一。見二其臨終行儀一。多有二往生異相一。雖レ凝二随喜之思一。既無二甄録之文一。斯言若墜。将来可レ悲。汝勒二大概一宜レ伝二後代一。予耳底聞レ之。涙下潸然。愍課二末学一。忽勘二先規一。寛和慶内史。広検二国史一以得二四十人一。康和江都督。又諮二朝野一以記二四十人一。今限二一寺一且載二四十人一。愍以二庸浅之身一。恐レ追二方聞之跡一。不レ整二文章一。無レ飾二詞華一。只伝二来葉一将レ殖二善根一而已。精勤誠苦。我之念仏多年。引接誓弘。仏之迎レ我何日。必遂二往生於順次一。得レ載二名字於伝記一云レ爾。（返り点、傍線は筆者、奥書も同様）

元暦年間（第一章で述べたように、ここでは元暦元年〈一一八四〉である）に高野山へ参籠した如寂（藤原資長）が、「雪眉僧侶」から山内における往生僧の話を聞かされ、慶滋保胤の『日本往生極楽記』や大江匡房の『続本朝往生伝』にならって筆録整理したものが、この『高野山往生伝』であるという。ただし、往生者として収めた範疇は、保胤や匡房の往生伝のように日本全国の例を集めたものではなく、高野山一山の僧に限っている。その数は傍線で示したように「四十人」とあるが、本文に収められているのは三八名である。

次に、奥書は以下のようである。

高野山往生伝終
延宝五〈丁巳〉年九月吉辰
此本古上梓而行レ世矣。其版既亡。今茲以二明王院本一使二傭筆書写一畢。天保十五夏五月十七日　得勇

「使傭筆書写」とあるところから、おそらく得勇は傭筆を使って明王院本を書写させたのであろう。その年代について、『国書総目録』の高野山三宝院本の説明には「天保十」年とあるが、三宝院本を底本とした思想大系本では「天保十五」年となっている。後述するが、現在高野山大学図書館に架蔵されている高野山三宝院本をみると、奥書には「天保十五」とあり、書写の年は天保十五年（一八四四）と考えられる。

得勇が書写のために『高野山往生伝』を借りた明王院についてここで考えてみよう。天保十年（一八三九）に完成した『紀伊続風土記』をみると、明王院という院家は本中院谷、蓮華谷、そして五之室谷にそれぞれ存在している。得勇が『高野山往生伝』を借りた明王院はその中のどの院家であろうか。まず、本中院谷の明王院については、鎌倉末期に大楽院信堅の記した『信堅院号帳』にすでに「明王院　如法房上人満信建立也。大明神御影向之所也」と記されている。(1)

文明五年（一四七三）に多聞院重義の記した『高野山諸院家日記』（『高野山諸院家帳』ともいう）にも同様の記載があり、[2]天保期に成立した『金剛峯寺諸院家析負輯』には、天保七年（一八三六）明王院四〇代秀恵が記した「明王院本尊并歴代先師録」を載せる。[3]学侶方で名室のひとつであった。本尊不動明王画像は、日本三不動の一つ赤不動（伝智証大師円珍筆）として知られる。三宝院本が書写された天保十五年は、秀恵が「明王院本尊并歴代先師録」を提出した時期からさほど隔たっていない。次に、蓮華谷の明王院は、現在大明王院と号する。本尊は不動明王。実応上人の開基で、弘法大師による不動尊、智証大師筆の不動尊などの寺宝を有する。古くは宝幢院と称したが、元和四年（一六一八）仁和寺覚深法親王の令旨により明王院と改めたという。[4]行人方で、明治十二年現在の院号へ改称した。三番目の五之室谷の明王院は、聖方で十阿上人開基、本尊は不動明王であったという。[5]得勇が『高野山往生伝』を借りた明王院がどこであったか奥書からだけでは判断できないが、おそらく同じ学侶方で本中院谷に位置する明王院ではないかと推測される。得勇については後で触れる。

次に写本・版本の現存状況を整理しよう。『高野山往生伝』で現存する写本・版本のうち、筆者がこれまで閲覧した分の所蔵状況は、以下の通りである（順不同）。

①内閣文庫（版本写）（以下、内閣本と称する。以下同様）
②東京大学総合図書館（同前）（東大本）
③日本大学総合学術情報センター（同前）（日大本）
④高野山三宝院（天保十五年得勇写）（三宝院本）

以上が写本である。次に版本には以下の諸本がある。まず高野山大学図書館に寄託されているものは以下の通りである。

⑤高野山持明院（持明院本）

⑥高野山宝城院（宝城院本）
⑦高野山正祐寺（正祐寺本）
⑧高野山増福院（増福院本）

次に、高野山以外では、以下の各機関に版本が所蔵されている。

⑨龍谷大学（龍大本）
⑩京都府立総合資料館（京都府本）
⑪玉川大学（玉川本）
⑫金沢大学　暁烏文庫（暁烏本）
⑬叡山文庫（叡山本）
⑭国文学研究資料館１（国文１本）
⑮国文学研究資料館２（国文２本）

筆者がこれまでに閲覧した写本・版本は、以上の十五種である。(6) これら十五種の写本・版本について、これから検討を行なう。

（二）写本・版本の比較と問題点

では、上記十五種の写本・版本の検討を行なう。個別の検討に加えて、さらに以下の二点について各写本・版本を比較検討したい。

1．序文「今限一寺且載四十人」について

2．奥書部（刊記）について

（1）写本

①内閣本（架蔵番号192／455）

1．序文「今限一寺且載卅人」

2．奥書（追記は『　』で示した。また〈　〉は割注である。以下同）

「高野山往生傳終

（朱筆）『右一冊以塙本写之

天保七年十月廿日　　　　長澤伴雄』

延寶五〈丁巳〉年九月吉辰

山本市兵衛
中村七兵衛　板行

」

②東大本（架蔵番号C40／2052）

1．序文「今限一寺且載卅人」

2．奥書

「高野山往生傳終

（朱筆）『右一冊以塙本写之
　天保七年十月廿日　　長澤伴雄』

延寶五〈丁巳〉年九月吉辰

山本市兵衛
中村七兵衛　板行
」

奥書によると、内閣本と東大本は、いずれも山本市兵衛と中村七兵衛による延宝五年の版本がもとになっている。この二人について『近世書林版元總覽』(7)で調べてみると、山本市兵衛は載っていないが、中村七兵衛という名は京都の版元として記載される。それによると中村七兵衛の活動時期は寛文九年（一六六九）から元禄十五年（一七〇二）までである。『高野山往生伝』が板行された延宝五年（一六七七）はこの時期に含まれており、この人物と考えて差し支えないと思われる。

そして、どちらも朱筆で天保七年（一八三六）に長澤伴雄が「塙本」をもとに書写したことが追記されている。塙本とは塙家の和学講談所本のことであろう。この追記から東大本と内閣本は、延宝五年の版本がもとになり、それが塙本（和学講談所本）に転写され、さらに天保七年（一八三六）に長澤伴雄が書写（以下長澤本）、それが後日さらに転写され、浅草文庫本（内閣本）・南葵文庫本（東大本）として残ったことになる。南葵文庫は紀伊和歌山藩主徳川氏累代の旧蔵書を根幹とする。(8)浅草文庫は昌平坂学問所と和学講談所の旧蔵書を基幹とし、現在はすべて内閣文庫に所蔵されているという。(9)長澤伴雄は文化五年（一八〇八）生で安政六年（一八五九）没。和歌山藩士で、経済・有職を学び、藩主の内命を受けて京都・江戸を往来した。(10)

それでは、内閣本と東大本との関係はどのように考えられるであろうか。まず両者は筆跡が違っている。そしてそれぞれ本文と追記の筆跡も異なっている。延宝五年の版本と比較した場合、東大本・内閣本どちらも同じ箇所を誤写している箇所と、それぞれ別に誤写した箇所がある。例えば、一番目の往生者小田原聖教懐伝で、版本では「移住当山」になっている箇所が、東大本・内閣本はどちらも「移往当山」になっている。東大本・内閣本に共通する誤写は、もとになった塙本、もしくは長澤伴雄が書写した際に誤写されたのであろう。また、五番目に記される南筑紫の項で「南筑紫、北筑紫」という表記が、内閣本では「南筑紫」のみになっており、一方東大本は「南筑紫、北筑紫」と書かれている。このことは、内閣本が転写の際にこの部分を欠落させたことを意味しており、そして、そこが欠落していない東大本は、内閣本とは別に書写されたことを示すであろう。そして東大本には内閣本にない文字の訂正個所もわずかだがみられることを考慮すれば、内閣本・東大本は、天保七年に長澤伴雄が塙本を以て書写したもの（長澤本）、もしくはそれがさらに転写されたものを後日それぞれの文庫用に写したと考えられそうである。[11] さらに文字の割付をみてみると、内閣本の割付は序文・本文ともに半丁二〇字×一〇行に統一されているが、東大本は延宝五年の版本と同じ形式を踏襲しており（序文半丁一六字×八行、本文半丁一九字×九行）、もとになった塙本および長澤本が、延宝五年の版本の書式通り書写されたことがわかる。以上述べてきたことを図示すると以下のようになる。

延宝五年版本……→塙本（和学講談所本）→長澤本……→南葵文庫（東大本）
　　　　　　　　　　　　　　　　　　　　　　　　→浅草文庫（内閣本）

（→は転写を示す、……部は現段階では不明）

③　日大本（架蔵番号 K027／N99）

1．序文「今限一寺且載卅人」

2. 奥書

「高野山往生傳終

延寶五〈丁巳〉年九月吉辰

山本市兵衛
中村七兵衛　板行

」

日大本の底本も延宝五年の版本であり、その板行者は東大本・内閣本と同じ人物である。書写経緯についての奥書は無い。延宝五年の版本と比較すると文字の割付はそれを踏襲しており、字体も版本と似せている。版本をそのまま写したものと思われ、先の二つの写本より版本の形式に忠実であるといえる。

④ 三宝院本（架蔵番号 462／三／17）

1. 序文「今限一寺且載四十人」

2. 奥書

「高野山往生傳終

延寶五〈丁巳〉年九月吉辰

此本古上梓而行世矣其版既亡今茲以明王院〇本使傭筆書寫畢天保十五夏五月十七日　得勇」

三宝院本の序文は、これまでみてきた写本と異なり「今限一寺且載四十人」となっている。後述するように版本でもこの箇所は「卌人」になっているところから、得勇が書写させた段階で間違えたか、もとの明王院本がそうなっていたと考えられる。思想大系本は三宝院本を受けて「四十人」としている。また、三三丁裏に、「此本古上梓而行」世矣。其版既亡。今茲以二明王院本一使二傭筆書写一畢。天保十五夏五月十七日　得勇」（返り点は筆者）と、得勇による追筆がある。本文とこの追筆部分を比べると、筆跡が異なっており、やはり得勇が傭筆に書写させたものと考えられる。そして、奥書に「高野山往生伝終　延宝五〈丁巳〉年九月吉辰」とあるように、その明王院本も、延宝五年の版本がもとになっていた。本文については、四番目に記される往生者沙門蓮待の文中で、自分の死後は葬儀などせず、遺体を野原に棄て鳥獣に施すようにと言い置く蓮待に対し、ある人が、それでは腐乱した死体で「浄地」が汚れてしまうと言う。それを聞いた蓮待が悲しそうに「可レ然。可レ然。」と答える箇所が、三宝院本は「可然」と一度しか書かれていない。他の写本および版本は「可然可然」となっている。三宝院本を底本とする思想大系本も一度のみである。

三宝院は旧学侶方で、往生院谷に位置する。空海の母親が高野政所の地であった慈尊院内に当院を建てたことに始まり、のちに高野山へ移転したと伝える。[12]『信堅院号帳』には「和泉阿闍梨源空建立也」とみえ、『高野山諸院家日記』小田原道南北にも「和泉アサリ明珠房源空建立」とある。[13]『金剛峯寺諸院家析負輯』でも同様に源空の開山とする。[14]本尊は北面大師。旧暦三月二十一日の正御影供には「爪剥《つまむき》の酒（甘酒）」が供えられるが、これは、慈尊院に住した空海の母親が、栗や米の皮を自分の爪で剥いて酒を造り、空海に献じたという由来をもつ。

明王院本をもとに書写させたという得勇の名前は、彼が『高野山往生伝』を書写させた年代と同じ天保期に成立した『金剛峯寺諸院家析負輯』や『紀伊続風土記』には記載はみえない。しかしやはり天保期に完成した『弘法大師年譜』および『続弘法大師年譜』の奥書に「金剛峯寺沙門　得仁纂、道猷校、得勇録」（傍線筆者）とあり、得勇の名前がみられる。[15]『弘法大師年譜』は、無量寿院門主得仁が天保五年（一八三四）の弘法大師入定一〇〇〇年遠忌供養のために編纂したものである。巻一の得仁自序に「天保四年癸巳仲冬日」とあり、巻十二の蘊長による跋語に「天保五年五月二十有一日傳明咒持蔵秘密瑜伽上乗近住清浄金剛蘊長書于楳塢」とあることから天保五年五月には完成したことがわかる。その後天保九年に仁和寺御室済仁親王、大覚寺門跡慈性法親王、同前門跡亮深准三后等が序文を寄せている。『続弘法大師年譜』の序文には「天保庚子夏五／天台沙門二品親王教仁撰／正二位前権大納言藤原資愛書」（／は改行）とあり、天保十一年（庚子、一八四〇）五月、天台宗妙法院門跡教仁親王（天保十二年天台座主任）が序文を寄せている。[16] このように天台宗門跡からも序文を受けた真言宗寺院全体での大事業である『弘法大師年譜』・『続弘法大師年譜』に得勇は参画していた。

さらに得勇は、天保十年に「宥快法印物語」を書写したことも知られる。[17] 宝性院宥快は、無量寿院長覚とともに、中世の高野山において真言宗の教学復興運動を推進した人物で、この運動は「応永の大成」と呼ばれた。[18] 江戸時代の高野山は、宝性院と無量寿院の二院が学侶方寺院の門主の地位にあり、この二院を頂点として統制が図られた。これらのことから、得勇は学侶方寺院三宝院の僧として、他の学侶僧と協力して祖師弘法大師をはじめ、高野山史にとって重要な学僧たちの記録整理に携わっていたと考えられる。

以上、現存する四種類の写本をみてきたが、奥書の検討からこれらの写本は、いずれも延宝五年の版本をもとにして写されたものであることが明らかになった。すなわち『高野山往生伝』のより古い形は、延宝五年の版本の方に求められるであろう。

（2）版本

それでは、次に版本をみていこう。まず高野山に残された諸本であるが、これらはいずれも現在高野山大学図書館に寄託されている。

⑤　持明院本（架蔵番号463／コ持／5）

1．序文「今限一寺且載卅人」

2．奥書（刊記）

「高野山往生傳終

延寶五〈丁巳〉年九月吉辰

山本市兵衛

中村七兵衛　板行」

これまでの写本同様、山本市兵衛・中村七兵衛による板行である。版本では、往生者の番号が棚部に子持ち枠を付して記されているが、二四番目澄恵山籠の番号が、他の番号の書き方と比べて小さく、字体が違っている。右に若干傾いた形で番号が付されており、後から加えたものではないかと推測される。この点については、以下の版本でも注意していく。

持明院は旧学侶方で、往生院谷に位置する。本尊は地蔵菩薩。もとは南谷にあったという。『信堅院号帳』には「真誉持明房之建立。覚鑁上人最初落付之住房也」とみえ、『高野山諸院家日記』にも「南谷院道南」の項に「検校持明房アサリ真誉建立。禅信改造当寺堂是也。同塔検校義明房法橋禅信同経蔵同鐘楼」とある[19]。開山の真誉は、十六代執行検校で大伝法院二代座主、次の禅信は、真誉灌頂の資で二四代執行検校、大伝法院六代座主である[20]。持明院は、覚鑁が最初に住した坊舎といわれ、覚鑁が大伝法院を建立した後は大伝法院末寺となった。寺地については、元禄高野騒動によって廃寺処分になった行人方の十輪院の地に移転、境内の堂宇はそのまま持明院に明け渡されたという。院領は三五石で、京極家より燈油料の寄附を受けた[21]。持明院本の『高野山往生伝』には、一丁表、右枠上部に「高野山／小阪《マヽ》坊／持明院」

（／は改行）の印がおされている。『紀伊続風土記』には、小坂坊の名は十輪院の頃からの名前で、院の門前に小坂があったことに因むとある。したがって持明院が小坂坊と号するようになったのは、南谷から往生院谷に移転してきた元禄以降のことと考えられる。[22] このことから、延宝五年（一六七七）に板行された『高野山往生伝』が持明院に所蔵されたのは元禄五年（一六九二）の元禄高野騒動終結後に往生院谷へ移転してからと考えることもできるであろう。

⑥　宝城院本（架蔵番号 463／コ宝／2）

1．序文「今限一寺且載卅人」

2．奥書（刊記）

「高野山往生傳終

延寶五〈丁巳〉年九月吉辰

山本市兵衛
中村七兵衛　板行」

山本市兵衛と中村七兵衛による板行で、二四番目澄恵山籠の番号については、持明院本と同様である。

谷上院谷に位置する宝城院は、旧学侶方で本尊は大日如来。『金剛峯寺諸院家析負輯』によると、開山を忍信成仏房とし、後白河院の高野参詣時に勅により建てられた六坊の一であるという。[23] 忍信《定》は四〇代執行検校、寛喜元年（一二二九）その地位に就き、三年後の貞永元年（一二三二）に八〇歳で寂した。[24] 当初は成仏院と称したが、寛永九年（一六三二）、七世朝栄により宝城院と改められた。[25]『信堅院号帳』には記載はみえないが、『高野山諸院家日記』には谷上院道北に「成仏院　同人（弥勒院建立者の良好蓮台房　筆者注）建立。同塔二基。同人建立。今無」とある。[26] 金剛峯寺編『高野山文書』第三巻に「宝城院文書」が収められている。

⑦ 正祐寺本（架蔵番号1―55／コ正／30）

1．序文「今限一寺且載卅人」

2．奥書（刊記）

「高野山往生傳終

延寶五〈丁巳〉年九月吉辰

井上忠兵衛　板行」

延宝五年九月の刊記を有するが、これまでみてきた写本・版本と異なり、板行者の名前が井上忠兵衛と記されている。二四番目澄恵山籠の項をみると、棚部の「廿四」の番号が欠落している。正祐寺は、大阪市天王寺区にある高野山真言宗の寺院である。正祐寺の本が現在高野山大学図書館にある理由は、昭和十二年に和書を高野山大学図書館へ寄託したためという(27)。

板行者井上忠兵衛は、『近世書林版元總覧』によると、「京寺町通五条上ル」に所在、万治二年（一六五九）～安永九年（一七八〇）まで活動している。したがって時期的には、忠兵衛も延宝五年に『高野山往生伝』を板行することが可能である。井上忠兵衛の名前による活動時期が一〇〇年以上に及んでいることから、代々世襲されていたことが窺える。

東大本・内閣本・日大本・持明院本・宝城院本に出てきた板行者の山本市兵衛と中村七兵衛の内、中村七兵衛は井上忠兵衛と同時期に活躍しており、『済帳標目』元禄十三年（一七〇〇）七月条には本屋の講のメンバーに、井上忠兵衛と中村七兵衛の名前がみえている(28)。

以上、これまでの写本・版本によると、『高野山往生伝』の版本には山本市兵衛・中村七兵衛板行によるものと、井上忠兵衛板行によるものとが出されていたことになる。刊記はいずれも延宝五年であり、どちらも京都の板行者である。ここから考えられることは、同時期に同地域で出版されたか、もしくは、どちらかが延宝五年以降に板行者が替わって出版されたが、その際に刊記はもとのまま変更せず、板行者の名前のみ新たなものにして出版した、ということであろう。先にみたように『近世書林版元總覧』によると、井上忠兵衛の活動時期は中村七兵衛の活動時期より約八〇年後まで続いている。山本・中村本の後に井上本が板行された可能性もあるだろう。このことについては、他の版本とも比較し、検討してみたい。

⑧ 増福院本（架蔵番号 053／008／01）

1. 序文「今限一寺且載卅人」

2. 奥書（刊記）

「高野山往生傳終

延寶五〈丁巳〉年九月吉辰

井上忠兵衛　板行」

正祐寺本同様、井上忠兵衛による板行である。二四番目澄恵山籠の項は、やはり棚部の番号が欠落しているが、その箇所に「廿四」と手書きで番号が書かれている。

南谷に位置する増福院は、旧学侶方寺院で、もと谷上院谷に位置した。本尊は愛染明王である。寺伝によると、多田満仲の三男源賢和尚の開基という。『金剛峯寺諸院家析負輯』所収の「増福院代代先師霊名簿」には、その最初に一九六代の検校法印頼印（天文二十二年〈一五五三〉任）を載せるが、その増福院の由緒については、古記什宝などが灰燼に帰してしまったため、開基は未詳、中興は等引房以空であるとのみ記す[29]。

この増福院本で注目すべきは、『高野春秋』を著わした二七八代検校懐英の書き込みがあることである。懐英が検校となったのは享保二年（一七一七）、『高野春秋』が完成したのは翌三年（一七一八）である。『高野春秋』享保二年十一月二十一日条に「隆恭検校任満退職。已講懐英大阿闍梨替入二青巌寺一。」とあり、割注による懐英伝に「（前略）又被レ勧二発無門主宥算大徳一。輯二録高野春秋編年一。且集二記元禄聖断記。難蘆勢荻伝一。又高野新続往生伝。野山感通伝。信長高野攻記等伝記集等。筆削製レ之。（後略）」（傍線は筆者）とある。『紀伊続風土記』にみえる懐英伝には「其篇集有二高野春秋廿一巻、伽藍院跡考、古今往生拾遺集各一巻、元禄聖断記、野山神祖感霊集、難蘆勢萩（マヽ）集、高野天正治乱記、野山見聞随筆、明算和尚伝記等一〈検校帳〉」（句点、返り点、傍線は筆者）とある。[30]これらの記事によると懐英は『高野新続往生伝』、『古今往生拾遺集』という書を編集したという。例えば、増福院本の表紙裏に二尊院湛空上人（一一七六～一二五三）往生記事の書き込みがあることなどは、懐英が往生伝編集のために行なった史料収集のひとつであろうか。湛空往生のことは『高野春秋』巻八にも記される。『高野春秋』にみえる教懐・清原正国・維範など何人かの記事は、『高野山往生伝』が参考となっている。すなわち懐英はこれらの書を著わす際に『高野山往生伝』を参照にしたと推測される。残念ながら、『高野新続往生伝』、『古今往生拾遺集』のどちらも現存は不明であり、確認することはできない。

続いて高野山以外に所蔵される『高野山往生伝』版本をみてみよう。

⑨　龍大本（架蔵番号 2965／239／1）

⑩　京都府本（架蔵番号 和261／37）

1．序文「今限一寺且載卅人」

2．奥書（刊記）

「高野山往生傳終

延寶五〈丁巳〉年九月吉辰

井上忠兵衛　板行」

龍大本・京都府本のどちらも、井上忠兵衛による板行である。二四番目澄恵山籠の部分で「廿四」の番号が、やはり欠落している。ただし龍大本では、「廿四」と後世の追筆がある。

この二本は、どちらも裏表紙見返部に「各宗御本山及諸學林御用書林／書籍出版發賣所／禪宗雜誌發行所／各宗教師受験講義録發行所／京都市木屋町二條／貝葉書院（下略）」（／は改行）という記載がある。ここに記される貝葉書院とは、中京区二条通木屋町にある出版社である。寛文九年（一六六九）黄檗山満福寺隠元禅師の弟子鉄眼禅師が、一切大蔵経頒布のため木屋町二条に印房を設け、貝葉《ばいよう》堂と称したのが始まりで、明治二十六年（一八九三）、貝葉書院の名で禅宗・天台宗を中心にした経本・仏教書の出版をはじめるようになったという。(31)『高野山往生伝』に印刷された住所は「京都市」になっている。市制施行は明治二十二年（一八八九）であることから考えると、龍大本・京都府本の『高野山往生伝』は、明治二十二年以降に出版されたと考えられる。山本市兵衛・中村七兵衛による版本、および高野山大学図書館にある井上忠兵衛による版本とも比較したところ、版本・板行者名は延宝五年のものをそのまま用いたと考えられる。

⑪　玉川本（架蔵番号 W188.5／コ）

1. 序文「今限一寺且載卅人」

2. 奥書（刊記）

「高野山往生傳終

延寶五〈丁巳〉年九月吉辰

井上忠兵衛　板行」

玉川本は、表紙に外題がないが、中身は延宝五年の版本である。二四番目澄恵山籠の項は、他の井上忠兵衛板行本と同じく、「廿四」の番号が欠落している。

⑫　暁烏本(32)

1．序文「今限一寺且載卅人」

2．奥書（刊記）

「高野山往生傳終

延寶五〈丁巳〉年九月吉辰

山本市兵衛

中村七兵衛　板行

」

二四番目の澄恵山籠の項は、持明院本・宝城院本同様に、棚部に「廿四」と印刷がある。

暁烏本は、その表紙に直接「高野山往生傳　法界寺沙門如寂撰」と書かれている。暁烏文庫に『高野山往生伝』が収蔵されるにいたった事情は不明である。正保二年（一六四五）に加賀藩主となった前田綱紀（一六四三〜一七二四）が著わした『桑華書志』九に『高野山往生伝』の序文抜粋とその目録が記されている(33)。目録に載せるその人数は、現在伝わる三八名である。奥書は記されていないので、綱紀が延宝五年の版本から写したかどうかはわからないが、年代から考えると、延宝五年のものを抜き書きしたとみられる。前田綱紀は、和漢古典の収集保存・編集事業を行ない、尊経閣文庫の基礎を築いた人物であり、その関心から『高野山往生伝』を所有することになったのかもしれない。江戸時代に加賀藩と師檀関係を有したのは学侶方天徳院で[34]、綱紀は天徳院の使僧から『高野山往生伝』を入手したのであろうか。現在、『尊経閣文庫目録』に載せる『高野山往生伝』は、序文・奥書のない『続群書類従』と『大日本仏教全書』だけで、『桑華書志』に記されている『高野山往生伝』のことは載せられていない。暁烏文庫に所蔵される『高野山往生伝』がこれと関連があるかどうかは現段階では不明だが、ひとつの手がかりを与えてくれるかもしれない。

⑬　叡山本（架蔵番号 内奥9／289／2223）

1. 序文「今限一寺且載卅人」
2. 奥書（刊記）

「高野山往生傳終
延寶五〈丁巳〉年九月吉辰
井上忠兵衛　板行」

二四番目澄恵山籠の番号は、やはり、これまでみてきた井上忠兵衛板行本同様欠落しているが、その箇所に手書きによる追筆がなされている。

裏表紙見返部に「京師書房　六角通寺町西江入町　柳枝軒小川多左衛門刻」とある。柳枝軒こと小川（河）多左衛門は京都の書肆である。茨城（木）多左衛門とも称した。寛文年間（一六六一～六三）に丹波亀山から京に来て書籍業を創業した。柳枝軒発展の契機は、初代の方淑が、『大日本史』編纂事業を進めていた水戸徳川家の彰考館関連の書物の出版を一手に任されたことである。方淑は元禄十四年（一七〇一）に没するが、二代目の方道は、彰考館関連の書物を出版するという点に加えて、さらに、貝原益軒、井沢蟠龍、谷秦山、西川如見、香月牛山など、特定の編著者や地方に拠点を置き活動した儒者たちの著書を積極的に出版し、柳枝軒を発展させた。その様子については、水戸藩の漢学者である小宮山楓軒（〜一八四〇）がその随筆『楓軒偶記』に「一　京師ニテ書肆ノ大家ト称スルハ、茨城ト風月ナリ。茨城ノ家ニハ水戸、及ビ貝原ノ著書蔵板多シ。是ヲ以テ活計ス。故ニ今ニ至ルマデ、義公及ビ損軒ノ霊位ヲ設ケ、拝シ奉ルト云ヘリ」と記している。京都において茨城（柳枝軒）が、風月庄左衛門と並ぶ書肆の大家であり、その隆盛は水戸徳川家と貝原益軒の書物を任されていたことによるものであることがわかる。江戸期後半には主に仏教書や経典（曹洞宗・臨済宗・天台宗）の出版に力を注いだ。仏書の刊行においては、刊記に「禅家書林」と記すことから、仏書の中でも特に曹洞宗との関係が深い。『拾遺往生伝』や『東国高僧伝』、『伝教大師伝』など、往生伝や高僧伝の出版も行なっている。柳枝軒は明治維新後も京都の六角通で営業を続けたが、明治三十九年（一九〇六）に東京に移転した。(35)

その活動時期からみて、柳枝軒から『高野山往生伝』が出版されたのは、刊記にある延宝五年より時代が下ると推測される。書肆の大家である柳枝軒が、自分たちが重点を置く曹洞宗関連ではないにもかかわらず出版したということは、『高野山往生伝』に対する一定の需要があったためとみなすことができるだろう。

⑭　国文1本（マイクロフィルム　架蔵番号 20／146／1／407〔43〕）

1．序文「今限一寺且載卅人」

2．奥書（刊記）

「高野山往生傳終

延寶五〈丁巳〉年九月吉辰

山本市兵衛
中村七兵衛　板行

」

表紙に『続群書類従　二百』の貼題簽があるが、中身は延宝五年の版本である。二四番目澄恵山籠の項は、これまでみてきた山本市兵衛・中村七兵衛板行本同様に、他の番号と違う文字で棚部に「廿四」の番号が印刷されている。

⑮　国文2本（マイクロフィルム　架蔵番号 225／154／2）

1．序文「今限一寺且載卅人」

2．奥書（刊記）

「高野山往生傳終

延寶五〈丁巳〉年九月吉辰

山本市兵衛
中村七兵衛　板行

」

表紙題簽の文字がかすれており、他の版本と違ってやや太い。しかし中身は延宝五年の版本である。二四番目澄恵山籠の項については、国文1本で記したのと同様に、他の番号と違う文字で棚部に「廿四」の番号が印刷されている。(36)

（3）問題点

以上、現存する各写本・版本をみてきた。いずれも序文を有し、版本には延宝五年（一六七七）九月の刊記がある。本文に載せられる往生者の数は、どれも三八名で、撰述当時のままである。写本もすべて延宝五年の版本をもとに書写されたものであった。『高野山往生伝』は、思想大系本以外に『大日本仏教全書』・『浄土宗全書』・『続群書類従』でも翻刻されているが、これらの三種は、延宝五年の版本によるとしながらも序文・刊記を載せていない。第一章で検討したように、『高野山往生伝』はその撰述当初から序文が付されていた。延宝五年に覆刻された段階で、序文・刊記を付さないものがあったという可能性も考えられるが、これまでの検討から、現存する延宝五年版本には、いずれも序文・奥書が付されていることがわかった。したがって、これらの三種が序文・奥書を載せなかったのは、編集方針によるものであろう。

それでは、最初に問題とした二点（序文および奥書部）についてはどのように考えられるであろうか。また、版本において二四番目に載せられる澄恵山籠の項で問題となった、「廿四」の番号の有無は、これらの問題とどのように関わるであろうか。写本および版本の比較から導き出された点を参考にまとめると以下の通りである（『高野山往生伝』写本・版本の序文・奥書等比較表）。

まず奥書部（刊記）の検討から、版本には以下の四種類があることがわかった。

Ⅰ 山本市兵衛・中村七兵衛板行によるもの（山本・中村本）、このグループに属する版本は⑤持明院本、⑥宝城院本、⑫暁烏本、⑭国文1本、⑮国文2本。写本①②③はいずれもこの山本・中村本から転写されている。

Ⅱ 井上忠兵衛板行によるもの（井上本）、このグループには⑦正祐寺本、⑧増福院本、⑪玉川本が属する。

Ⅲ 井上忠兵衛板行だが、柳枝軒小川多左衛門により出版された⑬叡山本（井上小川本）。

Ⅳ 同じく井上忠兵衛板行だが、貝葉書院により明治にはいってから出版されたもの（井上貝葉本）、このグループに属するのは⑨龍大本、⑪京都府本である。

ⅠとⅡを比較したところ、版木は最後の板行者名を除き、同じ版木を用いているとみられる。またⅡとⅢ・Ⅳにも追加・修正などはなく、同文であった。これらの点から、『高野山往生伝』は延宝五年に刊行されてから、明治に至るまで、板行者をかえて何度か出版されていたことがわかる。思想大系本の底本である④三宝院本のもとになった明王院本も、延宝五年の版本をもとにしたものと考えられる。明王院本そのものが延宝五年の版本であったかもしれない。しか

『高野山往生伝』写本・版本の序文・奥書等比較表　（丸数字は本文の番号に対応）

		序　文	奥書（日付）	板行者	二四番目澄恵山籠の番号欠落状況（版本の場合）	追筆・備考等
	思想大系本	今限一寺且載四十人	延寶五〈丁巳〉年九月吉辰			「此本古上梓而行世矣。其版既亡。今茲以明王院本使傭筆書写畢。天保十五夏五月十七日　得勇」
①	内閣本	今限一寺且載卅人	延寶五〈丁巳〉年九月吉辰	山本市兵衛 中村七兵衛		（朱筆）「右一冊以塙本写之 天保七年十月廿日 長澤伴雄」
②	東大本	今限一寺且載卅人	延寶五〈丁巳〉年九月吉辰	山本市兵衛 中村七兵衛		（朱筆）「右一冊以塙本写之 天保七年十月廿日 長澤伴雄」
③	日大本	今限一寺且載卅人	延寶五〈丁巳〉年九月吉辰	山本市兵衛 中村七兵衛		
④	三宝院本	今限一寺且載廿廿人	延寶五〈丁巳〉年九月吉辰			「此本古上梓而行世矣其版既亡今茲以明王院本使傭筆書写畢天保十五夏五月十七日　得勇」
⑤	持明院本	今限一寺且載卅人	延寶五〈丁巳〉年九月吉辰	山本市兵衛 中村七兵衛	番号あり、文字が小さいことから後世の追刻か	
⑥	宝城院本	今限一寺且載卅人	延寶五〈丁巳〉年九月吉辰	山本市兵衛 中村七兵衛	番号あり、文字が小さいことから後世の追刻か	「谷上 宝城院人牙子 宝城院内 年号月日　智道坊」
⑦	正祐寺本	今限一寺且載卅人	延寶五〈丁巳〉年九月吉辰	井上忠兵衛	番号欠落	
⑧	増福院本	今限一寺且載卅人	延寶五〈丁巳〉年九月吉辰	井上忠兵衛	番号欠落、手書き追筆	『高野春秋編年輯録』の著者懐英の書込あり
⑨	龍大本	今限一寺且載卅人	延寶五〈丁巳〉年九月吉辰	井上忠兵衛	番号欠落、手書き追筆	貝葉書院
⑩	京都府本	今限一寺且載卅人	延寶五〈丁巳〉年九月吉辰	井上忠兵衛	番号欠落	貝葉書院
⑪	玉川本	今限一寺且載卅人	延寶五〈丁巳〉年九月吉辰	井上忠兵衛	番号欠落	
⑫	暁烏本	今限一寺且載卅人	延寶五〈丁巳〉年九月吉辰	山本市兵衛 中村七兵衛	番号あり、文字が小さいことから後世の追刻か	
⑬	叡山本	今限一寺且載卅人	延寶五〈丁巳〉年九月吉辰	井上忠兵衛	番号欠落、手書き追筆	「京師書房　六角通寺町西江入町　柳枝軒小川多左衛門刻」
⑭	国文１本	今限一寺且載卅人	延寶五〈丁巳〉年九月吉辰	山本市兵衛 中村七兵衛	番号あり、文字が小さいことから後世の追刻か	表紙に『続群書類従　二百』の貼題簽があるが、中身は延宝五年の版本
⑮	国文２本	今限一寺且載卅人	延寶五〈丁巳〉年九月吉辰	山本市兵衛 中村七兵衛	番号あり、文字が小さいことから後世の追刻か	

し、「其版既亡」と記すように、得勇の時期には、彼の周辺には写本も版本もなく、三宝院では明王院本を書写して所蔵することになったのであろう。

井上忠兵衛による版本と、山本市兵衛・中村七兵衛による版本は、どちらも刊記が延宝五年であり、板木も同じであることから、どちらが先に出版されたものかは、にわかに判断しがたい。しかし、本文二四人目、澄恵山籠の箇所で、「廿四」という番号が、Ⅱ井上本およびⅢ井上小川本、Ⅳ井上貝葉書院本には欠落しており、一方Ⅰ山本・中村本には印刷されている。このことから一般に考えられることは井上忠兵衛による版本が先に出版され、後にその部分を補って山本・中村本が板行されたということであろう。ちなみに山本・中村本の「廿四」の文字を見ると、他の数字と比べて少し小さく、また「四」の彫り方が、他の「四」「十四」「卅四」の各数字と違っている。このことは、元の版木で欠落していた箇所を補って山本・中村本が印刷されたことを示す。

だが、山本・中村本、井上本、井上貝葉書院本を比較すると、匡郭や文字の印刷で欠ける部分が、この順で次第に多くもしくは大きくなっていく。井上本と井上小川本とはほとんど差がない。これは本来、山本・中村本の版木を井上が用い、それをさらに井上貝葉書院本が用いたために起きたと考えられる現象である。印刷を重ねることにより版木が摩耗し、印刷した際に欠ける部分が増えたのではないかと考えられるのである。また、仮に井上本の版木を用いて板行者名を変え、「廿四」を補って山本・中村本が刊行されたとすれば、かつての「廿四」が欠落したままの井上本版木を使用して、明治に入ってから井上貝葉書院本が出版されたというのは不自然であろう。山本・中村本と井上本のどちらが先に刊行されたかは、「廿四」の文字の欠落との関連を考えると現段階での結論は難しい。ここではひとまず、これらの問題を示すのみにとどめたい(37)。

それでは、もう一つの問題点とした序文についてはどうであろうか。それについては、思想大系本序文の「寛和慶内史。広検国史以得四十人。康和江都督。又諮朝野以記四十人。今限一寺且載四十人。」(傍線筆者)の傍線部分が、得勇が書写させた三宝院本以外は、他の写本・版本ともに、いずれも「四十人」ではなく「卌人」になっているという事実が明らかになった。すなわち、延宝五年板行の段階では「卌人」となっていたのである。写本である三宝院本のみが「四十人」で、延宝五年の版本である井上本も山本・中村本もどちらも「卌人」となっており、延宝五年版本をもとにした写本である内閣本・東大本も「卌人」となっている。つまり、延宝五年以前の版本や写本がみつからない現段階では、得勇が備筆を使って書写させた際か、もしくはそのもとになった明王院本（これが延宝五年の版本であれば、得勇書写の段階での誤写になる）が誤写したと考えられる。書写にあたって得勇もしくはその備筆が、「寛和慶内史。広検二国史一以得二四十人一。康和江都督。又諮二朝野一以記二四十人一」という部分をうけて、慶滋保胤・大江匡房の四〇人に関連づけて考えたため、「卌人」とあるのを印刷段階の間違い、もしくは明王院本の誤写とみなした可能性もあるだろう。思想大系本が「四十人」としたのは、底本とした高野山三宝院本によるものであろうが、他の版本も比較したはずであり、校訂者の判断であろう。

撰者である如寂は、その序文に「寛和慶内史。広検二国史一以得二四十人一。康和江都督。又諮二朝野一以記二四十人一」というように慶滋保胤や大江匡房が四〇人の往生伝を著わした例に倣って、高野山一寺に限って往生伝を書く、と記している。この書き方から考えれば、儒者官人であった如寂（資長）は、『高野山往生伝』の収録人数もそれに倣って四〇人と記したかもしれない。しかし現存する写本・版本がすべて延宝五年版本を底本にしているものしかみつからない現段階では、これ以上の推測は不可能である。

（三）板行の背景と『高野山往生伝』の広がり

それでは、現在残る『高野山往生伝』が板行された延宝五年（一六七七）とはどういう時代であったのだろうか。それについてまとめてみよう。

徳川氏は関ヶ原の役後、慶長六年（一六〇一）以降、高野山に対する一連の法度発布を開始した。法度は何回かに分かれて出された後、最終的に元和元年（一六一五）七月に真言宗諸法度および高野山衆徒法度が出された。しかし、高野山の本来の主導権を握るのは自分たちであると考える学侶方と、秀吉から高野山を救ったのは自分たちであると主張する行人方との間には、中世以来の対立もからんで、寛永十六年（一六三九）の行人方応昌の堂上灌頂問題をきっかけとして、大規模な騒動に発展した。これ以後の経過については、前節でみてきた通りである。この元禄高野騒動は、元禄五年（一六九二）七月、幕府の介入によってようやく決着をみるが、高野山を学侶方中心の教学道場として再生しようとした幕府による処分の結果、行人方寺院はその大半が潰寺とされ、学侶方寺院の数とほぼ同数となり、その勢力は大幅に弱められた。

『高野山往生伝』が板行された延宝五年（一六七七）は、寛文三年（一六六三）十二月に学侶方・行人方へ三十六ヶ条制条が、翌四年には聖方制条が発布され、同六年に行人方の文殊院雲堂が奥州二本松預けになった後の時期であり、貞享四年（一六八七）に三十六ヶ条制条が収公され、代わりに家光の慶安の条目を踏襲した綱吉黒印状六通が発布されて学侶対行人の争いが再燃する前のちょうど中間の時期だった。すなわち、高野山内では学侶対行人の反目は続いていたものの、表面上は幕府からの制条によって鎮静化していた時期であった。

それでは、出版事業についてはどうであろうか。この時期はまた、中世には途絶えていた往生伝の編集が再び行なわれようとする時期でもあった。『緇白往生伝』（元禄元年〈一六八八〉）、『近世往生伝』（元禄七年〈一六九四〉）、『新聞顕験往生伝』（正徳元年〈一七一一〉）などに始まる一連の近世往生伝については、すでに先学の研究があるが[38]、それは、「古代の往生伝編纂の精神と目的の復活的継承」であり、「巷の民衆への布教に大きな役割を果した」ものであった[39]。

このような近世往生伝が編集される前に、古代の往生伝の覆刻が行なわれている。例えば、寛永九年（一六三二）には『日本往生極楽記』が、万治二年（一六五九）には『続本朝往生伝』が出版され、寛文九年（一六六九）には再び『日本往生極楽記』が出版、延宝二年（一六七四）には『日本往生極楽記』『続本朝往生伝』『後拾遺往生伝』の三往生伝が出版されている。『高野山往生伝』の出版はその三年後の延宝五年（一六七七）である。その後元禄四年（一六九一）には『後拾遺往生伝』が再版され、元禄十年（一六九七）には『本朝新修往生伝』が、翌元禄十一年（一六九八）には『拾遺往生伝』が出版された。[40]元禄十一年の『拾遺往生伝』は、水戸彰考館の蔵書を柳枝軒小川多左衛門が出版したものである。延宝五年（一六七七）に『高野山往生伝』が刊行された背景には、このような近世往生伝編集に先立つ古代往生伝覆刻の動きにも関連していると思われる。板行者の違う版があることから、『高野山往生伝』は、延宝五年以降も、繰り返し出版されたとみられることは、これまでに述べたとおりである。そしてその広がりを考えた場合、延宝五年の版本は、和学講談所で書写され、さらにそれが紀伊和歌山藩主徳川氏の蔵書用に転写されていった。さらに、金沢藩主前田氏にも読まれていたことがわかっている。

板行者を変えて何回も出版が行なわれたこと、その中には、柳枝軒小川多左衛門という京都の大書肆もあったこと、そして、和学講談所で書写され、紀伊藩主徳川氏や金沢藩主前田氏の蔵書でもあったこと等から、『高野山往生伝』が、寺院以外の場でも注目され、諸大名や一般にも読まれていたことが指摘できる。この普及の背景には、全国に広がっていた高野山信仰があることはいうまでもない。高野山からの使僧たちが檀那場廻りをするときに携帯し、布教や唱導の一助として用いたかもしれない。

一方で、現在高野山に残されている写本・版本を所蔵していた院家が、近世においてすべて学侶方寺院であったということも、『高野山往生伝』の江戸時代における受容・利用について考えるひとつの手がかりになるのではないだろうか。明王院本を書写させた三宝院学僧得勇が、開祖弘法大師の一〇〇〇年遠忌事業である弘法大師年譜の刊行に携わり、また応永の大成と呼ばれる中世高野山の教学復興に尽力した宥快の伝記を書写している等の点から、教学研究に関係していたとみられることは、すでに指摘した通りである。そして増福院本に書き込みを行なった懐英は高野山検校であった。懐英には、高野山通史の基本史料である『高野春秋』をはじめ、多くの著作があり、その中には『高野新続往生伝』・『古今往生拾遺集』といった往生伝もあるという。このような点から、『高野山往生伝』が山内での学究に用いられていた可能性も考えられる。

注

（1）（2）『信堅院号帳』・『高野山諸院家日記』（『高野山諸院家帳』とも称す）（『続真言宗全書』四一、続真言宗全書刊行会、一九八七年）。なお『堯榮文庫研究紀要』第一号（一九九七年）で、日野西眞定氏により、宝寿院蔵と正智院蔵の『信堅院号帳』、親王院蔵・高野山大学図書館蔵（旧三宝院蔵）・宝寿院蔵の『高野山諸院家帳』の紹介と翻刻がなされている。

（3）『金剛峯寺諸院家析負輯』（続真言宗全書刊行会、一九七八年。のちに『続真言宗全書』三四・三五／続真言宗全書刊行会、一九八七年）所収。『続真言宗全書』四二の解題によると、『金剛峯寺諸院家析負輯』の成立は『紀伊続風土記』（天保十年〈一八三九〉完成）の直前という。

（4）『紀伊続風土記』高野山之部　総分法「蓮華谷」。

（5）『紀伊続風土記』高野山之部　聖方「五之室」。

（6）これ以外にも『国書総目録』には、大正大学・お茶の水図書館　成簣堂文庫・旧三井文庫　本居・吉田幸一氏・高野山真別処の各版本が記されているが、これらについては閲覧できなかった。

（7）井上隆明『改訂増補　近世書林版元總覧』（日本書誌学大系七六、青裳堂書店、一九九八年）。

（8）柳生四郎「南葵文庫」（『国史大辞典』十、吉川弘文館、一九八九年）。

（9）福井保「浅草文庫」（『国史大辞典』一、吉川弘文館、一九七九年）。

(10)「長澤伴雄」(『国書人名辞典』岩波書店、一九九六年)。

(11)ひとつの可能性として、和歌山藩士長澤伴雄が江戸で塙本を書写、藩主に提出したものが東大本であり、それを後日写したものが内閣本ではないかとも考えられそうだが、現段階ではこれは推測の域を出ない。

(12)『紀伊続風土記』高野山之部　巻之十七　寺家之七「往生院谷堂社院家」。

(13)注2。

(14)注3。なお、『高野山諸院家日記』には西院壁道南北の項にも三宝院がみえる。こちらの三宝院は「覚能恵大房入寺建立」とある。『金剛峯寺諸院家析負輯』『紀伊続風土記』には西院谷に三宝院の記載はない。

(15)『弘法大師年譜』巻十二拾遺奥書、『続弘法大師年譜』巻一〜巻九奥書。『弘法大師年譜』は全十二巻、『続弘法大師年譜』は全九巻。続真言宗全書刊行会『真言宗全書』第三八巻にどちらも所収されている。今回は東京大学総合図書館蔵の版本(南葵文庫)を参照した。

(16)『真言宗全書』解題よると、『弘法大師年譜』は文政中頃に纂輯に着手され、天保四年にひとまず完成脱稿後、天保九年、開板完了に際し済仁親王、慈性法親王、亮深准三后の序文を得、その後天保十一年に上梓後、林述斎に版本を贈呈して序文を願ったという。『続弘法大師年譜』は天保四年『弘法大師年譜』脱稿後に引き続いて纂輯が開始され、天保九年に脱稿、天保十一年に上梓されたとしている。

(17)五来重編『高野山と真言密教の研究』(山岳宗教史研究叢書三、名著出版、一九七六年)史料編。

(18)上田秀道編『長覚尊師と宥快法師』(長覚宥快両先徳五百回忌報恩会、一九一六年)。「応永の大成」では、長覚・宥快により教理体系がまとめられ、念仏信仰が異門邪義として圧迫を受けた。

(19)注2。

(20)坂本正仁「醍醐寺所蔵大伝法院関係諸職の補任次第について」(『豊山教学大会紀要』一六、一九八八年)・「高野山検校帳」(大日

本古文書 家わけ第一『高野山文書』「又続宝簡集」七―一六六一）。真誉は、幼少時に高野山に登り、北室院良禅（『高野山往生伝』に往生者として収載）に師事し、保安三年（一一二二）仁和寺成就院寛助より伝法灌頂を受けた。保延元年（一一三五）真誉は覚鑁の譲りを受け、覚鑁以前は東寺長者が兼ねていた金剛峯寺座主と、大伝法院の座主に補されたが、東寺長者定海らの反対にあい、翌保延二年（一一三六）六月に辞して、金剛峯寺執行検校となった（坂本正仁「真誉」『国史大辞典』七、吉川弘文館、一九八六年など）。禅信は仁安三年（一一六八）二四代執行検校に任ぜられたが、承安五年（一一七五）東寺長者に違背したとして阿波国に配流された（「高野山検校帳」）。

(21)『紀伊続風土記』巻之五十四　伊都郡　高野山部三「十所祠宇堂舎並寺家」「往生院谷」、高野山之部　巻之十七　寺家之七「往生院谷堂社院家」。

(22)『紀伊続風土記』高野山之部　巻之十七　寺家之七「往生院谷堂社院家」。

享保年間（一七一六～一七三六）に懐英が記したという『高野伽藍院跡考』をみると、小坂坊は応永年中（一三九四～一四二八）那珂郡中津川鬼城城主浅里（利）山城守実氏次男であった行運が那智山に三年間参籠したあと、高野山に草庵を結んだことに始まると伝え、門前に小坂があったことから名前とし、地蔵を本尊としたことから十輪院と号したという。その後、元禄期に持明院がこの地へ移り名を改めたとある（『続真言宗全書』四一）。持明院文書所収の慶長五年（一六〇〇）九月二十四日「京極高次寄進状」に「紀州高野山往生院小坂坊」は前々よりの宿坊で、今回突然の登山にも関わらず、「諸事御造作馳走」すべて満足いく対応をしてくれたので、一〇〇石を毎年寄進するとあり（金剛峯寺編『高野山文書』三―二二〇）、同じく持明院文書所収の浅井久政および浅井長政からの書状にも「高野山小坂坊」とみえる（年未詳八月五日「浅井久政書状」〈金剛峯寺編『高野山文書』三―二〇三〉、年未詳五月二十四日「浅井久政書状」〈金剛峯寺編『高野山文書』三―二〇四〉、年未詳五月二十二日「浅井長政書状」〈金剛峯寺編『高野山文書』三―二〇五〉）。『高野伽藍院跡考』や『紀伊続風土記』の記載とも重ね合わせると、これらの寄進状や書状にみえる「小坂坊」は十輪院のことであろう。

(23) 注3。なお、後白河院の高野参詣は仁安四年(一一六九)であり、『紀伊続風土記』は、忍信の年齢を考えると、後鳥羽上皇の弥勒院への臨幸の誤りかとしている(『紀伊続風土記』高野山之部　巻之十三　寺家之三「谷上院堂社院家」)。
(24) 注20「高野山検校帳」。
(25) 注3。
(26) 注2。
(27) 書誌研究懇話会編『全国図書館案内』下(三一書房、一九七九年)。
(28) 宗政五十緒・朝倉治彦編『京都書林仲間記録解説及書名索引』(書誌書目シリーズ⑤、ゆまに書房、一九八〇年)。
(29) 注3。
(30) 『紀伊続風土記』高野山之部　巻之三十六「高僧行状之部」。引用史料の最後にある割注の「検校帳」の語は、「高野山検校帳」を指すのかもしれず、『紀伊続風土記』は「高野山検校帳」懐英伝からこの記載をとったということかもしれない。しかし、現存する「高野山検校帳」(注20)は二〇八代頼旻(慶長五年〈一六〇〇〉鑰渡)までしか記載が無く、「異本検校帳」(大日本古文書 家わけ第一『高野山文書』「又続宝簡集」七—一六六二)も二一一代玄仙までで記載が終わっているため、確認することが残念ながらできない。
(31) 京都出版史編纂委員会『京都出版史』(一九九一年)。
(32) 明治大学所蔵の金沢大学暁烏文庫電子複写本による。
(33) 田島公氏のご教示による。金沢市立図書館蔵『加越能文庫目録』。今回は東京大学史料編纂所所蔵写真帳を利用した。
(34) 『紀伊国名所図会』第三編巻之五　高野山。
(35) 柳枝軒については、『京都出版史』(注31)、『近世書林版元總覧』(注7)の他、矢島玄亮『徳川時代出版者・出版物集覧』正続(徳川時代出版者・出版物集覧刊行会、一九七八年)、今田洋三『江戸の本屋さん』(NHKブックス、一九九七年)、小林准士「近世における知の配分構造―元禄・享保期における書肆と儒者―」（『日本史研究』四三九、一九九九年）、本間純一「書肆と説話―柳枝軒・茨木多左衛門の出版活動から―」（『説話・伝承学』八、二〇〇〇年）などを参照した。

(36) 国文学研究資料館には、この二本の他にもう一本『高野山往生伝』版本が所蔵されている（架蔵番号 ヤ4／273）。資料館データベースによると、延宝五年井上忠兵衛版の明治後期印本で出版は貝葉書院とあり、⑨龍大本、⑩京都府本同系列と思われる。

(37) 推論を重ねるならば、もとの版木で欠けていた「廿四」の数字を、山本・中村本は補って印刷したが、印刷を重ねるうちに、いつしかその部分が欠落してしまい、後の井上本、井上小川本、井上貝葉書院本では欠落したまま印刷されたのではないかという可能性もあるかと思われるが、そのことを証明できない現段階では、山本・中村本と井上本の前後関係についてこれ以上の検討は難しい。

(38) 近世往生伝については『日本仏教』三九「特集　近世往生伝」（一九七六年）、圭室文雄「『三河往生験記』について」（『日本仏教』四〇、一九七七年）、笠原一男編著『近世往生伝の世界』（教育社歴史新書一七五　教育社、一九七八年）、笠原一男編『近世往生伝集成』一・二・三（山川出版社、一九七八・七九・八〇年）などを参考にした。

(39) 笠原一男「近世の往生伝の史料的価値」（『日本仏教』三九、一九七六年）。

(40) 『国書総目録』、『古典籍総合目録』、日本思想大系『往生伝　法華験記』などを参照した。

第四章　江戸時代の聖方寺院

一　聖方三十六院

本章では、高野山信仰の全国への普及に大きな役割を果たした中世の高野聖たちの流れを汲む江戸時代の聖方寺院をとりあげる。

学侶方・行人方とあわせて「高野三方」と呼ばれる聖方だが、江戸時代の聖方寺院については、これまで等閑視されてきた。その理由のひとつして、徳川家康による慶長十一年（一六〇六）の真言帰入令以後、聖方は学侶方・行人方の支配下に入ったと考えられたことが挙げられる。確かに、『徳川実紀』や触書などにも、聖方の様子を伝えるものは少ない。例えば『徳川実紀』の中から、本章で取り上げる宝暦年間までの高野山関係の記述を探してみても、学侶方・行人方へのものばかりで、聖方に対する記事はほとんど出てこない。わずかに出てくる聖方関係の記事も総頭大徳院に関するものが大部分を占めており[1]、それ以外の聖方についての記述は、正保二年（一六四五）九月六日条の高野聖長存殺害記事、慶安三年（一六五〇）五月十四日条の高野山火災記事（学侶方・行人方・聖方の坊舎あわせて九二軒が焼失）、寛文四年（一六六四）五月十二日の聖方への下知状（聖方制条）、延宝八年（一六八〇）九月十五日条の聖方三十六院惣代常住光院心海による綱吉への将軍就任献物（ただし学侶方・行人方・大徳院の献物はすでに閏八月一日に行なわれている）という記事のみである。そのため、江戸時代の高野山をとらえる上でも聖方に注目した研究はこれまでほとんどみあたらなかった。しかし、高野三方と称されるように、江戸時代を通じて学侶方・行人方と並んで聖方寺院が存在していたことは、大徳院をはじめとする聖方三十六院の存在や、『紀伊続風土記』の記載、各時代に描かれた高野山絵図等からも明らかである。

そこで本章では、江戸時代の聖方寺院の実態を明らかにしたいと考える。まず第一節では、聖方寺院を表現する際に用いられる「聖方三十六院」の呼称の確認を行なう。そして第二節では、京都山科の門跡寺院勧修寺に残された聖方関連文書を取り上げ、江戸幕府の高野山政策が進展していった元禄高野騒動以後の高野山における聖方寺院の状況をとらえる。勧修寺は、醍醐天皇がその母である藤原胤子を追善供養するために、胤子の祖父宮道弥益の宅趾に伽藍を造営させ、五大明王を安置したことに始まるとされる。数多くの聖教・古文書類を有し、近世文書は三五〇〇点以上（状約二五〇〇、冊約一〇〇〇）におよぶ。(2) その近世文書の中で目をひくものに、約一〇〇点の高野山聖方関連文書がある。江戸時代、勧修寺は高野山聖方を法末としていた。聖方の由緒書によるとそれは、平安～鎌倉期の勧修寺門主成宝（一一五九～一二二七）から勧修寺流を受けたことに始まるという。勧修寺が有する聖方関連文書は、これまでなかなかその実態がつかめなかった江戸時代の聖方の活動を考える上で大変貴重である。勧修寺に残された聖方関連文書を手がかりにして、江戸時代の高野山聖方寺院の様相を明らかにしたい。

それではまず、聖方三十六院について考えよう。聖方関連の文書には、しばしば「聖方三十六院」という表現が出てくる。聖方寺院の数は、多少の変動はあったものの、近世を通じて一二〇院前後であったといわれている。(3) また『紀伊続風土記』には、学侶方二五七院、行人方二八一院、聖方八五院とあり、(4) いずれも聖方寺院の数は三十六院ではない。それではこの「聖方三十六院」の語はどのように用いられているのだろうか。

後述する延享三年（一七四六）「公儀江指上候書付之写」で別紙として書き上げられた「高野山聖方由来略記」によると、「聖方三十六院」の称は、高野山へ来住した聖たちが後に三十六の道場（院）を開いたことに由来するという。(5) すなわち「聖方三十六院」とは聖方全体を表わしていると考えられる。この三十六という数は、既に十六世紀末には出てくる。奥院護摩堂住持である木食長弘が記した「興隆作事雑用入目日記」を彼の後継者である第七代十穀朝尊（慶長四年〈一五九九〉五月二十二日、五十四歳で死去）が加筆した箇所に、文禄五年（一五九六）に炎上した奥院燈爐堂再建にあたって「当山学侶衆行人衆客僧衆、卅六ヶノ道場衆」がその器量に応じて勧めを成し再建活動を行なったとある。[6] ここに出てくる「卅六ヶノ道場衆」は紛れもなく、後の「聖方三十六院」を指すと考えられる。但し、これより二年前の、興山上人木食応其による文禄三年（一五九四）十一月十九日付「神通寺社頭上葺奉加帳」では、奉加者の分類に「学侶中」「世間者方惣分」「時宗方」とあるところから、この時期の聖衆は、時衆聖としての特色を有する一方で、高野山へ来住した聖たちが三十六の道場を開いたという聖方三十六院の説明をも形成しつつあったことがわかる。

　さらに『紀伊続風土記』によると、慶長年間の行人方と聖方との争いで、聖方が駿府に訴訟した際、その院数は三十六院であったという。[7] 永正年中（一五〇四〜二一）の院号書上を、聖方の不動院が宝永元年（一七〇四）に写して勧修寺に提出したという「高野山聖方三十六院（現寺取調書上）」（以下「聖方三十六院書上」）[8] には三十六院として蓮花院・一心院・大智院・花遊院・極楽堂・大定院・花蔵院・甘露院・仙昌院・光臺院・清泰院・本願院・西生院・光明院・東之院・塔之本・迎仏院・幸福院・実相院・吉祥院・浄土院・真如院・證菩提院・如来堂・蓮花寺・聖衆来迎院・遍照光院・照明院・摂取院・成仏院・常徳院・光明院・仏心殿院・極楽院・清浄心院・蓮花谷が書き上げられている。これらの院名は、蓮花院（大徳院）と一心院を除いて『紀伊続風土記』の聖三十六院名と一致する。[9] この書上に「蓮花院　此院中昔ハ五ヶ寺ノ所　今ハ一ヶ寺　現寺　大徳院　貫首ノ寺也」「遍照光院　同　今ハ此方衆中ナシ」等と記載されるところから、三十六院は、後にそれぞれが「衆中」と呼ばれる幾つかの院に分かれて（もしくは、幾つかの院から成り立って）おり、それらの衆中寺院が「現寺」として江戸時代に聖方寺院を構成していたとみられる。この中で、聖衆来迎院は、聖方に勧修寺流を伝えた成宝（一一五九〜一二二七）が高野山へ隠遁して住した院家であると伝える。また、三十六院中には光明院と称する院が二つ存在しているが、この書上によると、永正年間には、書上の十四番目に記されている光明院は、講

聖方三十六院の変遷

注)『紀伊続風土記』「聖三十六院の名」には１蓮花院・２一心院の代わりに中院(院中五箇院)・阿弥陀院(今学侶坊)を載せる
『紀伊続風土記』「聖三十六院の名」には三十六院を構成する各院の名前は載せていない
出典①②勧修寺文書368号、③勧修寺文書293号、④高野山聖方総頭大徳院配下寺院本末牒

	①三十六院	②永正年間（1504～20)書上写(宝永元年(1704))79ヶ院	③貞享四年(1687)85ヶ院	④天明七年（1787)▲は兼帯寺院	備考（太字は『紀伊続風土記』「聖三十六院の名」より、また兼帯寺院の名は④より）
1	蓮花院				続風土記になし
	(昔五ヶ寺)	大徳院(聖方貫主)	—	○	
2	一心院				続風土記になし
	(昔五ヶ寺)	西蓮院	○	○	
		瑞泉院	○	○	
		金蔵院	○	○(金剛蔵院)	
		宝蔵院	○	○	
		妙音院	○	○	
3	大智院				
	(昔五ヶ寺)	寂静院	○	○	
		来迎院	○	○	
		大住院	○	▲	清涼院兼帯
4	花遊院				
	(昔十二ヶ寺)	西明院	○	○	
		春如院	○	○	
		持法院	○(持宝院)	○　▲(持法院)	普賢院兼帯
		歓喜院	○	○	
5	極楽堂				
	(昔五ヶ寺)	金剛院	○	○	
		照明院	○	○	
		明王院	○	○	
6	大定院				
	(昔五ヶ寺)	常楽院	—	○	
		覚證院	—	○	
7	花蔵院				
	(昔四ヶ寺)	松壽院	○(松樹院)	▲(松壽院)	福寿院兼帯
8	甘露院				
	(昔四ヶ寺)	甘露院	○	○	
		正覚院	○	—	
9	仙昌院				
	(昔四ヶ寺)	全光院	○	○	
		慈眼院	○	○	
		峻徳院	○	○	
		密蔵院	○	○	
		法蓮院	○(宝蓮院)	○(宝蓮院)	
10	光臺院	光臺院	—	—	今は客坊(寛政３年本末帳には見えず)
11	清泰院				
		清泰院	○(清太院)	○　▲	上リ寺三十六院兼帯
		法泉院	○(宝泉院)	▲?・▲?	本覚院兼帯?・明泉院兼帯?
12	本願院				
	(昔七ヶ寺)	西方院	○	○	
		円光院	○	▲	泰雲院兼帯
		松門院	○	▲	明王院兼帯
		松之坊	○	—	
		中祥院	○	▲	春如院兼帯
13	西生院(昔五ヶ寺)	西生院	○	○　▲	清涼院兼帯
14	光明院				
	(昔五ヶ寺)	講坊	○	○	**本覚院とも(聖総論より)**
		南蔵院	○	○	
		威徳院	—	—	
		上智院	○	○　▲	西方院兼帯

	①三十六院	②永正年間（1504～20）書上写（宝永元年（1704））79ヶ院	③貞享四年（1687）85ヶ院	④天明七年（1787）▲は兼帯寺院	備考（太字は『紀伊続風土記』「聖三十六院の名」より、また兼帯寺院の名は④より）
15	東之院				
	（昔二十九ヶ寺）	浄真院	○	○	
		阿弥陀院	○	○　▲　▲	西善院兼帯・吉祥院兼帯
		中性院	○	○	
		玉蔵院	○	○	
		養寿院	○	○	
16	塔之本			（▲塔本院）	金剛院兼帯
	（昔八ヶ寺）	花折院	○	○　▲	萬生院兼帯
17	迎仏院（昔六ヶ寺）	今はナシ	—	—	**今学侶天徳院**
18	幸福院				迎福院ヵ
	（昔六ヶ寺）	持宝院	○	▲	上り寺三十六院兼帯
		宝（萬ヵ）生院	○（萬生院）	○（萬生院）	
		智善院	○	▲	来迎院兼帯
		普賢院	○	○	
19	実相院				
	（昔十八ヶ寺）	法雲院	—	○	
		龍池院	—	○	
		泰雲院	○	○	
		龍泉院	○	○	
		清涼院	—	○	
20	吉祥院（昔十八）	今はナシ	—	—	**今行人坊**
21	浄土院（昔十八）	今はナシ	—	—	**今行人和合院**
22	真如院（昔十八）	今はナシ	—	—	**今学侶金剛三昧院**
23	證菩提院				
	（昔二ヶ寺）	善壽院	○	○　▲	上り寺三十六院兼帯
24	如来堂				
	（昔四ヶ寺）	相応院	○	○（想応院）	
		林泉院	○（林仙院）	○（林仙院）	
25	蓮花寺（昔六寺）	蓮花寺	○（蓮華寺）	○（蓮花院）	
26	聖衆来迎院			▲	大徳院兼帯、勧修寺宮御院跡
	（昔九ヶ寺）				
		松雲院	○	○	
		吉祥院	○	○	
		不動院	○	○	宝永元年書上の差出人
		妙法院	○	○	
27	遍照光院（昔九寺）	今は衆中ナシ	—	—	**今学侶坊**
28	照明院（昔九寺）	今はナシ	—	—	**今一箇院あり**
29	摂取院（昔九寺）	今はナシ	—	—	**今学侶随心院**
30	成仏院			▲（深草山安養寺）	大徳院兼帯、深草院勅願所
	（昔九ヶ寺、	来蔵院	○	○（如来蔵院）	
	外ニ一ヶ寺）			▲（如来蔵院）	千蔵院兼帯
		福生院	○	○	
		善福院	○	▲	上池院兼帯
		寿量院	○	○	
		上池院	○	○　▲	上り寺三十六院兼帯
		福寿院	○	○　▲	清涼院兼帯
		密厳院	○	○	
		清光院	○	▲　▲	密蔵院兼帯・延命寺兼帯
		千蔵院	○	○	
		延命寺（外ノ一院）	○	○　▲	明泉院兼帯
31	常徳院	今はナシ	常徳院	—	
32	光明院（昔一寺）	光明院	○	○	
33	仏心殿院（昔三寺）	仏心殿院	○	○	
34	極楽院				
	（昔十一ヶ寺）	上珠院	○（上殊院）	○	
		常慶院	○	○	
35	清浄心院	今は衆中ナシ	—	—	**今学侶坊**
	（昔十一ヶ寺）				

	①三十六院	②永正年間（1504〜20）書上写（宝永元年（1704））79ヶ院	③貞享四年（1687）85ヶ院	④天明七年（1787）▲は兼帯寺院	備考（太字は『紀伊続風土記』「聖三十六院の名」より、また兼帯寺院の名は④より）
36	蓮花谷（昔八ヶ寺）	誓願院 明泉院 常住光院	○ ○ ○	○ ○ ○	
			宝泉院	▲？・▲？	本覚院兼帯？・明泉院兼帯？
			藤之坊	—	
			中之坊	—	
			成徳院	▲	南蔵院兼帯
			東住院	▲	阿弥陀院兼帯
			常福院	▲	甘露院兼帯
			宝殊院	—	
			宗源院	▲	常楽院兼帯
			東光院	▲	歓喜院兼帯
			浄光院	▲	壽量院兼帯
			中浄院	▲（中静院）	福生院兼帯
			成就院	▲	仏心殿院兼帯
			覚成院	—	
				般若院▲	本覚院兼帯
				▲西寿院	寂静院兼帯
				▲瑞泉院	宝蔵院兼帯
				▲弥勒院	春如院兼帯
				▲長福院	歓喜院兼帯
				▲宝珠院	覚證院兼帯
				▲東蔵院	峻徳院兼帯
				▲地蔵院	宝蓮院兼帯
				▲蓮生院	甘露院兼帯
				▲永正院	松壽院兼帯
				▲福寿坊	中祥院兼帯
				▲萬徳院	上智院兼帯
				▲愛王院	西善院兼帯
				▲寶壽院	成徳院兼帯
				▲吉蔵院	萬生院兼帯
				▲晩谷院	花折院兼帯
				▲西蔵院	浄真院兼帯
				▲寶積院	中性院兼帯
				▲池之坊	中性院兼帯
				▲遍照院	養壽院兼帯
				▲大悲金剛院	円光院兼帯
				▲大鏡院	泰雲院兼帯
				▲戒光院	妙法院兼帯
				▲善昌院	松雲院兼帯
				▲覚乗院	上池院兼帯
				▲円明院	如来院（①〜④不見）兼帯
				▲萬智院	仏心殿院兼帯
				▲賢宗院	常慶院兼帯
				▲蓮蔵院	常慶院兼帯
				▲仏蔵院	上珠院兼帯
				▲常吉院	誓願院兼帯
				▲光照院	常住院（①〜④不見）兼帯

坊・南蔵院・威徳院・上智院という四つの衆中寺院に分かれ、三二番目に記されている光明院はその院名のまま残っていた。講坊は本覚院とも称し、貞享四年（一六八七）に、この「聖方三十六院書上」を記した不動院とともに、聖方三十六院の院代として勧修寺宮庁に来庁し、聖方が勧修寺法末になることを願った。[10]

この書上によると「現寺」として聖方三十六院を構成している衆中寺院は全部で七九院である。そしてこの三十六院の中には『紀伊続風土記』の説明では、学侶坊や行人坊となった院もあった。[11] これらの「現寺」を、天明七年（一七八七）の「古義真言宗高野山聖方総頭大徳院配下寺院本末牒」（以下「天明七年本末牒」）[12]で拾ってみると、七九院中、七五院が確認できる。貞享四年（一六八七）に聖方が勧修寺法末になることを願い出る直前に大徳院と聖方から勧修寺慈尊院へ出された同年十一月二十八日付「聖方院号之覚」[13]には、当時の聖方寺院として大徳院を除く八五院が書き上げられているが、前記「聖方三十六院書上」に書かれる七九院と比較してみると、七一院が一致している。

各時期における聖方寺院の名前が追えるこれら三つの史料（「聖方三十六院書上」・「聖方院号之覚」・「天明七年本末牒」）で比較したものが前掲の表（聖方三十六院の変遷）である。これによると、聖方寺院は、当初の三十六院から、幾つかの衆中寺院に分かれ、聖方寺院同士で兼帯するなど時期に応じてその数に変化がみられるものの、これらの聖方寺院を総称して「聖方三十六院」と称している。すなわち『紀伊続風土記』に「聖の寺院変革あれとも卅六院を聖坊の総称とす」とあるように、「聖方三十六院」の称は、聖方を表わす総合的な呼称になっていたことがわかる。

注

（1）慶長十九年十一月六日条、慶安二年九月二十三日条、万治三年十一月二十八日条、延宝二年十月五日条、同五年七月十一日条、同八年閏八月一日条、貞享四年六月二十九日条、宝永六年四月十五日条、寛保三年十一月一日条など。

（2）勧修寺に伝来する文書目録は、藤沢市文書館発行の『藤沢市史資料所在目録稿』十六集（一九八三年）・二〇集（一九八八年）・

二一集（一九九〇年）に掲載されている。前章同様に、本章で用いる勧修寺文書の表題および文書番号は、この目録稿の記載にもとづく。

(3) 日野西眞定『高野山古絵図集成　解説索引』（タカラ写真製版株式会社、一九八八年）。

(4) 『紀伊続風土記』高野山之部　総分方巻之二「総論」。

(5) 『藤沢市史資料所在目録稿』十六「勧修寺文書」⑳高野山八。

(6) 「奥院興隆作事入目日記」（大日本古文書 家わけ第一『高野山文書』「続宝簡集」三―五一一）。

(7) 注4。前章で触れたように、これは堂舎の建築様式をめぐる争いで、この争いの結果、家康により真言帰入令が出された。

(8) 『藤沢市史資料所在目録稿』二〇「勧修寺文書」三六八。

(9) 『紀伊続風土記』（伊都郡　高野山部「聖三十六院の名」）では代わりに中院と阿弥陀院の名前が挙げられている。

(10) 勧修寺蔵『勧修寺別当長吏補任等古記録』済深法親王伝。安田弘仁「翻刻『勧修寺別當長吏補任等古記録』」下（勧修寺聖教文書調査団『勧修寺論輯』第三・四合併号、二〇〇六・七年）。

(11) 注9。

(12) 『江戸幕府寺院本末帳集成』（雄山閣、一九八一年）。

(13) 『藤沢市史資料所在目録稿』二〇「勧修寺文書」二九三。

二　聖方と勧修寺

（一）勧修寺について

京都市山科区に位置する勧修寺は、醍醐天皇がその母である藤原胤子（藤原高藤娘）の追善供養のために、胤子の祖父宮道弥益の宅趾に伽藍を造営させ、五大明王を安置したことに始まるとされる。昌泰三年（九〇〇）に完成し、東大寺律師承俊を迎え、その弟子である済高を初代別当に任じた。

天皇がその母追善のために建立した寺であることから、当初は天皇の御願寺としての性格を有していたが、胤子の兄弟である藤原定方が寺内に「西堂」を建立したことから、高藤流藤原氏の私寺としての性格を有するようになり、御願寺としての側面は薄れていく。さらに、十二世紀後半、高藤流藤原氏十三代目にあたる長者為房のための遠忌仏事が、藤原為房の子孫により営まれるようになった（勧修寺法華八講）ことを契機に、勧修寺は高藤流藤原氏全体の寺から、為房子孫の氏寺へと変化していった[1]。勧修寺流藤原氏と勧修寺別当との関係を表わしたものが、後掲の略系図である（勧修寺流藤原氏略系図）。

勧修寺の別当長吏は、初代の済高以後、三代目雅慶が醍醐天皇の甥、四代目済信が雅慶の甥、というように、当初は天皇家関係の人物の任命もみられたが、為房が長者となって以後は、為房息の寛信（八代目長吏）、為房息顕隆の孫である九代目の雅宝、雅宝甥で聖方が祖とする十代目成宝というように、為房子孫が任ぜられている。その後も藤原氏出身者がその地位についたが、南北朝時代にはいり、後伏見天皇（在位一二九八～一三〇一）の第七皇子寛胤法親王が入寺（建武四年〈一三三七〉正月に長吏補任）してから代々天皇家の関係者が長吏に就任する門跡寺院となった[2]。寛胤以後の長吏は以下の通りである（長吏の代数は、勧修寺蔵『勧修寺別當長吏補任等古記録』による、以下同）。

第十六代　尊信法親王（亀山院孫）
第十七代　興信法親王（崇光院子）
第十八代　尊興准三后（常磐井満仁親王子、崇光院猶子）
第十九代　宮大僧正興胤（常磐井満仁親王子）

第二〇代　宮大僧正尊聖（南朝長慶院寛成子）
第二一代　僧正教尊（南朝小倉宮子、後亀山院曾孫）
第二二代　恒弘法親王（常磐井直明子、後崇光院猶子）
第二三代　常信（常弘）法親王（貞常親王子、後土御門院猶子）
第二四代　海覚法親王（邦高親王子、後柏原院猶子）
第二五代　寛欽法親王（貞敦親王子、後奈良院猶子）
第二六代　准三后聖信法親王（一条房道子、貞康親王猶子）
第二七代　大僧正寛海（花山院定熙子、一条内基養子）
第二八代　大僧正寛俊（近衛信尋子、後陽成院孫）
第二九代　済深法親王（霊元院子）
第三〇代　入道親王尊孝（邦永親王子、霊元院猶子）
第三一代　入道親王寛宝（貞建親王子、桜町院猶子）
第三二代　入道親王済範（貞敬親王子、光格院養子、明治維新により復飾、山階宮）

一方、為房流藤原氏子孫からは、葉室・甘露寺・坊城・吉田・万里小路などの氏族が分かれた。一族が勧修寺家を名のりはじめるのは、南北朝時代の内大臣経顕（一二九八～一三七三）からである。筆者は、勧修寺流藤原氏が南北朝期にはいってから「勧修寺家」を名のりはじめる背景には、寛胤法親王の入寺により、勧修寺が宮門跡寺院となることが関連するのではないかと考えている。宮門跡寺院となることにより一門の氏寺ではなくなった勧修寺と、自分たちとの本来の関係を一門に伝えるために、「勧修寺家」と称しはじめたのではないだろうか。

勧修寺流藤原氏略系図

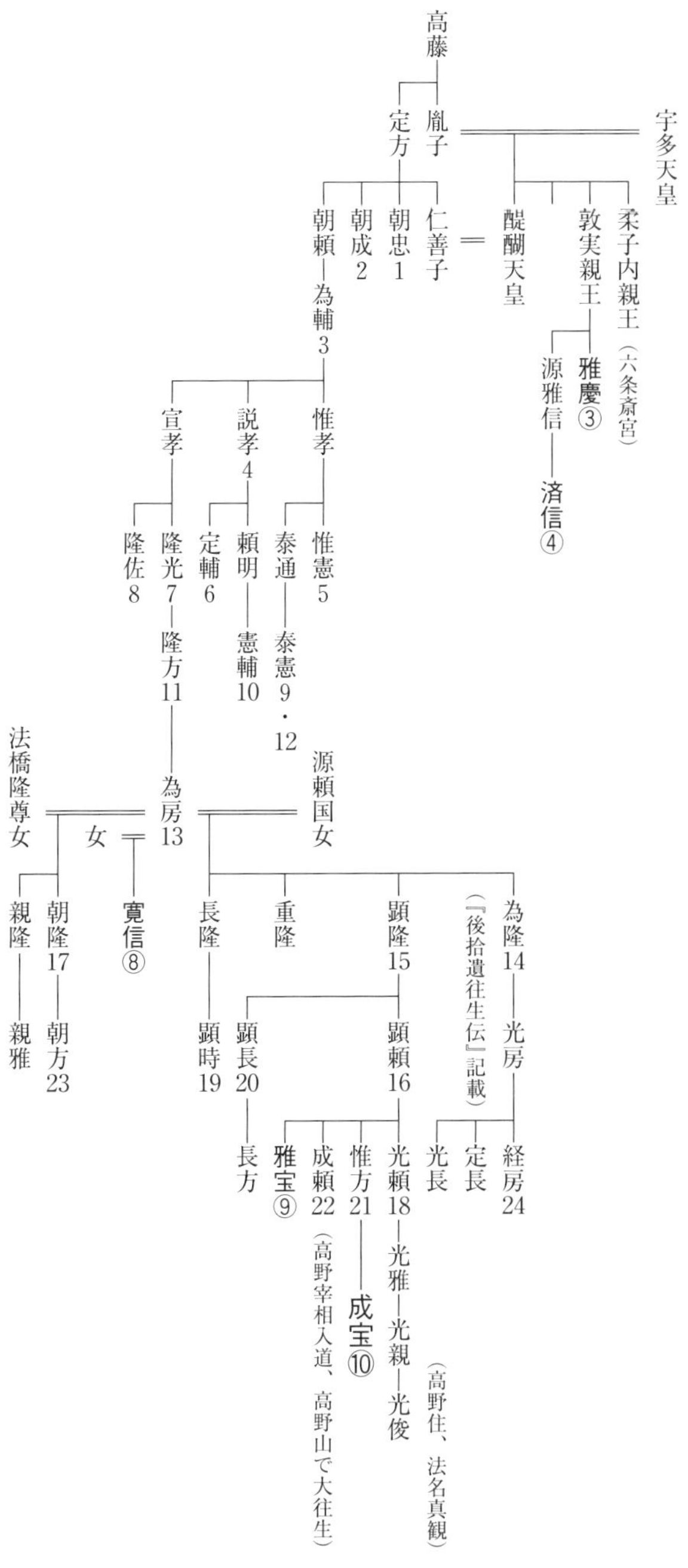

注　高橋秀樹『日本中世の家と親族』（53頁）をもとに、『尊卑分脈』『本朝皇胤紹運録』などより作成
数字は勧修寺家長者就任順（「西堂長者次第」『勧修寺旧記』）、丸数字は勧修寺長吏（「勧修寺長吏次第」より）
18代光頼孫光親は、就任年代は未詳だが「氏長者」と記される（「仁和寺日次記」）

江戸時代には、勧修寺は宮門跡寺院として発展し、一方、勧修寺家は、勧修寺晴右が後陽成天皇の外祖父となるなど、朝廷内で重要な立場を占め、武家伝奏家として活躍する。江戸期、勧修寺家の菩提寺は誓願寺（京都市中京区）で[3]、勧修寺と勧修寺家の積極的な関わりはみられなくなる。

（二）法末関係

すでに述べたように、聖方寺院は、当初は自分たちの時宗の由緒を重要視してきた。それは、時宗の流れを汲む徳川氏との師檀関係にもとづいて自分たちの立場を強化するためであった。この傾向は、慶長十一年（一六〇六）に真言帰入令が出された後もしばらく続いた。しかし、第三章でみてきたように、江戸幕府は、一連の高野山法度の発布を通じて、行人方の勢力を抑え、次第に学侶方中心の教学道場として再生させようとしていった。このような政策の中で、聖方は自分たちの存続を図るために、時宗を由緒とする立場を変化させざるを得なくなっていったのである。そのような中で聖方寺院のとった行動が、貞享四年（一六八七）の勧修寺法末への「再」編入であった。以下、この事件を中心に聖方寺院の動きを追っていこう。

勧修寺の別当長吏を書き上げた『勧修寺別當長吏補任等古記録』（以下『補任等古記録』）によると、第二九代長吏である二品済深入道親王の貞享四年（一六八七）十二月十六日に、西谷聖方三十六院の院代講坊・明泉院・不動院が勧修寺宮庁に来庁し、「今年十月廿四日依㆓常憲院綱吉公台命㆒」て「再請㆑為㆓勧流㆒」たという記事が書かれている[4]（返り点は筆者）。ここにみえる「綱吉公の台命」とは、同年十月十八日付で高野山学侶方・行人方に出された一連の綱吉黒印状[5]と同様のものと考えられ、そして「再び勧流たる」という表現には、聖方は鎌倉期の勧修寺長吏成宝から勧修寺流を相承してきた、という主張が込められているとみられる。

聖方が「再び」勧修寺法末となることを願った経緯については、前章でみてきた寛文四年（一六六四）の聖方制条が関わっていた。七ヶ条からなるこの制条では、聖方三十六院は大徳院を筆頭としてその指図に従うべきこと、加行灌頂は学侶坊で受けるべきこと、加行灌頂を他山で受けてはいけないし、無論人に授けてもいけないこと、法事の儀は、護摩供養法・理趣三昧・弘法大師御影供・天野明神講を、自分たちの坊舎で行なうべきこと、七条の袈裟は大徳院のみ着用のこと、帽子は薄墨色を着用のこと、そして朱傘・漆履・僧綱草履等の利用は以後停止すべきこと、等が定められており、加行灌頂を学侶坊で受けるべしと定めた点からも、学侶方中心の政策が窺える。

この制条は、その後貞享四年（一六八七）に一度収公された。その理由は、同年十月十八日の学侶方・行人方への六通の常憲院（綱吉）黒印状発布にともなって、寛文三年の学侶方・行人方への三十六ヶ条制条が収公されたことと関連しての措置とみられる。貞享四年十二月十一日に大徳院と聖方三十六院が勧修寺門跡に提出した「乍恐奉願覚（古来之通御法流諸法式衣躰等御定願）」[6]によると、「去十月廿七日於二酒井河内守殿御寄合一、酒井河内守殿・大久保安芸守殿御口上ニ而寛文四年之御書付被二召上一諸事先規之通可二相守一之旨被二仰渡一候」（句読点、返り点、波線部筆者）とあり、聖方制条が貞享四年九月二十七日に召し上げられたと記されている。また『祠曹雑識』巻四五「高野山学侶行人沿革」には「貞享年中、衆徒・行人諍論ノ節、御用之儀有之申ニ而、学侶・行人・聖ノ御条目一同ニ召上ラレ、行人御仕置ノ後、学侶・行人ヘハ御条目ナシ下サルトイヘトモ、其時節聖ハ何事モナキ故ニヤ、御条目ノ御沙汰ニ及ハレス、然トイヘトモ行人厳重ノ御仕置ニ恐レ、諸事旧事ノ科目ヲ守リケルニ」[7]とある（波線部筆者）。したがって、綱吉の代に学侶・行人争論の吟味が再び始められ、学侶・行人へ家光の慶安の条目を踏襲した六通の黒印状が出され、それにともなって三十六ヶ条制条が収公されたという一連の流れの中で聖方制条も収公されたと考えられる。しかしながら、『祠曹雑識』の記載にもあるように、聖方へはその代わりの条目は下されなかった。

聖方制条が収公された直後の同年十一月二十八日、大徳院と聖方惣中は勧修寺慈尊院へ「聖方院号之覚」と題する書上を提出した。[8] その中で聖方は、自分たちはかつて勧修寺十世成宝から勧修寺流を付法されてきたという由緒を有していること、しかし幕府からの「御条目」（寛文四年の聖方制条を指す）によって、近年諸法式が整えられず、勧修寺からの由緒ある付法もままならなかった窮状を述べている。そして、そのことを二〇年来幕府に訴え続けてきたところ、この度、その条目が召し上げられ、諸事以前の通りにせよとの許可を受けた、これにより今後は勧修寺からの法流は決して断絶させないと誓っている。さらに、前述した聖方が勧修寺宮庁に来庁する直前の同年十二月十一日に、大徳院と聖方三十六院が勧修寺門跡に提出した「乍恐奉願覚（古来之通御法流諸法式衣躰等御定願）」[9]でも、聖方の法流は成宝から伝受したものであることをまず最初に述べ、そして寛文四年「御書付」（聖方制条）により諸法事が難渋しはじめたこと、以来二〇年余訴訟を続けたところ、やっとこの聖方制条が召し上げられ、諸事これまで通りにせよとの許可を受けたといっている。そのことにより、今回聖方惣代である講坊・明泉院・不動院が、詳細を言上するために使僧を出向かせるので、古来の通り「御法流諸法式衣躰等」をお定めくださるよう願い奉る次第であり、この願いをお聞き届けいただき「令旨」を頂戴することができたら大変ありがたい、と記している。

聖方はおそらく、十月二十七日に酒井河内守・大久保安芸守が口上で伝えたという「諸事先規之通可㆓相守㆒之旨」を指して、十月二十四日の「常憲院綱吉公台命」であると解釈をしたのではないのだろうか。そして「先規之通」とは、成宝以来の由緒にもとづいて法流諸式衣躰を勧修寺から受けることであると主張したのであろう。十二月十六日に勧修寺宮庁に来庁する前に、聖方はまずこのような書状を勧修寺に送り、「再び勧流」たることを願ったのであった。

その結果『補任等古記録』に「即応㆑之」と記されるように、聖方は勧修寺の法末となった。これは、江戸幕府の寺院本末制度にもとづく本末関係ではなく、それ以前から寺院内部で継承されてきた法流による本末関係である。聖方寺院は、それぞれ寺院本末制度のもとでは、「天明七年本末牒」にあるように、聖方総頭大徳院の末寺である。[10]

聖方が勧修寺法末となった直後の貞享四年（一六八七）十二月二十二日、別当法印大僧都である慈尊院興海を通じて、聖方総頭大徳院と聖方衆中へそれぞれ「勧修寺無品法親王」（勧修寺二九代長吏済深　筆者注）から令旨が出された[11]。そこでは、聖方法流は成宝以来の由緒通り勧修寺流を守るべきこと、他流で伝法灌頂職位を遂げた者が聖方交衆になった場合は、他流を忘れて勧修寺流に励むべきこと、聖方交衆が退去する場合は、その伝受や聖教等は衆中で管理すること、聖方院中で不法不律の者がいた場合は、厳しく吟味して処分することが命じられている。

聖方はおそらく、寛文四年（一六六四）の聖方制条発布以来その撤廃を求める訴えを展開しながら、それと併行して、勧修寺法末になることを計画したと思われる。前章でみたとおり五代将軍綱吉の代になって学侶対行人の争論が再吟味されることとなり、学侶方・行人方へ下された寛文三年の三十六ヶ条制条は貞享四年（一六八七）十月に収公され、その代わりに家光が出した慶安の条目を踏襲する綱吉黒印状六通が出された。一方聖方へ対しては、聖方制条が収公されたのは、学侶方・行人方に対する三十六ヶ条制条が収公される直前の貞享四年九月であった。聖方の主張によるとそれに対する代わりの条目は下されず、「諸事先規之通」にせよとのことであった。この点について『祠曹雑識』では、特に代わりの条目下付はなかったものの、聖方は「行人厳重ノ御仕置ニ畏レ、諸事旧事ノ科目ヲ守リ[12]」と記している。「諸事旧事ノ科目ヲ守リ」とあるが、実際には、聖方は勧修寺法末になること、すなわち、学侶方から独立して加行灌頂を自分たちで行なえるようになることを計画していたのである。

（三）江戸時代の勧修寺

（1）済深法親王

聖方が再度勧修寺法末になることを願ってきた、この時期の勧修寺はどのような状況にあったのだろうか。当時、勧修寺二九代長吏の地位にあったのは、霊元天皇の第一皇子済深法親王（一六七一〜一七〇一、天和二年〈一六八二〉入寺）

であった。法親王は、当初は皇嗣または俗親王となることが決まっていたが、その後、第五皇子が儲君となったため、勧修寺に入室した。東大寺別当も兼ね、この時計画された東大寺大仏殿再興にあたり、元禄五年（一六九二）三月の大仏開眼法会では開眼導師を勤めた。秀吉によりこれまでの寺領が大幅に削減され、江戸初期の寺領はわずか三一二石であった勧修寺だが、元禄八年（一六九五）七月には五〇〇石が加増された。[13] 法親王はその後元禄九年（一六九六）に江戸へ下向しているが、[14] 天皇の第一皇子という立場にある法親王への、この時の幕府側の盛大な歓迎ぶりは、勧修寺に残る関東下向関係の史料に詳しい。関東滞在中、法親王は将軍綱吉の求めに応じて真言宗の根本聖典のひとつ『辨顕密二教論』を講義し、また綱吉から『大学』の講義を受けるなど、綱吉との親交を深めた。[15] 帰洛後の元禄十年（一六九七）、法親王は伯母である明正天皇からその御殿を譲られている（現在の勧修寺宸殿がこれにあたる）。このように済深法親王が入寺したことにより、勧修寺は幕府からも皇室からも大幅な援助を受けるようになり、その地位も向上していった。聖方が再び勧修寺法末になることを願ったのは、この済深法親王が勧修寺長吏となった直後のことだったのである。済深法親王は元禄十四年（一七〇一）十二月二日に薨じた。訃報を受けた綱吉は京都に使いを出し、宮廷を見舞っている。[16]

（2）紀伊徳川氏との関わり

済深法親王の後に勧修寺長吏となったのは、入道親王尊孝（伏見宮邦永親王子、霊元天皇猶子、元禄十五年〈一七〇二〉法流相続、正徳三年〈一七一三〉長吏補任）、続いて尊孝の甥である入道親王寛宝（伏見宮貞建親王子、桜町天皇猶子、延享三年〈一七四六〉入寺・長吏補任）であった。[17]

寛宝入道親王が長吏であった宝暦二年（一七五二）、「紀伊国主」（六代藩主宗直、在職一七一六〜五七）の命によって、紀伊国の古義真言宗無本寺寺院およびその末寺計六四ヶ寺が勧修寺末寺とされた。[18] 寛政三年（一七九一）「紀伊国古義真言宗本末帳」[19]に勧修寺末寺として記載される二〇三ヶ寺中六三ヶ寺が、この宝暦二年に末寺とされた寺院である。宝暦年間にはこの他にも、紀伊国の古義真言宗無本寺寺院が勧修寺末寺とされている。[20]この時期に勧修寺がこのように紀伊藩主から大量の寺院を末寺に与えられた理由は何であろうか。ひとつの手がかりとして、長吏寛宝入道親王の父で、前長吏尊孝入道親王の兄弟である伏見宮貞建親王（一七五四年没）の存在が考えられる。尊孝入道親王と貞建親王の叔母である真宮理子は、紀伊五代藩主吉宗の室であり、[21]さらに貞建親王は猶子とした女子順宮を、元文四年（一七三九）に宗直息である七代藩主宗将（在職一七五七～六五）の室とするなど、[22]紀伊藩主徳川氏と深いつながりを有していた。伏見宮家の略系図は以下の通りである。

伏見宮家略系図

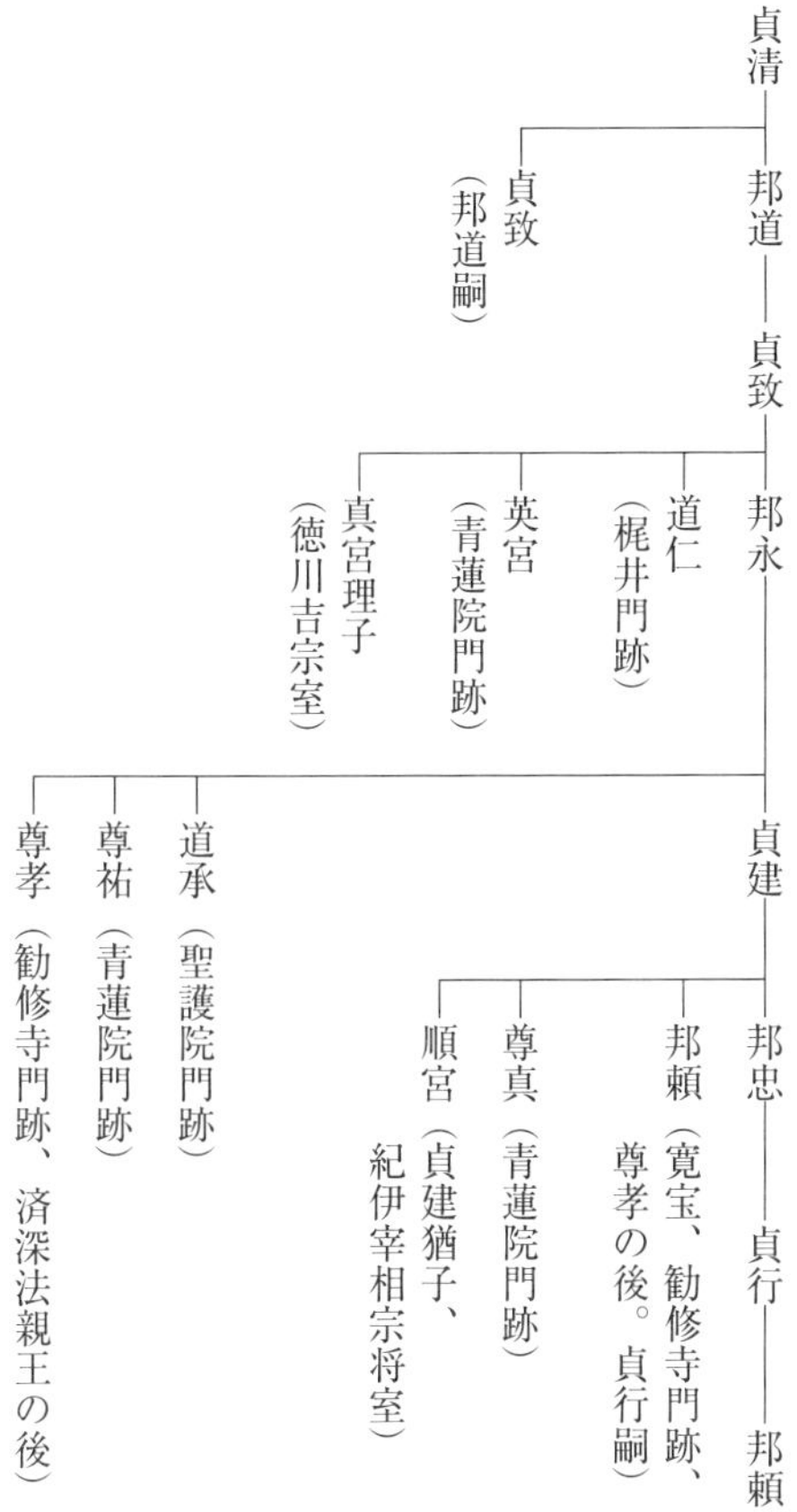

紀伊藩主から江戸幕府の八代将軍となった吉宗が没してまもない宝暦二年（一七五二）三月九日、将軍家代替に関して江戸へ下向する藩主宗直は、貞建親王を自分の住む御上屋敷に招いている[23]。したがって同年に宗直の命で、紀伊国の古義真言宗無本寺計六四ヶ寺が勧修寺末寺に編入され、その後も、宝暦年間に次々と紀伊国の寺院が勧修寺末寺に加えられたのは、長吏寛宝入道親王の父である貞建親王と、紀伊藩主徳川氏との関係が影響しているのではないかと考えられる。済深法親王により徳川幕府とつながりを築き、尊孝入道親王の代には、その叔母が将軍吉宗の夫人であった縁を通じて、幕府との関係を深めた勧修寺は、寛宝入道親王の代にいたって紀伊藩主徳川氏との関係もさらに強化させたといえるだろう。寛宝入道親王は長吏就任後、寛延三年（一七五〇）二月に江戸へ下向するなど活発な活動もみせており[24]、済深法親王、尊孝入道親王によって幕府との関係を深くした勧修寺の地位をさらに安定させたといえよう。

注

（1）橋本義彦「勧修寺流藤原氏の形成とその性格」（『平安貴族社会の研究』吉川弘文館　一九八六年）、京楽真帆子「平安時代の「家」と寺―藤原氏の極楽寺・勧修寺を中心として―」（『日本史研究』三四六号、一九九一年）、高橋秀樹「祖先祭祀に見る一門と「家」―勧修寺流藤原氏を例として―」（『日本中世の家と親族』吉川弘文館、一九九六年）。

（2）勧修寺の別当長吏を書き上げたものとしては、『勧修寺別當長吏補任等古記録』（勧修寺蔵）、「勧修寺長吏次第」（『続群書類従』四）、「勧修寺旧記」別当次第（『続群書類従』二七、『大日本仏教全書』一一九の「勧修寺文書」別当次第と内容は同じ）、「勧修寺門跡御別当次第」（東京大学史料編纂所影写本）、「諸門跡伝」（『華頂要略』巻一四〇、東京大学史料編纂所謄写本）、『真言諸寺院記』勧修寺（東京大学史料編纂所謄写本）、「諸門跡譜」（『新校群書類従』三）、などがある。

（3）京都大学文学部博物館『公家と儀式』九頁（一九九一年）。

（4）安田弘仁「翻刻『勧修寺別當長吏補任等古記録』」下（勧修寺聖教文書調査団『勧修寺論輯』第三・四合併号、二〇〇六・七年）。

この『補任等古記録』には、他の勧修寺別当長吏書上と異なり、各人の経歴・年表以外に、関連記事も枠外に追加で記されており、その点からも貴重である。貞享四年のこの記事は、『高野春秋』などにはみえず、勧修寺ゆえに残された記録といえるだろう。この出来事は『傳燈廣録』後編所収の済深法親王伝にも「貞享四年（中略）十二月高野山西谷大徳院下ノ徒三十六人欽テ㆓鳳徳ヲ㆒来リ厚ク請㆑伝㆓承センコトヲ於勧修ノ大法ヲ㆒。」と書かれている（『続真言宗全書』三三、続真言宗全書刊行会、一九八四年）。

(5) 『徳川実紀』第五編「常憲院殿御実紀」巻十六、貞享四年十月十八日条。『祠部職掌類聚』第一冊、諸寺社御条目類（内閣文庫所蔵史籍叢刊十三、汲古書院、一九八二年）に収められている貞享四年十月十八日付の綱吉黒印状は五通だが、勧修寺に伝わる同日付「（高野山行人取締令）」（『藤沢市史資料所在目録稿』二〇「勧修寺文書」二九二）をみると、やはりもう一通綱吉黒印状が出されている。すなわち『徳川実紀』の記事にあるように、この時学侶方・行人方へは計六通の黒印状が出されていた。

(6) 『藤沢市史資料所在目録稿』二〇「勧修寺文書」二九四。

(7) 内閣文庫所蔵史籍叢刊九（汲古書院、一九八一年）。

(8) 『藤沢市史資料所在目録稿』十六「勧修寺文書」二九三。

(9) 注6。

(10) 『江戸幕府寺院本末帳集成』（雄山閣、一九八一年）。

(11) 『藤沢市史資料所在目録稿』二〇「勧修寺文書」二九五～二九八。二九五～二九七の端裏書によると、この令旨は宝永七年（一七一〇）に一旦勧修寺へ返却させられ、改めて「同年月日」（貞享四年十二月二十二日）付で「同内容」のものが下付された。

(12) 『祠曹雑識』巻四五、「高野山学侶行人沿革」（内閣文庫所蔵史籍叢刊九、汲古書院、一九八一年）。

(13) 寛文五年九月二十一日「勧修寺領」（史料館叢書2『寛文朱印留』下「公家門跡領地目録留」国立史料館、一九八〇年）。『補任等古記録』済深法親王伝の元禄八年七月二日条に「常憲院綱吉公寄新加五百石 在山城国綴喜郡水無・山本、久世郡久世」とあり、『徳川実紀』第六篇「常憲院殿御実紀」巻三十二　元禄八年七月二十八日条にも「勧修寺門跡済深法親王は寺領五百石加恩ありしを謝し」

と記載がある。
(14)『徳川実紀』第六篇「常憲院殿御実紀」巻三十三　元禄九年三月十日〜十八日条。『補任等古記録』済深法親王伝。
(15)この元禄年間の東大寺大仏殿再興については、平岡定海「江戸時代における東大寺大仏殿の再興について」および「史料　大仏殿再興発願以来諸興隆略記」(『日本寺院史の研究』中世・近世編、吉川弘文館、一九八八年、いずれも初出は一九七〇年)、林亮勝「元禄の大仏殿再興について―将軍家のかかわりを中心として―」(『南都仏教』四三・四四、一九八〇年)、杣田善雄「元禄の東大寺大仏殿再興と綱吉政権」(『幕藩権力と寺院・門跡』思文閣出版、二〇〇三年、初出一九八〇年)がある。済深法親王については、小島裕子「東大寺大仏開眼供養復元(一)―済深法親王と江戸期再興に関する勧修寺所蔵の法会記録―」(『勧修寺論輯』創刊号、二〇〇四年)等を参照されたい。
(16)『徳川実紀』第六篇「常憲院殿御実紀」巻四十四　元禄十四年十二月十一日条。
(17)注4『補任等古記録』、注2『真言諸寺院記』勧修寺。『徳川実紀』元禄十五年(一七〇二)九月一日条に、勧修寺門跡となった尊孝がその相続を謝して綱吉や桂昌院に土産物を贈ったことがみえる。
(18)宝暦二年(一七五二)「紀州御末寺御条目留」(『藤沢市史資料所在目録稿』十六「勧修寺文書」⑳高野山一〇)。
(19)注10。
(20)『藤沢市史資料所在目録稿』二〇「勧修寺文書」四九七・四九八・五一八・五三四等。
(21)『南紀徳川史』巻之八、有徳公(南紀徳川史刊行会、一九三〇年、以下同)。理子が吉宗の室となったのは宝永三年(一七〇六)である。理子は宝永七年に没した。
(22)『南紀徳川史』巻之十二　菩提心公。
(23)『南紀徳川史』巻之十一　大慧公。
(24)注2「諸門跡伝」。

三　聖方の独立運動

（一）延享三年「公儀江指上候書付之写」

聖方寺院は、自分たちの存続をはかって、真言宗の門跡寺院勧修寺の法末となることを願った。貞享四年（一六八七）に勧修寺法末となった時の段階で聖方は、自分たちは十三世紀の勧修寺十世門主成宝から勧修寺流を相承したと由緒づけている[1]。

その後享保二十年（一七三五）四月に長吏尊孝から聖方へ出された「勧修寺御門跡より高野山聖方江之由緒并寺格之覚」（以下「由緒并寺格之覚」[2]）には、聖方が「慶長十六年」（一六一一）に家康から二条城に召出され、「真言最上之山ニ而余行相雑」することを止め、「向後一同ニ真言修学可レ仕之旨」仰せを受けたので、それまでは「念仏兼学」であったが、以後「衆中一統ニ真言令二執行一」と書いてある。家康から真言帰入令が出された時期が『高野春秋』に記す慶長十一年（一六〇六）か、この「由緒并寺格之覚」に書かれている慶長十六年であったかは、即断しがたい。この「由緒并寺格之覚」で注目すべき点は聖方の由緒の書替えが行なわれていることである。すなわち、これまで聖方は、慶長～元和の頃に書き上げた「聖方事書案」で述べているように、自分たちは「遊行の流れを汲む時宗」であると述べており、家康の命で慶長以来真言の法流を受けるようになったと説明していた。ところが、享保二十年のこの「由緒并寺格之覚」では聖方は、家康の真言帰入の命とは、これまでの「念仏兼学」という「余行相雑」の状態を止めて真言一統の修学へ変更せよという命である、という新しい解釈を打ち出したのである。長吏尊孝からの「由緒并寺格之覚」は「成宝以来御由緒之聖方故、願之通諸事被二仰付一于今当御門跡御法流末寺ニ紛無二御座一候也」（読点・返り点は筆者）と締めくくられており、聖方の主張するこの解釈が勧修寺側にも認められたことを意味する。聖方寺院は、自分たちの由緒に変更を加えはじめたのである。

聖方寺院は続いてどのような行動をとったのであろうか。その史料として、延享三年（一七四六）の「公儀江指上候書付之写」（以下、延享三年「書付写」）を取り上げてみたい。[3] この書付が提出された延享三年十月は、勧修寺の長吏が尊孝から寛宝に替わった時期（尊孝が薨じたのはその二年後の延享五年）であり、そして江戸幕府の将軍が八代吉宗から九代家重に替わった翌年にあたる。紀伊出身で、その夫人を通じて勧修寺と関わりが深かった吉宗から家重に替わることで、聖方寺院は自分たちの状況が不利になることを恐れ、この書付を書いたと考えられる。

ではその内容をみていこう。この「書付写」は和綴本で、全四〇丁（墨付三九丁）。虫損が激しく、後半部分は開かない個所もある。表紙から、寺社奉行所へ書付が提出された翌年の延享四年二月に、聖方三十六院から勧修寺へもたらされたことがわかる。書付の内容は、①乍恐奉願口上書　②口上覚　③口上覚　④口上覚　⑤高野山聖方由来略記　⑥口上覚　⑨追書（この後虫損により詳細不明）である。以下にその抜書を掲げる（読点・返り点は筆者が適宜付した。虫損等により不明確な箇所は字数を□で記した。以下同）。

（表紙）

常住光院
宝蔵院

延享三年
公儀江指上候書付之写
（付箋）「延享四年二月此帳面写卅六院より来ル」

①乍恐奉願口上書

乍レ恐奉レ願口上書

貞享四年被二　召上一候御下知書、寛保三年亦復被レ為二　仰出一候付、千万迷惑仕候、聖方者、七十余坊皆無禄ニ而、檀施を以寺領与仕、伽藍相続仕来候処、此度法儀ニ相離レ、出家之作業調不レ申候故、諸檀方段々無首尾ニ相成、施入日々ニ衰江候付、近年無住之坊舎数多出来仕候、先年　御下知書頂戴仕候中、百廿余之僧坊五十余宇滅亡退転仕候、依レ之近年　御下知書被二　仰出一候節ヶ縁ニ而者指支江数多有レ之、迷惑仕候旨、再三申上候処、□指支江有レ之候者、其節御願可二申上一与被二　仰下一候付、謹而奉二頂戴一候、何分唯今之通ニ御座候而者、指支江数多有レ之、無禄之一派相続難レ被レ成、寺院悉荒廃可レ仕事、取紛ニ相見候故、千万歎ヶ鋪不レ得レ止事、乍レ恐御訴訟申上候、何卒今　聖代之御仁徳を以、聖方相立、人法相続仕候様ニ、幾重ニ茂御沙汰奉レ願候、以上、

延享三寅年十月

高野山聖方三十六院惣代

常住光院　印

同

宝蔵院　印

寺社御奉行所

この書付を公儀へ提出した理由が、この①乍恐奉願口上書で述べられている。すなわち、貞享四年（一六八七）に召上げられた「下知書」が寛保三年（一七四三）に再び適用され、聖方が困っていること。聖方七〇余坊は無禄で、檀施によって伽藍を相続してきたが、この度、下知書が適用されることにより、出家の作業ができないので、檀方からの施入が減少し、無住の坊舎が数多く出ること。先年の下知書以後、一二〇余あった僧坊は五〇余坊が退転したこと。その下知書が再び適用されることで支障が生じる。その点を以下に述べるので、聖方の生活が成り立つように取りはからってほしい、というものである。すなわち聖方は、貞享四年に一度収公されたものの、寛保三年に再度有効とされた寛文

四年（一六六四）の聖方制条の撤回を求めてこの書付を提出したのである。(4)

続く②口上覚では、「指支江数多有ㇾ之、坊舎滅亡与申上候事者、御下知書之事」であるとして、以下の四点の問題点を挙げている。それは、1．加行灌頂を学侶坊で行なうこと、他山では受けず、勿論、人にも授けてはいけないこと。2．法事の儀は、聖方三十六院の護摩供養法・理趣三昧・弘法大師御影供・天野明神講等を、聖方の坊舎で行なうべきとのこと。3．金襟七条青甲の袈裟が大徳院のみに許され、他は緞子五条を着用せよとのこと、但し金入は禁止とのこと。4．聖方の帽子は薄墨色を着用すべきとのこと、という聖方制条で定められた諸点についてである。

まず1については、加行灌頂を学侶方に頼むということは、聖方の弟子ではなく学侶方の弟子というべきものとなり、聖方の法流は続かなる、これは「第一之迷惑」であるとしている。2については、聖方は往古より公家・武家、その他大檀家の石塔・位牌を建立し遠忌供養を行ない、法事では中曲理趣三昧を行なっている。ただの理趣三昧しか許可されなくなると、年始の法事や大名・高家から依頼される法会もこれまでのように荘厳には行なえず、その他の諸檀方からの法事も疎略にしかできず施主の意にかなわない。また僧侶の袈裟も粗末にならざるを得ず、そうなると自然と聖方へは追善供養を頼まなくなってしまう。そして法事をその坊舎で行なえということは、大名・高家が石塔を奥院へ建立してもそこで開眼供養ができない。今回の下知書により、学侶方が聖方を中傷し、そのために聖方の檀家が学侶方へ移ってしまった。聖方は無禄のため、檀家が離れることにより坊舎維持が困難になっていると訴えている。3では、聖方は古来より親王・摂家・大名・高家が帰依しており、寛永年中に大徳院に東照宮・台徳院御霊屋造営が許可されたことからも、三衣（五条・七条・大衣〈九条〉）着用が許されないような下僧ではないと強調している。さらに聖方の由緒について、「聖方者公家武家之首族隠遁之結衆ニ而、数百年来勧修寺之法流相承仕、真言乗之出家紛無ニ御座一候」として、数百年来勧修寺の法流を相承する正統な真言宗の出家であることを主張し、別紙にて聖方の由来を提出する、と書いている。4では墨染め色は喪服色と称し神前では禁忌である。東照宮の法事を勤める僧侶が禁忌の色である薄墨色の帽子を着用することは問題である、と述べている。

その後さらに③口上覚が続き、そこでは以下のように申し述べている。

③口上覚

　口上覚

高野山聖方者、勧修寺御門跡第十世成宝大僧正、承久年中御登山有レ之、聖方江法流灌頂等御伝授被レ為二成置一候、以後勧修寺御法末ニ相成申候、殊ニ

大権現様於二二条　御城一大徳院并一派之僧侶被レ為レ　召、不レ雑二余学一、唯真言之法流、彌修学可レ仕旨、蒙二

上意一候付、寛文四年迄四百六十年余法流・法衣・職位・灌頂等蒙二　勧修寺御門主之許容一、無二断絶一□□仕候、

（下略）

すなわち、高野山聖方は、勧修寺十世門主成宝が承久年中に登山して聖方へ法流灌頂などを伝授し、勧修寺法末になったこと、家康が二条城に聖方総頭大徳院と一派の僧侶を召出し、ますます真言の法流に励むよう命じたこと、寛文四年（一六六四）に下知書（聖方制条）が下されるまでの四六〇年余、勧修寺門主の許容で法流・法位・職位・灌頂など断絶なく続いてきたこと、である。

④の口上覚は、具体的な文章は省略されているが、その条立てから②と同内容と推測される。次に⑤高野山聖方由来略記が続くが、これは、②口上覚で聖方が別紙として提出すると注記したものである。この由来略記については次項にて詳述する。続いて⑥の口上覚によると、寛保三年（一七四三）に再び（寛文四年の）下知書（聖方制条）が適用されるようになったのは学侶方が幕府へ訴えたためであり、その上学侶は聖方を貶めるために「聖」の字を「非事吏」の文字

に変えそれを世間に流布したという。⑦の追書（これは提出しなかったようである）では、下知書（聖方制条）が聖方から召し上げられたのは貞享四年（一六八七）九月十六日であり、その翌日学侶方・行人方へ大猷院（徳川家光）の時の条目（慶安二年の条目）写が遣わされたこと、けれども聖方にはこれまで「御定書」など遣わされた例はないので、この時も書付は下されず、大猷院までの通りに行なうようにとの仰せがあったこと、しかし今般、貞享四年に召上られた下知書（聖方制条）が再び下され、大変迷惑していることが書かれている。そして学侶方が今回、聖方への寛文四年下知書（聖方制条）の再度の適用を求めて幕府へ訴えるという振舞いに出たのは、聖方の檀家を取り上げるためであると主張している。

この延享三年（一七四六）の書付で聖方が求めていることは、寛保三年（一七四三）に再有効とされた、寛文四年（一六六四）下知書（聖方制条）の撤回である。とりわけ1で述べているように、加行灌頂を学侶坊で行なわねばならないことになれば、聖方法流は断絶し、檀家が離れ、寺院相続ができなくなる、とその混乱を訴えている。寺坊存続のために、加行灌頂を自分たちで再び行なえるようにと聖方が求めるその根拠は、聖方の法流は勧修寺長吏成宝から伝授された、勧修寺流という紛れもない真言宗の法流であるという点である。(5)

（二）由緒の変化と創設 ―「高野山聖方由来略記」を参考に―

それでは、延享三年「書付写」の別紙として提出された「由来略記」の内容をみていこう。この「由来略記」はかなり長文なので、ここではその要点を掲げ（便宜上番号を付した）、翻刻文は注に載せることとする。(6)

イ　「聖」の語は古来より有徳の人物を指す褒め言葉である。

ロ　顕密修練の僧侶や公家・武家の貴人が世間を遁れ、空海を慕い高野山へやってきた。彼らを尊んだ世人が自然と

「高野の聖」と名づけたことが始まりで、彼らの徳を慕う人々が次々と高野山へ来山し、次第に三十六の道場が出来上がった。彼らの一類結聚を「三十六院聖方」と呼ぶようになった。

ハ　このような聖の中で、著名な人物には、聖誉上人・千手上人・意教上人・小聖・理趣院念範・地蔵坊尊海・成宝大僧正・明遍僧都・鎌倉法印貞暁・法燈国師などがいる。

ニ　その中で勧修寺十世門主成宝が東寺長者引退後、高野山西谷に隠遁して、聖衆来迎院に住し、聖方へ法流・灌頂などを伝授した。以来聖方は勧修寺流の法末となり、五〇〇年余絶えることなく、勧修寺門跡からの令旨を頂戴し、法流・衣躰まで御免蒙っている。成宝は安貞元年（一二二七）に入寂した。墳墓は西谷にある。

ホ　また、真言・三論・念仏兼学の名匠明遍が、高野山蓮華谷に住し、その寺坊を蓮花三昧院と称した。弟子八人が発願して諸国を廻り、称名を勧め真言を授けて人々を勧進した。彼らは、当時、源平兵乱で山野高原にあふれていた死者の髪骨を集めて、笈に入れて高野山へ持ち帰り念誦廻向を行なった。これが高野山納骨の端緒である。

ヘ　その後、自らを「高野聖之弟子」と称して諸国を廻り、托鉢・売買を行なって人々を欺く悪僧が登場したが、彼らは高野の聖ではない。

ト　死者の弔うことは、行基菩薩や空也上人を源流とする穏亡もいるが、彼らもやはり高野聖とは異なる。世間では売僧や穏亡と高野の聖とを同じに思っているが、これは大きな誤解である。

チ　高野の聖衆には、念仏者や、禅学を主とする者、法華読誦の人もいる、彼らはみな大師の徳を慕ってやってきた人々であり、その点において彼らは紛れもなく真言の行者である。

リ　高野の聖方は、成宝登山以来、真言の法流血脈を相承して自ら曼荼羅供も行なう三密瑜伽の行者であるにもかかわらず、学侶方が聖方を貶めて聖の字を「非事吏」の三字に書き換えた。

ヌ　聖方は明遍僧都を元祖としているのであって、一遍上人登山以来、聖衆が皆念仏者となったという者がいるが、それは全く違う。

ル　大師入定以後、諸宗の僧侶や公家武家の貴人で、高野山へ隠遁して仏道修行をする者をすべて聖と称す。故に、聖の初めは誰かということはない。その中で特に明遍僧都や法燈国師は優れていたために聖衆が随い、また成宝大僧正は勧修寺の門跡で高野山座主であり、高野山への隠遁後、聖衆が帰依尊敬し、法流を受け継いだのである。

ヲ　良禅（金剛峯寺十四代・十七代執行検校　筆者注）も、兼海（覚鑁高弟、大伝法院四代学頭・密厳院初代院主　筆者注）も、その博学多才・大徳ゆえに小聖と呼ばれた。

「由来略記」の概要は以上である。

このうちニで聖方に法流を授けたとされる勧修寺長吏成宝（一一五九～一二二七）は、粟田口別当とも呼ばれた藤原惟方の息である。惟方は、平治の乱で平清盛・藤原公教と結託して二条天皇方に付き、一時は二条天皇側近として権勢を振るったが、その後永暦元年（一一六〇）に、清盛と組んで反撃に出た後白河上皇によって内裏で藤原経宗と共に捕えられ、長門国に流罪となった。仁安元年（一一六六）に配流先から召還された。[7] 成宝は、寿永二年（一一八三）十月に勧修寺長吏および安祥寺寺務に任ぜられ、正治元年（一一九九）十二月法隆寺別当、承元四年（一二一〇）四月には東大寺別当に任ぜられた。建保元年（一二一三）東大寺別当辞任後に大安寺別当となり、承久三年（一二二一）正月、東寺一長者に就任したが、おりからの承久の乱の影響で同年十一月には長者を辞任したという。[8] 父惟方が流罪に処せられたとき成宝は一歳であり、その六年後にはすでに惟方は都に戻ってきた。成宝の経歴と照らすと、惟方の流罪の影響は感じられない。だが、父惟方の存在が成宝に全く影響を与えなかったとはいえないであろう。東寺長者に就任したものの、承久の乱の影響でわずか十ヶ月後に辞任したことも注目される。成宝の叔父である参議成頼（体蓮房、高野宰相入道）も治承三年（一一七九）から高野山に住山し、大往生を遂げたという。[9] 成頼の妻は、治承四年に南都焼き討ちを行なって元暦二年（一一八五）に処刑された平重衡の妻邦子の姉である。

聖方の説明によると、成宝は東寺長者辞任後、高野山へ隠遁し、西谷聖衆来迎院に住み、そこで聖たちに勧修寺流を伝えたことになっている。『補任等古記録』の成宝伝にも「年月日隠二遁金剛峯寺西谷於聖衆来迎院一、西谷輩受二伝勧流一自レ是始」とある。しかし、成宝の高野山隠遁を思わせる史料は、管見の限りでは同時代にはみえず、むしろ江戸時代の史料である『伝燈広録』（醍醐寺祐宝編、十八世紀初頭の成立か）、『高野山説物語』、『紀伊続風土記』に現われてくる。[10] 鎌倉時代の史料では、成宝は貞応元年（一二二二）東大寺別当に還補されており、[11] その後も東大寺東南院院主として、尊勝院華厳宗徒と伊賀国鞆田荘の大仏殿修正檀供料などをめぐって相論を起こしているので、[12] 高野山へ隠遁していたとは考えにくい。したがって聖方が主張する、勧修寺十世成宝の高野山隠遁による聖方への勧修寺流相承という点は、江戸時代にはいってから創り上げられたと考えられる。法度類や下知書などにより規制が加えられる中で、寺坊存続を求めて、勧修寺法末になるために創り出されたものであろう。勧修寺法末となることで、学侶坊での加行灌頂から独立し、聖方の法流を相承できるようになることが目的であったと考えられる。

聖方が成宝に結びつきを求めた点については、たとえば、第一章でも取り上げた、勧修寺俊然が、師である勧修寺慈尊院栄海と勧修寺長吏寛胤から受けた勧修寺流相承の印信口決・法流血脈等を、延文元年（一三五六）にまとめた『四巻鈔』（『印璽口伝』）に、高野新別所に参籠していた尊海（地蔵坊仁済）（「由来略記」で高野聖の著名者の一人として挙げられている）が臨終にあたり、「高野灰中印信」を成宝に伝授したという記述があり、[13] 成宝の高野山登山と、高野聖と勧修寺との血脈相承を推測させる。

それではこの「由来略記」の特徴、聖方の主張とはどの点であろうか。それは、高野聖とは、高名な諸宗の僧侶や、公家・武家の貴人を祖とするという高貴性であり、そしてその法流も勧修寺門跡から直接伝授されたものであるという真言宗内における自分たちの正統性である。[14] 本来「聖」の語は高徳の僧に対する尊称であった。それが、第二章でみてきたように時代の変遷とともに、聖が神聖視される一方で賤視されていくことになる。「由来略記」では聖の原義を再確認しているといえよう。

その過程において、聖方の由緒に変更が加えられた。それは、ヌの一遍に由来する時宗色の払拭である。家康から真言帰入令が出された慶長以後のまもない頃に記された「聖方事書案」には、明確に「聖方ハ遊行ノ流を汲時宗を立」て、家康の命で「慶長年中以来真言之法流を受候」と書かれている。[15] この由緒は、徳川氏との師檀関係を強調するためにかつては大きな力があった。聖方寺院は江戸時代初期には、この由緒をもとに徳川氏の援助を受け、組織としてまとまり、山内でも力を有するようになってきたのである。しかしながら、高野山を学侶方中心の教学道場としようとする江戸幕府の高野山政策にもとづいて再生を図る高野山内の論理と、聖方のこの由緒は次第に相容れないものとなり、聖方の立場は変化していった。聖方は自分たちの存続を求めて新しい論理を探す必要に迫られた。

新しい論理を探す過程で、まず聖方は、その特徴である念仏を余行と位置づけた。そして自分たちは余行として念仏を修してきたが、家康の命でこれまでの念仏兼学を止めて真言一統の修学に専念することとなったという説明を創り上げた。しかし、自分たちの法流を独立させるために、さらにその論理を純化させる必要が生じた。その結果創り上げられたのが、自分たちは勧修寺十世成宝から勧修寺流を受けた正統な真言宗の一派であるという由緒であった。それにより、これまで重要な由緒として主張してきた時宗との関係を、延享三年（一七四六）書付の「由来略記」では否定するに至ったのである。すでに貞享四年（一六八七）の段階で、聖方が勧修寺に対して「再び勧流たる」ことを願った背景にも、貴種性と真言宗内における法流の正統性を求めた聖方寺院の意図があった。その後この延享三年書付において、その由緒を明確に真言のみに結びつける形に転化させたのである。すなわち、書付中③口上覚で、家康から二条城に大徳院と一派の僧侶が呼び出され「余学を雑えず、ただ真言の法流のみ、いよいよ修学仕るべき旨」の上意を蒙ったと述べ、以来「寛文四年まで四百六十年余、法流・法衣・職位・灌頂等、勧修寺御門跡の許容を蒙り、断絶無く」行なってきたと記すのも、自分たちの貴種性と法流の正統性が古くからのものであることを主張するためなのである。そして「由来略記」では、高野聖の特徴であった念仏も、一遍との関わりを断ち、学僧明遍のみにその由緒を求める形に変化している。「由来略記」の最大の特徴は、この時宗色の払拭による新しい由緒の創設といえる。

既述したように、十五世紀初頭には萱堂を中心に時衆聖たちが集団化した。彼らは江戸時代初期に、時宗聖の由緒を有する徳川氏との師檀関係を根拠にして、大徳院を中心に山内での勢力を確立させた。このように聖たちがこれまで重要な由緒としてきた時宗との関係を、延享年間に至って聖方が自ら払拭したことに、この「由来略記」の特徴がある。

(三)その後の聖方

聖方が寛保三年(一七四三)に再下付された聖方制条の撤回を求めて幕府へ提出したものには、延享三年(一七四六)の書付以前に、勧修寺による寺社奉行所への書上がある(寛保四年〈一七四四〉の「高野山聖方一件御願口上書并由緒書草案　御書之案」および延享元年〈一七四四〉の「高野山聖方一件御願口上書并由緒書草案　御書之案」・「高野山聖方一件御願口上書并由緒書草案」)[16]。この時の勧修寺門主は尊孝である。同年に立て続けに書かれたこれら三点の文書は、その内容はほぼ同一で、寛保三年に再度下された下知書(聖方制条)の条目中、法会衣躰等だけでもこれまで通り勧修寺門主による下知にまかせてほしいということが述べられており、このことは元和元年(一六一五)の真言宗法度の意にも叶い、祖師弘法大師の遺誡にも叶うものである、としている。それに続けて、聖方の由緒略記・勧修寺門跡の由緒、これまでに聖方へ出されたという勧修寺門主の令旨が記され、最後に再度、聖方は勧修寺成宝より法流を継承していることが強調されている。聖方が提出した延享三年書付とその趣旨は同様であり、寛保三年に聖方制条が再下付された直後から、その撤回を求めて、勧修寺門主・聖方双方から幕府への願い出が行なわれていたことがわかる。この時期の聖方の動きをまとめたのが後掲表である（聖方関連事項略年表）。

江戸時代二万一三〇〇石におよぶ高野山の寺領はその大部分が学侶方・行人方へのものであった。聖方には東照宮・台徳院御霊屋料として大徳院に与えられた二〇〇石のみで、聖方寺院への寺領は一切なかった。したがって、聖方寺院はその生活の資として諸国からの檀施に頼る以外になかったのである。寛文四年（一六六四）の下知書（聖方制条）によって、加行灌頂を自分たちで行なうことができなくなることは自身の存続に関わることであり、そして檀施である諸大名・高家の法会がこれまでのように行なえなくなることは、檀施との関係を維持していく上での死活問題であった。貞享四年（一六八七）に召上げられた聖方制条が、将軍吉宗の引退直前の寛保三年（一七四三）に再下付されたことは、これらの問題の再燃を意味した。そこで聖方は再下付直後の寛保四年（延享元年）、勧修寺門主尊孝を通じてその撤回を求め、さらに将軍が家重に替わり、勧修寺門主も寛宝に替わった直後の延享三年十月、自ら寺社奉行へ書付を提出したのである。

しかしながらその結果については、『紀伊続風土記』の「宝暦三年癸酉十一月勧修寺より非事吏方御条目を召上られ、法末の由緒相立様に願意あれとも其詮なく止ぬ」、聖方は「法事の浅略を恨みて、灌頂并に大法の非望を企て、公庁へ嗷訴しければ、（中略）但し灌頂執行の免許なし。（中略）寛保の頃および宝暦の間、勧修寺御門主嘆願して、非事吏法末の由緒たる旨を以て、頻に吹挙あれとも、山法転改すへからす、公許なし」という記載から、幕府の方針を覆すことはできなかったことがわかる。[17] 聖方は門跡寺院勧修寺の力を借りて聖方制条の撤回、すなわち法流独立を求めたが、これは幕府の対高野山政策、ひいては寺院統制全体の路線変更にも繋がりかねない大事であり、幕府がその方針を変えないのは当然のことといえるだろう。先にみたように勧修寺は、長吏（門主）である済深法親王・尊孝入道親王・寛宝入道親王を通じて幕府との関わりを深め、宝暦年間には紀伊藩主徳川氏から、紀伊国内の古義真言宗無本寺寺院を大量に末寺として獲得し、その力を強めていった。しかし、学侶方を中心とする江戸幕府の高野山政策に対抗しかねない聖方

聖方関連事項略年表（太字が聖方関連事項）

年　号	西暦	内　容
承久３年	1221	**勧修寺成宝、高野山へ隠遁という。**
慶長５年	1600	９月、関ヶ原の戦い。
慶長６年	1601	５月、高野山寺中法度。
慶長14年	1609	８月、家康より衆徒へ黒印。 11月、高野山法度。
慶長15年	1610	４月、高野山寺中法度。
元和元年	1615	７月、真言宗諸法度、高野山衆徒法度。
元和２年	1616	家康没。
寛永16年	1639	１月５日、応昌、堂上灌頂を望む。学侶方異論を唱える。 １月26日、応昌、行人方2500人に命じ学侶と絶交。
正保元年	1644	春、学侶・行人の僧、争論開始。
慶安２年	1649	９月、慶安の条目（６通、献祖〈大猷院家光〉御条目。学侶方・行人方）下付（行人の庭儀灌頂大曼荼羅供等の執行を禁ず）。高野山領定額朱印状（行人方）。 **東照宮領・御霊屋領200石の地を聖方大徳院へ寄附。**
寛文３年	1663	12月、学侶・行人に36ヶ条の制条下付（慶安の条目収公）。
寛文４年	1664	**５月、聖方に制条を下す（聖方制条・寛文４年下知状）。**
寛文５年	1665	７月、諸宗寺院法度。
天和２年	1681	**８月、済深法親王、勧修寺へ入寺。**
貞享４年	1687	**９月、寛文４年の聖方制条の収公。** 10月、雲堂並びに学侶・行人僧を評定所へ召還。寛文３年下付の36ヶ条制条を収公。以後、慶安の条目（献祖御条目）が再度有効に。 **12月、聖方、勧修寺法末となる。**
元禄４年	1691	４月、学侶・行人僧を評定所に召還、21ヶ条の法制により学侶訴論を決す。
元禄５年	1692	７月、来迎院はじめ行人僧627人遠流。以後興山寺の事は在山行人の上首が輪番交替して執務。元禄高野騒動終結。
元禄９年	1696	**５月、済深法親王江戸下向。**
元禄14年	1701	**12月、済深法親王没**（31歳、疱瘡による）。
寛保３年	1743	**６月、寛文４年の聖方制条が再度下付。**
寛保４年	1744	**勧修寺門主（尊孝）より聖方法末についての口上書。**
延享元年	1744	**同上。**
延享３年	1746	**10月、聖方、公儀へ書付を提出。勧修寺門主、寛宝となる。**
宝暦13年	1763	**11月、勧修寺門主（寛宝）より聖方法末について口上書。**

の法流独立については、やはり幕府の許可を得ることはできなかった。

その後は、聖方が勧修寺法末としてその法流の独立を目指すような動きはみられない。その理由のひとつとして勧修寺の状況の変化が考えられる。すなわち、宝暦年間に幕府への歎願を行なった長吏寛宝が、安永三年（一七七四）に伏見宮相続のため勅命によって復飾させられ、その後勧修寺長吏となるべく入寺した宮たちが、仁和寺や一乗院を継ぐために勅命によって移転させられており[18]、文政七年（一八二四）入道親王済範が長吏に就任するまでのおよそ五〇年間、勧修寺は長吏不在の状態にあったのである。加えて将軍が吉宗から家重・家治へと替わっていったことも、勧修寺の力を相対的に弱めていったであろう。

聖方は、自らの由緒を変更し、真言宗の門跡寺院勧修寺の力を頼んで法流の独立を求めたが、残念ながらその意図は果たされなかった。それでは、法流独立の根拠とした、勧修寺成宝からの法流相承という点は受け入れられたのであろうか。同時代の他の史料で、聖方がどのように取り上げられているかという点について、例として、「高野山事略」・『祠曹雑識』・『紀伊続風土記』からみてみよう。「高野山事略」は、新井白石が元禄高野騒動後に高野三方の由来や騒動の顛末を記したもの、『祠曹雑識』は、寺社奉行所に勤務していた人物が、在職中に閲覧した史料を筆録したもので天保五年（一八三四）の成立と考えられている。そしてこれまでに何度も参考とした『紀伊続風土記』は幕府の命により紀伊和歌山藩が編纂に着手したもので、天保十年（一八三九）に完成した。

まず「高野山事略」の「学侶、行人、聖、等由来の事」には「聖といふものは中頃、時宗の僧此山に来りて住し或は念仏修行し、或は廻国勧進せしを神祖の御時に至りて真言秘密の霊場に其法侶にあらざるもの、雑り居るべきからざる由の仰によりてことごとく皆真言の教に随ひしといふ[19]」とあり、聖の由緒は時宗僧で、慶長十一年（一六〇六）の真言帰入令により真言宗に編入されたとしている。

続いて『祠曹雑識』では、寛政段階での高野三方についての説であるとして、聖方の発生の中心は明遍・覚心であること、一遍の登山によりこれまでの聖たちがすべて時宗化したこと、応永年中に衆徒が彼らの鉦鼓・声高念仏を禁止したが宗旨は変更無かったこと、その後、家康により真言帰入令が出され、時宗から真言宗へ改めたこと、それにより元和・寛永頃より学侶の下で加行灌頂を行ないはじめたこと、しかし同じ寛永頃に聖方触頭大徳院に東照宮・台徳院御霊殿が建立されたことにより経済的に潤い、それに伴って、衣躰法会を自分たちで行なえるようにしたいと思いはじめたことが記されている[20]。

そして『紀伊続風土記』は、聖の類別は蓮華谷（明遍）・萱堂（覚心）・時宗（一遍）の三類で、一遍登山後は「此三類の聖、終に混一して鉦鼓を叩き声高念仏・踊念仏の異行をなし、諸国に遍歴し笈を負ひて高野聖と号し、或は寺辺に新菴を造りなと」したという。そのため応永年間に萱堂外での踊念仏が禁じられ、その後、時宗聖は慶長・元和の際、「台命により時宗を改めて明遍の由緒に任せて真言宗に帰入」したという[21]。

これら三者はいずれも、聖方の祖を明遍・覚心・一遍（時宗）に求め、一遍登山後の時宗化を記している。どの史料も、高野山を学侶方主導の教学道場とする幕府の政策により、行人方寺院が多く潰された元禄高野騒動後に記されたものなので、その記載内容が学侶中心であり、一定の方向性があることは否めない。しかし、これが当時高野山内外における説明であったことはわかる。聖方は、寛文四年（一六六四）の聖方制条の撤回を求める活動を繰り広げる中で、自らの由緒について、貴種である勧修寺成宝からの法流相承という形を創り上げたが、法流独立許可の可能性を与えるその由緒はやはり受け入れられなかった。

勧修寺に伝来する史料群中、延享三年「書付写」をはじめとする聖方関連文書から、これまで看過されてきた江戸時代における聖方寺院の活動の一端が明らかになった。それは、学侶方と行人方の対立をうけた幕府の学侶方中心の高野山政策に反対し、聖方が自分たちの法流を独立させようとする動きであった。しかしながら、その望みは果たされず、逆に江戸幕府の寺院統制は、以後寺院内秩序にまでおよぶようになっていったといえる。

注

(1)『藤沢市史資料所在目録稿』十六「勧修寺文書」二九三・二九四。

(2)『藤沢市史資料所在目録稿』二〇「勧修寺文書」四三八。

一　慶長十六年於二一条　御城一聖方之僧侶被二　召寄一、真言最上之山ニ而余行相雑候事無二其謂一、向後一同ニ真言修学可レ仕之旨蒙レ仰、夫迄者念仏兼学仕候得共右依レ　仰衆中一統ニ真言令二執行一（返り点・読点は筆者）

(3)『藤沢市史資料所在目録稿』十六「勧修寺文書」⑳高野山八。

(4) 聖方制条の全文については、第三章第二節 元禄高野騒動を参照されたい。

(5) 真言密教の法流は、小野流と広沢流の野沢十二流を中心とする。小野流は安祥寺流・勧修寺流・随心院流の小野三流と三宝院流・理性院流・金剛王院流の醍醐三流から成り、広沢流は仁和御流・西院流・保寿院流・華蔵院流・忍辱山流・伝法院流から成る。すなわち、勧修寺流は野沢十二流と呼ばれる真言密教の中心法流に属する。

(6)「高野山聖方由来略記」（勧修寺蔵、注3延享三年「公儀江指上候書付之写」より）
（訓点は原文に従った。読点・並列点については筆者が適宜付した。〈　〉は割注、虫損等により不明確な箇所は□で記した。）

高野山聖方由来略記

夫レ聖者《ヒジリトイハ》天性盛徳之佳称也、謂ク聰明睿智ニシテ、一切ノ事理無クレ不トニ云コト二通暁セ一其ノ徳高広不ノレ能ハ二測リ識ルコト一之人ヲ名クルレ聖ト也、因レ茲、古より有智高徳之名僧を都而聖与申来候〈於モ二世間ニ一太平ノ世を聖之御代与申也〉、高野山聖方之権与《ハシメハ》、昔時、顕密修練之僧侶、世間之交りを厭ひ、寂莫之扉を閉て、偏に無常菩提を得ん事を願ひ、或者公家武家之貴族、生死無常を観して世を隠れ、名を隠すの人、皆共に大師之美風を慕而、此山江登り、谷々ニ草房を結ひ、所々ニ堂舎を造而仏道を修行す、世人是を尊んで自ら高野の聖与名く、其門弟其所従たる者、段々尋来て閑房を構へ、山住する者日ニ盛なり、況其親類門葉より財産を送り、衣躰を運て、

堂ニ往来洛繹《ラクエキ》たり、此故尓終ニ三十六ヶ之道場を開而〈後改テ三十六院ト号ス〉、二六時中之勤行絶事なし、此一類結聚而三十六院聖方与名付る者也、就中其顕著《ケンチョ》成者、聖誉上人・千手上人・意教上人・小聖・理趣院念範□□・地蔵房尊海阿闍梨・成宝大僧正・明遍僧都・鎌倉法印・法燈国師等也、成宝大僧正ハ参議惟方卿ノ息、勧修寺第十世之御門主也、学兼二顕密ヲ一才秀二古今ニ一給以元興寺・法隆寺之主席、東大寺之別当、安祥寺之寺務、東寺之長者、高野之座主職兼帯之給也、故尓、金剛峯寺之僧正与申候〈往古者高野も座主也、東寺之長者進退之〉、職務辞表之後承久年中〈今年迄五百□十年余〉高野山江登而、聖方之内西谷与云ニ隠棲、其寺を聖衆来迎院与号□、此時聖方江初而法流灌頂等御伝授有レ之、夫より以来勧修寺之御法末ニ而、其後之御門跡より、度々補任御令旨下賜、法流并衣躰等迄蒙御免、五百年来無断絶行用仕候、

右大僧正安貞元年十二月十七日於西谷ニ入寂、墳墓宝塔于今現在せり、

又其頃明遍僧都登山して蓮花谷ニ住し給ふ、明遍者少納言入道信西之息、桜町中納言之舎弟なり、応保二年ニ登山〈今年迄五百年余〉、是真言三論念仏□兼学之名匠也、有夜蓮花三昧に住する時、道場之中蓮華忽ニ開け、光明赫々として四壁を照し、谷中変して浄土となんぬ、明遍其中ニ坐して自身自在なり、依之彼谷を蓮花谷与名つけ、其寺を蓮花三昧院与号す〈中古改テ学侶与成ル〉、彼上人之弟子八人有之、各内ニ者秘密之観行を凝し、外ニ者称名念仏す、上人彼等を以蓮花之開数を表して八葉之聖与名つけ玉ふ、此八人共悲願を発して諸国を廻り、或者称名を勧め、或者真言を授て道俗を勧化す、殊ニ其頃源平兵乱之節なれハ、郊原山野ニ戦死して空く草昧之ちりと成もの甚多し、彼八聖無縁大悲之心を以、其死人之髪骨等拾ひ集て笈ニ入、高野山江持登而念誦廻向す〈自今以後高野江髪骨多納之〉、此故ニ国俗大ニ悦而此聖を待受、信敬する者尤不少、内ニ干戈漸く治り四海静謐ニなりしかバ、彼八僧者斗藪《トソウ》之行を止て各坊室ニ観坐す〈其坊跡寺、慶長之頃迄彼□□八ヶ寺有之、今三ヶ寺有之〉、其後不図貪欲愚蒙の悪僧出て、彼行を営□、我者是高野聖之弟子なりと□而、遍く諸国を廻り、或者托鉢し、或者売買を事として無智之男女を誑惑す、其余流尓今残而、諸国ニ見世店を持、或者乞食して渡世する者往々ニ有之、又死人を焼き埋む者、是を隠亡《ヲンボウ》とも又聖とも名く、此源者、行基菩薩・空也《コウヤ》〈市之聖とも云〉上人なりとす、此等之僧者、智行円備之高僧を以、世人挙而聖与名く、此聖人大悲深重之餘、諸方を経めくりて、山路川辺に

伏甕斂葬する者無之死人等を、或者埋、或者火葬して廻向し給也、依之当内卑賤之者も彼聖之所作を真似する故ニ同く聖与申伝ふとかや、如是売僧、隠亡、且ッ高野之聖衆、此三流本末大ニ各別也、然ニ世人其本を不尋聞故ニ、彼卑賤之族与高野之聖方与、名同しきを以、皆同等ニ而、無差別歟与思へり、是大ニ心得違候也、又三十六ヶ之道場を立、数多之聖衆居住致に於而者、其中ニハ念仏者も有へし、或ハ禅学□有べし、或者法花読誦之人も可有之、然者大師□徳を慕而登る輩、豈真言之法教修行せざる事、是あらんや、殊ニ成宝大僧正御登嶽之後者、真言之法流・印信・血脉、師弟連綿与相続して、自門之曼荼を開発する三密瑜伽之行者也、然ニ学侶方者、自讃毀他之情有之を以、前より天下ニ用ひ来処之聖字すら、是を猜んで邪智を廻し、非事吏与三字ニ書替、又聖方者明遍僧都を元祖与す、或者一遍上人登山以後、聖衆皆念仏者与成など申候得共、是甚相違之事ニ候、右之通大師入定已後、諸宗之僧侶、或者公家武家之貴人、隠遁して此山江攀登り、仏道修行致す者、都而是を聖与申事ニ候得者、誰を初と申す事無之候、其中ニ明遍僧都・法燈国師などハ器量抜群之故ニ聖衆是ニ随ひ、成宝大僧正者、勧修寺御門跡、殊ニ高野之座主、其仁躰隠栖有之候得者、聖衆帰依尊敬致し、法流伝授仕候也、然ニ学侶方□之通ニ申候事者、聖方を念仏者与賤しめ、下僧□□立ん為ニ而候得者、此申条、頗不審ニ候、其故ハ称名念仏するを以下僧与申候ハヽ、天台宗・浄土宗皆下僧ニ而有之候哉、夫弥陀唱名之一行者、末世相応之法門なるが故に諸宗之僧尼、古今多く取用ひて助行とす、然共其中ニ全く差□なきに非ず、天台宗ニ而者実相念仏与云、浄土宗ニ而者専修念仏与云、真言宗ニ者秘密念仏与号す、同く南無阿弥陀仏之六字ニ而候得共、宗之□心得而其了簡遂ニ殊なり、然者たとひ聖方唯念仏之行者たりとも、少も経疏を学ひ仏法之義趣を辨へ候輩ニ於てハ、假りにも下僧之上僧之与是非を申事ハ、決而有間敷事ニ候、況聖方古来今唯念仏之行者ニ非ざるをや、念仏ニ聖道・浄土之二門有而、顕密両家之僧侶通して依行する事、学侶方不知して下僧与云歟、知ても是を云歟、若不知して是を云ハ不及論ニ、若知て是を云バ、我癡我慢人法誹謗之第一与申者なり、往古者行人・学侶与申名も無之、三派混同して只高野之大衆、高野之衆徒、高野之聖与申候、其故ハ学侶方検校良禅阿闍梨者〈人王七十五代崇徳院御宇之人也、今年迄凡ソ六百年余、此検校ノ時、奥院ニ初テ□□三口之承仕ヲ、是行人方之基本也与、学侶方よりハ申候〉、一山ニ双ひなき博学多才之名僧ニ而、別而是を小《コ》聖《ヒジリ》与申候、又新義之祖師覚鑁上人之上足兼海阿闍梨も大徳故、同く小聖与呼申候、聖与ハ畢竟褒美之詞ニ候得者、僧俗共ニ徳行有ル者

を惣而聖与申候、高野山聖方者古来名僧貴人之結衆ニ候故、自然与聖方与呼名付申候事

延享寅年

「由来略記」中に出てくる人物について、以下に若干の説明を補足する。

聖誉上人：西谷勝宝房に住す。良禅から持明院真誉を経て中院流を付法される。仁安二年（一一六七）入滅。『高野山往生伝』に収載。

千手上人：蓮意上人（長承元年〈一一三二〉入滅。『高野山往生伝』に記載あり）か。

意教上人：頼賢（一一九六～一二七三）。三宝院流意教方の祖。醍醐寺成賢嫡流。高野山へ隠棲、安養院・実相院に住す。実融（金剛三昧院）の師。

兼海：覚鑁弟子、鳥羽法皇へ御願寺を寄進、久寿二年（一一五五）没。『高野山往生伝』に収載。

良禅：一〇四八～一一三九。は高野山第十四・十七代執行検校。解脱房、北室小聖と称す。中院流正嫡。『高野山往生伝』に収載。

理趣院念範：勧修寺八代長吏寛信（一〇八五～一一五三）の資。尊海とともに高野新別所に参籠。尊海より先に没。

地蔵坊尊海阿闍梨：仁済。寛信資。念範没後も高野新別所に在。成宝に「高野灰中印信」を伝える。

成宝大僧正：勧修寺十代長吏（本節にて記述）。

明遍僧都：藤原信西息、蓮花谷聖祖。

鎌倉法印：貞暁、源頼朝の子。

法燈国師：心地覚心、臨済宗法燈派祖無本覚心、由良興国寺開祖。萱堂聖祖。

（7）『百錬抄』『愚管抄』『公卿補任』など。

（8）『勧修寺門跡別当次第』（東京大学史料編纂所影写本）、『真言諸寺院記』。東寺杲宝撰の「血脈鈔」野（『続真言宗全書』二五、続真

言宗全書刊行会、一九八五年）には、成宝の長吏補任時期を寿永三年十一月三十日と記す。『勧修寺長吏次第』・『法隆寺別当次第』（いずれも『続群書類従』四、以下同）、筒井英俊校訂『東大寺要録』（国書刊行会、一九四四年）、『東大寺別当次第』・『東寺長者補任』（いずれも『群書類従』四、以下同）。『血脈類集記』七（『真言宗全書』三九、真言宗全書刊行会、一九三四年、以下同）。

（9）『高野春秋』建久六年九月二十一日条。『尊卑分脉』二。

（10）『紀伊続風土記』（高野山総分法　聖方「西谷」）の聖衆来迎院の項には、成宝が承久三年三月に入住し、「高倉法皇」御願により奥院で長日舎利講を行なったと記す。しかし、鎌倉期成立の『高野山奥院興廃記』（『続群書類従』二八上）にはこの時の舎利講について「今上御宇承久三年辛巳閏十月廿八日。於奥院拝殿御舎利講始斯〈検校法橋覚海勤也〉。（中略）是則後高倉院太上法皇御願也。于時当山座主勧修寺僧正成宝。寺家執行検校法橋覚海寺務治山之間事也」と書かれており、発願者は高倉院ではなく後高倉院であり（高倉院は治承四年〈一一八〇〉薨）、導師も高野山検校の法橋覚海であった。すなわち成宝は東寺長者として高野山座主を兼ねていたが、実際にはこの時期に高野山へ登ってはいないと考えられる。このことは『血脈類集記』七に「承久三年正月四日任長者、同年五六両月大乱出来、仍同年十一月被停止所職了、寺務十一个月、不遂高野拝堂云々」とあることからも推測される。

（11）『東大寺別当次第』。

（12）畠山聡「東大寺図書館所蔵聖教類の紙背文書にみえる伊賀国東大寺領関連文書について」（『鎌倉遺文研究』一〇、二〇〇二年）。

（13）『四巻鈔』巻中、七「高野灰中印信」（『真言宗全書』三一、真言宗全書刊行会、一九三五年）。『四巻鈔』には、第一章で述べたように『高野山往生伝』の記事も載せられている。

（14）五来重氏は、高野聖たちは高野山の経済と文化の裏方として中世を支えてきたにもかかわらず、つねに卑しめられ迫害されてきたがゆえに、「出自と学識と徳行に名声のある、偶像的頭目をもとめてやまなかった」という（五来重『増補　高野聖』二八三頁、角川書店、一九七五年、初版一九六五年）。第二章で検討したように、高野山における聖とは、本来尊称であったが、十四世紀以降に世俗化した高野聖たちが登場し、さらに念仏衆として時衆化・集団化していくことによって、一方では尊称として用いられつつ、他方では賤称の響きを有するようになった。この「由来略記」が書かれた時期には、聖方寺院が寺坊の存続を図って、自分たちの法流を成宝や明遍といった貴種に結びつける由緒を創り上げ、それによって聖方寺院に対するイメージを高めようとしたと考えられる。

(15) 金剛峯寺編『高野山文書』二―三六三。

(16) 『藤沢市史資料所在目録稿』十六「勧修寺文書」⑳高野山六・七。この中で寛保四年と延享元年の「高野山聖方一件御願口上書并由緒書草案　御書之案」はいずれも表題の脇に「此案不用」と書かれているので、実際に提出されたのは、「御書之案」を付さない延享元年「高野山聖方一件御願口上書并由緒書草案」の形であったと思われる。

(17) 『紀伊続風土記』高野山之部学侶　巻十三「非事吏事歴および同追加」(『続真言宗全書』三九、続真言宗全書刊行会、一九七二年)。『藤沢市史資料所在目録稿』一一〇「勧修寺文書」一―一一〇の宝暦十三年（一七六三）十一月二十三日付書状、および同一一〇―五三五の宝暦十三年十一月二十四日付書状案（断簡）によると、『紀伊続風土記』に記される宝暦三年の後も、勧修寺門主（寛宝）から公儀へ聖方が勧修寺法末であることの取り計らいを願う書状が出されていたことがわかる。あるいは『紀伊続風土記』の「宝暦三年」は宝暦十三年かもしれない。

(18) 『補任等古記録』、「諸門跡伝」。

(19) 今泉定介編輯・校訂『新井白石全集』第三（吉川半七、一九〇六年）。

(20) 『祠曹雑識』巻四五「高野山学侶行人沿革」(内閣文庫所蔵史籍叢刊九、汲古書院、一九八一年)。

(21) 『紀伊続風土記』伊都郡　高野山部「聖総論」。

第五章　供養帳にみる高野山信仰の展開

一　高野山高室院文書相模国月牌帳にみる高野山信仰

（一）高野山院家との師檀関係

（1）師檀関係の成立

高野山はその発展に伴い、住僧が増え、山内の子院（院家）数も増加していった。その数については、承久三年（一二二一）二月六日付「七条大僧正御教書」によると、当時の高野山には「満山三千余人衆徒」が存在したとあり[1]、一応の目安になると考えられる。山内に建立されていった子院の様子については、鎌倉末期に大楽院信堅が著わした『信堅院号帳』[2]では、総数五七の子院や堂塔が記されている。ここではまだ、地域（谷）別による記載ではない。その後、文明五年（一四七三）に多聞院住義が記した『高野山諸院家日記』（『高野山諸院家帳』・『高野山本院』とも称する）[3]では、子院や堂塔は、後に高野十谷と呼ばれる各谷の前身とみられる各地域別に記載がなされている。その地域は、西院（墾道南北）・南谷院道南・谷上院道北・壇上道北・中院道北・五室道北鼻・千手院道北・中別所道北・小田原道南北・西谷道南・東谷道南の十一地域で、記される子院や堂塔の数は計二七七宇である。ここに出てくる壇上道北は、壇上伽藍の地域を指す。子院の数はその後も増え続けた。高野十谷とは西院・谷上・南谷・千手院・五之室・一心院・小田原・本中院・往生院・蓮華谷であるが、江戸時代前期には、蓮華谷は宝幢院・清浄心院・蓮華谷の三つに分かれており、合計十二の谷が存在していた。高野山で最高の寺数を示した絵図といわれる正保三年（一六四六）の「御公儀上一山図」

では、谷は上記の十二に分かれ、そこに存在する子院の数は、学侶方二一〇軒、行人方一四四〇軒（内小坊一五五軒）、聖方一二〇軒、客僧坊四二軒、三昧聖五三軒の総計一八六五軒であった。[4]

高野山信仰が全国に普及するにつれて、高野山の各子院はそれぞれ参詣者と個別につながりを有するようになる。そしてそこで供養を行なうだけではなく、参詣者は参詣の際にその子院を宿坊にするという形をとりはじめた。先に概観した子院の数からも、そこへ参詣する人々の数の多さが推測される。このような結びつきは、地方領主や戦国大名といった各地域の有力者との師檀関係の成立に発展していった。

高野山院家と地方領主との師檀関係成立時期は、新城常三氏によると「大体室町中ごろ文明前後」であり、その関係が普遍化するのは、文明以降、特に戦国時代という。[5] 新城氏は、高野山院家の宿坊化の理由として、高野山が地方領主との結びつきを求めて地方進出を行なったことにより、信仰圏が拡大し、その結果高野山への参詣者数が増加して、院家が参詣者の宿泊に関係するようになったためと分析しておられる。[6] このことは、中世に高野聖たちが廻国して、高野山信仰を普及した結果によるものといえるだろう。その高野聖たちとは、すべてが江戸時代の聖方寺院に分類される院家からの廻国僧ではなく、後に学侶方・行人方寺院に分類される院家からの僧も加わっていたと思われる。本章で取り上げる高室院は学侶方寺院であり、高室院と相模国の檀那場を争った慈眼院も、上総国の檀那場を争った西門院も、共に行人方寺院である。高野山のあらゆる院家が廻国僧を派遣するようになり、その廻国僧たちが各地で高野聖と認識され、高野山参詣を勧めながら地方領主たちと師檀関係を結んでいったのであろう。

各院家とその檀那である地方領主・戦国大名との間に交わされた宿坊証文・檀那証文等は『高野山文書』（金剛峯寺編）に多く残されている。これらの証文類が、文明二年（一四七〇）四月吉日付「宥尊敬白案文」[7]をはじめとして、以後ほぼ十六世紀に集中しているところからも、この時期に高野山院家と地方領主との師檀関係が成立・普遍化していったといえるだろう。瀧善成氏は、応永二十一年（一四一四）頃には膨大な寺坊（院家）が宿坊へ転身し、活発な檀那汲引活動を展開させるようになったと指摘される。[8]この頃の高野山院家の参詣者争奪の激しさは、以下に挙げる応永二十一年二月二十二日付「高野山禁制案」によく示されている。[9]

（端書）「旅人引制札案文　千手院口ニ立ツベシ」

禁制　条々

一　当山参詣之輩、或ハ任セ往古之由緒ニ一、或ハ随テ当寺之所縁ニ一、可キ有ル二寄宿一之処ニ、於国々宿々ニ一、廻シ秘計ヲ一引ク旅人一之条、背ク寺家之掟一者也、殊ハ備前国三石関所ニテ、自ノ九州中国一参詣人ヲ、語関守一、以賄賂一令誘引一之輩有ル之歟、令露顕一者可処重科ニ一、就中旅人依一旦之語ニ一、忘レ多年之由緒一、未聞不見之在所ヘ令寄宿一之条、背先規一間、於自今以後者堅可停止事、

一　対遠国不知案内仁ニ一、奥院ノ山地ヲ令メ沽却一、定ル基《墓》所ヲ一由有其聞一、於寺家一前代未聞事也、若其仁躰令露顕一者、可被処重科一事、

（中略）

右以前条々、任先規一令禁制一処也、若於下背此旨一輩上者、可処重科之条如件、

応永廿一年〈甲午〉二月廿二日

預大法師　賢秀
行事入寺　長敏
年預阿闍梨仙範

（〈 〉は割注）

この禁制案の内容を簡単に記すと、高野山への参詣者は、「或ハ往古之由緒ニ任セ、或ハ当寺之所縁ニ随テ」寄宿すべきであるのに、道中「国々宿々」で、様々な手段を使い旅人を引くものがいる。その行為は「寺家之掟」に背くこと

であり、露見した場合は重科に処す。また、参詣者がその時の言葉に惑わされて「多年之由緒」を忘れ、見たこともない宿に泊まることは先規に背くことで今後は堅く禁止する、ということである。ここから、高野山参詣者の宿泊をめぐり、道中ですでに奪い合いのあったことが窺われる。「国々の宿々」とは、高野山参詣客は、その道中での宿も、高野山宿坊との関係で決まっていたことを示すのであろうか。そうであればこのような院家と各地の「宿」とのつながりは、高野聖の廻国による院家の地方進出に伴って、作り上げられていったものと考えられる。そして、甘言に惑わされて新しい宿坊へ泊まる参詣者の行為を「多年ノ由緒ヲ忘レ」たもので「先規ニ背ク」と表現していることは、多少の誇張はあるにせよ、この時期には参詣者と各院家との間に、師檀関係的なものがある程度形成されていたことを示すであろう。また、九州や中国地方をはじめとする全国から、奥院の山地に地所を購入して墓所と定めることが数多く行なわれていたことがわかる。

この禁制以後も、各院家間で檀那をめぐる争いは続けられた。地方領主との師檀関係の成立により、争いはその地域全体を檀那場とする大規模なものに発展していった。その主立ったものとしては、例えば本節でその月牌帳を取り上げる高室院と西門院（上総）、西門院と万智院（上総・安房、里見氏）、蓮華定院と成慶院（信濃佐久郡）、引導院と成慶院（甲斐、武田氏）、西門院と妙音院（安房・上総）等が挙げられる[(10)]〈（　）内は相論となった檀那場・檀那〉。そして、これらの争いには、「満寺決定之評議」「満寺従御老衆御連絡」「満山被相談如落着」「満山以衆議」等とあるように、山内の決議で解決が図られた[(11)]。それは檀那場の維持が高野山全体の秩序と運営に関わる問題であったためと考えられる。高室院は、西門院との上総国をめぐる檀那場争い以外に、相模国についても、慈眼院と争っている[(12)]。檀那場をめぐる内部での抗争は高野山のみならず他の寺社でも同様であった。島津義久の家老で日向宮崎城主上井覚兼の『上井覚兼日記』天正十一年（一五八三）一月十八日条および天正十二年一月二十七日条をみると、愛宕山の長床坊の檀那場へ、同じ愛宕山の下之坊が割り込んできたことがわかる。

（2）師檀関係の維持

このようにして結ばれた師檀関係を基礎として、江戸時代、高野山の諸院家はそれぞれが自分たちの檀那場を有していた。院家はその地域へ定期的に使僧を訪問させ、配札や、高野山での供養の取次など、檀那場との結びつきを保持すべく努力した。各檀那場より集められる初穂料や、参詣者からの供養料、宿泊料等は、その院家にとって重要な資金源だったのである。院家から派遣された使僧たちは、廻国しながら高野納骨信仰を説き高野参詣を勧めるという機能の点から、江戸時代の高野聖といえるだろう。

各院家は檀那場へ使僧を廻国させることにより師檀関係の継続をはかったが、それではもし、何らかの理由で一度交流が途切れてしまった場合はどうしたのであろうか。そのような場合について、例えば、寛永五年（一六二八）十一月七日「仙福寺以下連署宿坊証文」によると、信州佐久郡の内、佐野宮内庄は「御普（譜カ）代衆下々共、成慶院之御檀那場ニて御座候所、久敷中節（絶カ）被レ成候、むかし代々之御引付を以、福生院今度御尋候段、一入二忝存一候、自然爰許より高野山へ壹人成共罷登候は、如二前々筋目一に成慶院へ御尋可レ申候、為レ其伴野庄中年寄一帋如レ件」とあり(13)、かつて成慶院檀那場であったが久しく中絶してしまっていた佐久郡佐野宮内庄について、今後は以前の通り成慶院を尋ねる旨、仙福寺以下計七一名の年寄が連署している。この証文によると、成慶院との関係が途絶えてしまっていた佐野宮内庄のもとへ福生院が「むかし代々之御引付」をもって尋ねてきたとあり、成慶院が、佐野宮内庄との師檀関係を復活させるべく、福生院を訪問させたと考えられる。また、正徳二年（一七一二）以降のものと推測される「西門院快伝前書」で、快伝は松平清武に対して、西門院を宿坊としていた越知玄蕃頭家秀公との音信が途絶え、嘆かわしく思っていたが、正徳二年の江戸在勤中に、越知氏の系図を探り尋ねたところ、松平兵部大輔清武公の門葉であることがわかったので、越知家秀と西門院との由緒に因んで西門院に帰依して欲しいと願っている(14)。それに対して、清武は西門院からの使僧と土産に感謝し、以後の関係を承知している。[15]

これらの文書から、一度結ばれた師檀関係が、何らかの理由で途絶えてしまった場合、高野山側は、さまざまな手段を使って、再びその関係を復活させようとしていたことがわかる。したがって、檀那場からの参詣者はその院家を宿坊とし、他の院家に宿泊することは許されなかった。例えば、文禄四年（一五九五）十月七日付「相模先達連署請文」では、国府慶蔵坊・河村法相院以下計二八の先達衆が、近年「旦那之事、近□《年カ》方々みたりかわしき」ため、改めて先例通り高室院を宿坊とすることを取り決めている。[16]

（二）高野山の供養帳

（1）高野山の供養帳について

前項で述べたように、高野山の各院家と師檀関係を結んだ檀那場の檀那たちは、その院家を宿坊として、参詣の折りにはそこに宿泊し、また供養依頼を行なった。高野山へ参詣した者たちの供養内容や、もしくは直接参詣できずに使僧や参詣者に供養の取次を依頼した場合の内容は、各院家の供養帳に記載された。これらの供養帳は、日牌・月牌・茶牌など扱う供養種類の違いにより、日牌帳・月牌帳・茶牌帳のような名称を有する。本稿では、全体の総称として供養帳の語を用いる。院家では供養帳にもとづき供養を行なうと同時に、その供養帳を参詣者把握のためにも用いた。これらの供養帳は、各院家への宿泊客を記した登山帳や、院家からの使僧が檀那場の廻国に際して手控えとして作成・利用した檀廻帳・日並記（日次記）とともに、当時の各地域の人々の実態を表わす貴重な史料として、近年その重要性が注目され、自治体史等で翻刻されている。[17] しかしながら、これまでは、史料翻刻や紹介が主体であり、供養帳そのものの分析や供養帳を用いた研究は、まだこれからといえる。本章では、高野山の供養帳が有する特徴に注目し、近年自治体史等で公表された成果を踏まえて、供養帳にみる高野山参詣を取り上げ、そこから高野山信仰の展開を考える。

現存する高野山の供養帳をみると、そこには、死者の追善供養だけでなく生前に行なう逆修供養が併せて記載されている。その点で各地の檀那寺の「過去帳」（死没者の記載を趣旨とする）とは性格を異にする。本節で取り上げる高室院相模国月牌帳にも「過現名帳」と書かれているものがある。これは「過去現在名前帳」の略である。「過去帳」とも呼ばれたことにより、寺請制度にもとづいた檀那寺に残されている過去帳と同じようにとらえられがちな側面があるが、高野山の供養帳は寺請制度の枠にはとらわれないものであり、高野山で供養を行なった各地からの人々を記したものである。その点が檀那寺に残される過去帳との違いであり、生前供養・追善供養の両面を把握している点に高野山の供養帳の特徴がある。[18] したがって供養帳の分析は、高野山信仰の特色とその展開を考える上で重要な手がかりを与えてくれるといえる。

（2）供養の種類と内容

供養者が師檀関係を結んだ高野山の院家へ供養を依頼する場合、その種類には日牌・月牌・茶牌の三種類があった。日牌・月牌の意味は、宗派によって違う可能性もあるようだが[19]、高野山の場合は、各供養者が死者の追善供養、または生前の逆修供養を院家に依頼する場合の、供養種類の違いを表わす。すなわち、日牌とは一年間毎日の供養を依頼するものであり、月牌は一年間毎月の命日に供養を依頼するもの、そして茶牌とはその時一度きりの供養を依頼するものといわれている。[20] 日牌・月牌の語の登場は戦国末期であるとの指摘がある。[21] 茶牌の語は、金剛峯寺編の『高野山文書』にも、大日本古文書　家わけ第一の『高野山文書』にもみえないが、高室院相模国月牌帳における初見は慶長三年（一五九八）で、六月二十八日に「武州江戸ウタ川惣左衛門」が「妙安禅定尼」の追善供養として行なったものである。[22] 高野山清浄心院の供養帳である「下野国供養帳」の茶牌の初見は、慶長八年（一六〇三）年に下野国冨田内宿佐藤助五良が家主「妙金禅定尼」のために依頼した例である。[23] したがって、高野山における供養は、十七世紀初頭にはすでに日牌・月牌・茶牌という現在みられる三種類があったことがわかる。しかし、後述するようにその主流は月牌であった。高室院文書をみても茶牌帳が独立して作成されるのは、享保二十一年（一七三六）の「諸国茶盃〔一〕　慈茶諸国　第三号」（慈眼院）であり、高室院のものでは「茶牌過去帳（相模・武蔵・伊豆月牌帳）」享保十七年〜元文三年（一七三二〜一七三八）が最初である。したがって茶牌供養が盛んになってくるのは十八世紀になってからではないかと考えられる。この点については、本章第二節で取り上げる三河島村松本家文書「萱堂千蔵院供養帳」の項で再び言及する。

それでは、そもそも日牌・月牌・茶牌とはどのようにして名付けられたのであろうか。現在残るこの時期の高野山と地方領主との間で交わされた師檀関係について記した文書を調べてみると、「牌」の字はまた「盃」「杯」で書かれている場合がみられる。十七世紀の寛文年間に高野山参詣の手引きとして書かれた『高野山通念集』にも「日牌〈或作二盃杯一〉月牌」と記されている。[24] これらの表現から、日牌・月牌の本来の義は、毎日もしくは毎月供物を捧げ供養し回向する、という意味であり、供物を器に盛って捧げたゆえに盃・杯の文字が用いられたのではないかと推定される。供養帳に日牌・月牌を「立之」と記したり、文書に「逆修之日牌一本分」・「日牌二本同位はい」[25]等と書かれるようになったのは、供養対象が視覚化された位牌とセットになることにより一本・二本という数え方が出現し、また「立之」「建牌」という表現がなされるようになったのではないかと考えられるのである。[26]

その供養料については、規模や依頼者により違いはあったと思われるが、例えば十六世紀後半に、蘆川景盛が大藤與七兄女の日牌供養を依頼した例では日牌料十三貫文とある。[27] 景盛は、覚了妙智尼という戒名をもらったこの女性の過去帳への記入について、すでに「高室院過去帳」に記載されている芳圓と親子なので同様にしてほしいと頼んでいる。このように特定の院家と師檀関係を結んで代々供養を依頼するという形は、高室院とこの芳圓親子以外にもすでにあったと考えられる。また同時期と推定される「岡本長秀書状」でも、長秀は自分の逆修日牌料を十三貫文と記し[28]、高野山清浄心院檀那であった太田道誉は、天正十九年（一五九一）正月六日付の書状において「月洲長瓊禅定尼」の日牌料が十三貫文と記している[29]。また、年未詳ではあるが、小田原谷の上蔵院と師檀関係を結んでいた伊予河野氏の泰経の書状によると、日牌料としてまず六貫文を使僧に渡し、残金は後日支払う旨が記されている[30]。一心院谷の蓮華定院の檀那である以心軒真興も、その書状に日牌料二本分として「大いた一まい、いなかめ一分引之金」を使僧順良に渡したと記している[31]。

時代が下って江戸時代後期には、文政十三年（一八三〇）の高室院「位牌下帳」によると、供養の料金は、大日牌が金五十両・十両・五両・二両の四種類であり、小日牌は金一両、月牌は金一歩、茶牌は金二朱であるという[32]。同年に高野山桜池院が本堂と位牌堂再建のために作成した「再建勧化帳」に記される供養料金も、日牌は金二両と金一両の二種、月牌は金百疋、茶牌は金五十疋とある[33]。同じく十九世紀初頭と考えられる萱堂千蔵院の史料でも、日牌は金二両、小日牌は金一両、月牌は金二百疋、茶牌は南鐐一片とある[34]。高室院の場合は大日牌に複数のランクがあり、かなり豪華なものもあったようであるが、三院とも日牌料は二両と一両（小日牌）で、月牌料は高室院・桜池院は同額で萱堂千蔵院がそれより高いものの、茶牌料は三院とも同額である。これらの点から、高野山での供養を依頼する場合、各院家により供養のランクには差があるものの、基本的にはどの院家も同じ程度の金額であったと考えてよいだろう。

（三）相模国月牌帳にみる高野山信仰

（1）高室院と相模国

高室院相模国月牌帳の分析を行なう前に、まず高室院と相模国との師檀関係について概観しておこう。

高野山小田原谷に位置する高室院は、当初は智慧門院と称し、十二世紀末〜十三世紀初頭に阿闍梨房海が開基したと伝える[35]。しかし、『信堅院号帳』や『高野山諸院家日記』には、「智慧門院」「高室院」の名前はみえない[36]。近世初期の高室院は、学侶方に属し、慶長六年（一六〇一）徳川家康から学侶方に与えられた碩学料一〇〇〇石を受ける八ヶ寺には入っていないものの、慶長十四年（一六〇九）に老中本多正純・京都所司代板倉勝重・円光寺元佶の三名連署で金剛峯寺衆徒中に出された「条々」七ヶ条にみえる学侶方の門主寺院宝性院・無量寿院門中の名室二〇ヶ寺に含まれており、無量寿院門中の一つで衆議に参加する十八ヶ寺にも選ばれている[37]。年号は未詳だが慶長期の学侶方衆議による種々の取り決めが記された「高野山慶長年中記」[38]でも、高室院はこれらの衆議に参加している。慶長十七年（一六一二）に書かれた「高野山支院領諸供領之目録」には、宝性院・無量寿院を筆頭とする一六九の学侶方寺院や学頭・入寺・阿闍梨・会衆・天野社寺供僧・四所庄官・慈尊院供僧などへの寺領の配分が記されている[39]。その中で院家の筆頭は宝性院・無量寿院の両門主で各七〇石、次いで龍光院・正智院に各四〇石が配分されている。高室院の名前は、その次に三五石与えられた院家四七院の中に出てくる。また、高野山検校の中で高室院出身者は一三四代宣順（応永二十一年〈一四一四〉任）や一九二代栄任（弘治三年〈一五五七〉任）がおり[40]、無量寿院門主となった人物としては、第三章第二節で言及した元禄高野騒動で、万治二年（一六五九）八月に追放になった無量寿院門主快盤の代わりに門主となった高室院長栄がいる[41]。これらの点から考えて、高室院は、学侶方寺院全体でも高位に位置する寺格を有し、高野山検校や学侶方無量寿院門主を出すこともできる有力寺院であったと考えられる。

高室院が相模国を檀那場とするようになったのは、小田原北条氏との師檀関係による。『集古文書』所収の永正元年（一五〇四）十二月五日「某長氏書状写」によると、長氏（北条早雲）が、長運法印に、武蔵への出陣にあたり戦勝祈祷を依頼したおかげで勝利したことの礼を述べ、黄金・山絹を布施し、相模国を檀那場とすることを承知したこと、その旨を家臣桑原九郎右衛門尉政次に申しつけて諸先達へ連絡させることを約している[42]。それを受けて、翌永正二年三月二十日、桑原政次は「当国諸先達并諸檀那大小人」に、高野山参詣の折は高室院を宿坊とすることを命じたことを長運に報告している[43]。ここにみえる長運法印とは高室院二三世の長運とみられる。長運は相模国岡崎の生まれで、永正二年八月二十五日に他界したという[44]。長氏と高室院の結びつきについては、住持長運が相模国出身であることが関わっていると推測される。高室院はその師檀関係をもとに、北条氏の陣僧をつとめる本山修験の大先達玉瀧坊とも関係を結び、その配下先達の霞場を高室院の檀那場として掌握し、さらに相模国にある古義真言宗有力末寺と師檀関係を結び、この二つのルートを用いて、高室院を相模国からの僧侶の修行道場、参詣者の宿坊としていった[45]。

（2）高室院相模国月牌帳について

高野山で供養を依頼した場合、その内容は各院家の供養帳に記載され、院家はそれにもとづき毎月・毎日の供養を執り行なった。その記載内容は供養帳により書き方に違いはみられるが、基本的に、供養を依頼した人の姓名、現住所（国郡郷村名）、供養対象者の法名（実名の場合もある）、供養年月日、供養対象者との続柄、供養目的（追善か逆修か）である。他に命日や取次寺院が記されている場合もある。すなわち、月牌帳とは高野山に残される供養帳の中で、月牌のための供養料を納めたときの「信者台帳[46]」という機能を有する。高室院の相模国月牌帳の記載から一例を示すと、以下のようである。

相州玉縄　宮沢式部丞　母タメニ立之
宗馨　　逆修
元亀二天八月十五日[47]

すなわちこれは、相州玉縄に住む宮沢式部丞がその母（法名宗馨）のために元亀二年（一五七一）八月十五日に逆修供養を行なったということになる。

高室院には明治時代にまでおよぶ三〇〇冊以上の日牌・月牌・茶牌帳が残されている。(48) ここではその中から、中世末～近世初期の高野山信仰の様相を考察する目的で、初期の段階の月牌帳である以下の五冊を取り上げる。
イ．天文五年（一五三六）～文禄五年（一五九六）「高相州河西　第一号　相州過去帳」
ロ．天文十一年（一五四二）～寛文二年（一六六二）「高相州河西　第二号（月牌帳）」
ハ．慶長二年（一五九七）～同十四年（一六〇九）「高相州河西　第三号（月牌帳）」
ニ．慶長十三年（一六〇八）～元和三年（一六一七）「相州川西月牌帳　高相州河西　第四号」
ホ．天文八年（一五三九）～天正十九年（一五九一）「高諸国　第一号（月牌帳）」の相模国分。
以下、各月牌帳を記すときは、特別な場合を除き、イからホの記号で表現することとする。そして本節ではこれらの月牌帳に記載された供養の中から、慶長末年までのものを考察の対象とする。慶長末年で区切ったのは、慶長二十年（元和元年、一六一五）の大坂夏の陣による豊臣氏の滅亡を転換期ととらえたためである。

これらの月牌帳の表題にみえる「河西」の語は、高室院からの使僧が相模国を廻村する際に、相模川を境に「川西」（足柄上・足柄下・淘綾・大住・愛甲の各郡）と「川東」（高座・鎌倉・三浦の各郡）の二地域に分けて廻ったことに由来する。(49) しかし、件数に差はあるものの、上記の月牌帳には河西地域のみでなく、河東地域からの月牌供養も記載されている。各月牌帳が取り扱う年代については、イハニは順を追っているが、ロは少数ながら、扱っている年がイハニと重なる。その時期の記載に重複しているものがあるかどうかチェックしたが、調べた限りではみあたらなかった。

今回扱った月牌帳は、他のものに記されていたものを、後年一冊にまとめたとみられる。全体としては概ね年次順に記載されてはいるが、同一帳内に年号の記載が前後する箇所がある。(50) 例えばハは、慶長九年（一六〇四）七月と八月の間のところに慶長十三年（一六〇八）のものが七〇件ほど挿入され、続いて元亀三年（一五七二）・永正十七年（一五二〇）・永禄十年（一五六七）・同十二年（一五六九）のものが計十件ほど混入している。ニは最初の部分に慶長十二年（一六〇七）と同十八年（一六一三）の記載が若干混じっている。イに関しては、文禄五年（慶長元年、一五九六）分について、「此一冊殊ノ外混雑ニ候、能々御見分ケ可被成候」と記し、元亀年中（一五七〇～一五七三）についても、「此一冊殊の外混雑ニテ相分兼候、後々ハしらへ可被成候」とある。[51]ロも寛文元年～同二年（一六六一～一六六二）の箇所について、「此一通年号殊の外前後致候、能々御吟味可被成候」と書かれ、部分的ではあるが内容に混乱のあることが記されている。筆跡の点では、同一の筆跡で何年にもわたって記されている点から、記載年代の下限時期に一人（もしくは複数）の手によりまとめて筆写されたかと考えられるが、詳細は不明である。なおロに関しては、天文十一年（一五四二）から寛永七年（一六三〇）のはじめまでは同筆、以後は複数の筆跡が混在している。そのことが直ちにその成立過程に結びつくものではないにせよ、ロは他の月牌帳とは別のルートで書かれたものかもしれない。

（3）高室院相模国月牌帳の分析

まずこの時期の高室院への月牌供養の様子をみることとする。前記五冊の月牌帳から、年代のわかるもの（推定を含む）を取り出した。件数は以下の通りである。

イ．全一四一三件中、一三九一件
ロ．慶長末年までのもの一〇六件中、一〇六件
ハ．全一三〇二件中、一二九九件
ニ．全六五八件中、六五八件
ホ．相模国のもの九件

計三四六三件

ここに挙げた数字は、月牌帳に記載されている件数である。同一人物が複数の人間の供養を依頼した場合もそれぞれ一件として数えた。同時期の登山帳が無く、月牌帳の記載からだけでは、その人物が実際に参詣したかどうかの確認が困難な場合もあるため、参詣者数ではなく、月牌帳に記載されている件数を取り上げたものである。したがって、これらは月牌供養依頼数といえる。

表題に月牌帳と書かれてはいるが、日牌・茶牌供養が全く記載されない訳ではなく、ハには、一三〇二件中茶牌三四件・日牌四件、ニには、六五八件中茶牌十一件、日牌二件の供養がみられる。しかし、それぞれの記載件数から考えると、この数字はハでは全体の三％、ニでは全体の二％である。「月牌帳」に対応するような相模国「日牌帳」・「茶牌帳」はこの時期に高室院では作成されていないので、この時期の供養の主体は月牌であると考えられる。高室院で茶碑帳が作成されるのは、十八世紀にはいってからである。[52]また、高野山清浄心院の「下野国供養帳」もその解説によると、表題は「下野国日月供名簿」と書かれているとあり、[53]この場合も日牌と月牌が供養の主体であったことがわかる。さらに「下野国供養帳」に記される供養件数を、これまでに翻刻された寛永十七年（一六四〇）までの分で調べたところ、全件数二七三八件中、月牌供養が二三四九件、日牌供養は二六〇件、茶牌供養は二三件、不明が一〇六件であり[54]大部分が月牌供養である。したがって、当時の高野山における供養とは、月牌と日牌を指しており、その主流は月牌であったと指摘できるだろう。

①天文〜慶長年間の月牌供養依頼数（表1）

イからホまでの供養三四六三件を十年毎に区切ったのが表1である。なお本稿で用いる表の作成にあたっては、小田原北条氏が滅亡する天正十八年（一五九〇）年を、相模国の動向を考える上でひとつの画期ととらえる意図から、この年を十年毎の末年とする形で区分を行なった。したがって最初と最後がそれぞれ五年ずつになってしまうが、最初の天

表１～８　高室院相模国月牌帳による分析（出典は以下の通り）
イ．天文５年(1536)～文禄５年(1596)「高相州河西　第一号　相州過去帳」
ロ．天文11年(1542)～寛文２年(1662)「高相州河西　第二号(月牌帳)」
ハ．慶長２年(1597)～ 同 14年(1609)「高相州河西　第三号(月牌帳)」
ニ．慶長13年(1608)～元和３年(1617)「相州川西月牌帳　高相州河西　第四号」
ホ．天文８年(1539)～天正19年(1591)「高諸国　第一号(月牌帳)」相模国分

表１ 天文～慶長年間の相模国からの月牌依頼数

年　代	件　数
1536～1550　(天文５～19)	55
1551～1560　(天文20～永禄３)	163
1561～1570　(永禄４～元亀１)	167
1571～1580　(元亀２～天正８)	186
1581～1590　(天正９～18)	433
1591～1600　(天正19～慶長５)	682
1601～1610　(慶長６～15)	1242
1611～1615　(慶長16～20〈元和１〉)	535
計	3463

表２ 地域別集計

年　代	足柄上	足柄下	淘綾	大住	愛甲	高座	鎌倉	三浦	不明計	計
1536～1550	5	9	8	9	2	2	0	0	0	37
1551～1560	8	17	10	15	8	3	0	0	16	77
1561～1570	12	36	2	10	5	0	6	1	4	76
1571～1580	4	49	2	31	6	0	3	0	2	97
1581～1590	27	126	18	67	13	18	6	3	7	285
1591～1600	24	41	17	124	25	13	8	1	16	270
1601～1610	81	120	57	372	70	108	4	31	20	863
1611～1615	26	77	25	187	47	69	14	36	21	502
計	187	475	139	815	176	213	41	72	87	2205
率(%)	8.5	21.5	6.3	37.0	8.0	9.7	1.9	3.3	4.0	

表３ 郷村別件数（上位10村）

地名（郡名）	件数	地名（郡名）	件数
小田原（足柄下）	268	前川（足柄下）	42
須賀（大住）	66	小稲葉（大住）	37
大磯（淘綾）	55	田名（高座）	34
大山（大住）	52	坂本（大住）	32
糟屋（大住）	47	平塚（大住）	31

表4 供養内容内訳

年＼供養内容	追善	逆修	総数	逆修率(%)
1536～1550	54	1	55	1.8
1551～1560	155	8	163	4.9
1561～1570	155	12	167	7.2
1571～1580	115	71	186	38.2
1581～1590	272	171	433	39.5
1591～1600	479	201	682	29.5
1601～1610	723	519	1242	41.8
1611～1615	300	213	535	39.8
計	2253	1196	3463	34.5

注）逆修には逆修・預修と書かれたものを集計した。それ以外は追善とみなした。

表5 追善対象内訳　下段（　）はそれぞれの年の追善供養に対する割合（%）

年＼内容	父	母	配偶者	子	兄弟姉妹	祖父母・舅・姑	その他	不明	追善計
1536～1550	1 (1.8)	2 (3.7)	0	0	0	0	0	51 (94.4)	54
1551～1560	0	1 (0.6)	0	0	0	0	0	154 (99.3)	155
1561～1570	1 (0.6)	1 (0.6)	1 (0.6)	1 (0.6)	0	0	2 (1.2)	149 (96.1)	155
1571～1580	7 (6.0)	7 (6.0)	0	0	1 (0.8)	0	4 (3.4)	96 (83.4)	115
1581～1590	6 (2.2)	9 (3.3)	0	1 (0.3)	0	0	3 (1.1)	253 (93.0)	272
1591～1600	18 (3.7)	16 (3.3)	8 (1.6)	3 (0.6)	0	0	0	434 (90.6)	479
1601～1610	103 (14.2)	97 (13.4)	12 (1.6)	10 (1.3)	20 (2.7)	17 (2.3)	9 (1.2)	455 (62.9)	723
1611～1615	94 (31.3)	82 (27.3)	5 (1.6)	5 (1.6)	4 (1.3)	15 (5.0)	9 (3.0)	86 (28.6)	300
計	230 (10.2)	215 (9.5)	26 (1.1)	20 (0.8)	25 (1.1)	32 (1.4)	27 (1.1)	1678 (74.4)	2253

注）供養者と供養対象者の関係が不明なものはすべて不明に含めた。
兄弟姉妹・祖父母・舅・姑・その他の内訳は以下の通りである。
1561～1570年：個人名２
1571～1580年：姉１、叔母１、個人名３
1581～1590年：個人名３
1591～1600年：なし
1601～1610年：兄12、兄嫁１、姉６、妹１、舅８、姑３、祖母６、伯父２、乳母１、師３、個人名３
1611～1615年：姉３、弟１、舅13、姑１、祖母１、伯父１、師５、個人名３

表6 逆修対象内訳　下段（　）はそれぞれの年の逆修供養に対する割合（%）

年＼内容	自分	父	母	配偶者	子	兄弟姉妹	その他	不明	逆修計
1536～1550	1 (100)	0	0	0	0	0	0	0	1
1551～1560	0	0	0	0	0	0	0	8 (100)	8
1561～1570	0	0	0	0	0	0	0	12 (100)	12
1571～1580	2 (2.8)	0	3 (4.2)	2 (2.8)	0	0	0	64 (90.1)	71
1581～1590	13 (7.6)	2 (1.1)	7 (4.0)	0	0	0	0	149 (87.1)	171
1591～1600	16 (7.9)	13 (6.4)	18 (8.9)	9 (4.4)	0	0	3 (1.4)	142 (70.6)	201
1601～1610	67 (12.9)	39 (7.5)	47 (9.0)	28 (5.3)	1 (0.1)	1 (0.1)	9 (1.7)	327 (63.0)	519
1611～1615	38 (17.8)	36 (16.9)	54 (25.3)	25 (11.7)	0	1 (0.4)	12 (5.6)	47 (22.0)	213
計	137 (11.4)	90 (7.5)	129 (10.7)	64 (5.3)	1 (0.0)	2 (0.1)	24 (2.0)	749 (62.6)	1196

注）供養者と供養対象者の関係が不明なものはすべて不明に含めた。
妻子と書かれている例が一例あったが、配偶者と子のそれぞれに集計した。
兄弟姉妹の対象は、1601～1610年・1611～1615年のいずれも姉である。
その他の内訳は以下の通りである。
1591～1600年：祖母1、「城方」1、個人名1
1601～1610年：舅4、姑1、伯母3、個人名1
1611～1615年：祖母1、舅6、伯母1、養子母2、個人名2

表7 月別参詣数（月牌依頼数）

月（含閏月）	1536～1550	1551～1560	1561～1570	1571～1580	1581～1590	1591～1600	1601～1610	1611～1615	計
1月	4	8	6	1	13	13	24	20	89
2月	2	5	12	5	39	33	45	45	186
3月	5	39	10	17	31	43	74	40	259
4月	4	15	7	12	19	29	63	33	182
5月	1	3	15	7	20	18	49	21	134
6月	12	4	8	19	22	82	448	122	717
7月	2	19	27	46	126	186	362	194	962
8月	4	6	22	11	41	22	44	32	182
9月	2	7	3	10	8	19	53	7	109
10月	1	3	11	5	17	10	9	2	58
11月	3	5	1	9	13	13	22	0	66
12月	3	0	4	4	16	16	21	4	68
計	43	114	126	146	365	484	1214	520	3012

注）虫損、もしくは不記載等により分類できないものは集計からはずした。

表8　日にち別参詣数（月牌依頼数）（晦日は30日として集計）

日	1536 ～1550	1551 ～1560	1561 ～1571	1571 ～1580	1581 ～1590	1591 ～1600	1601 ～1610	1611 ～1615	計
1	0	3	2	2	9	8	43	16	83
2	0	4	1	4	11	19	66	14	119
3	0	0	8	2	7	11	42	35	105
4	0	5	2	7	12	26	37	14	103
5	0	6	5	1	16	20	21	24	93
6	1	1	6	2	10	12	17	17	66
7	0	15	2	4	17	16	28	6	88
8	0	2	8	7	18	27	45	21	128
9	0	8	5	4	2	21	25	15	80
10	0	4	2	8	1	6	37	36	94
11	3	4	4	7	9	12	28	22	89
12	4	7	2	9	23	27	37	11	120
13	0	0	8	2	8	15	30	9	72
14	0	7	11	5	19	39	17	7	105
15	0	7	13	14	45	20	22	9	130
16	0	3	9	3	4	15	27	41	102
17	1	1	3	3	7	17	18	4	54
18	5	4	4	3	21	4	28	17	86
19	1	1	5	7	6	12	24	3	59
20	4	4	1	5	12	19	11	4	60
21	13	19	7	12	33	26	74	36	220
22	0	3	3	2	8	10	66	25	117
23	0	9	1	1	3	10	60	6	90
24	1	1	3	1	4	16	47	13	86
25	5	5	1	1	3	21	24	12	72
26	0	4	4	1	14	14	94	14	145
27	1	3	0	0	5	13	70	40	132
28	2	2	5	1	20	12	69	40	151
29	3	1	4	3	5	17	70	7	110
30	0	0	1	1	0	8	33	0	43
吉日	0	0	0	3	0	0	0	0	3
彼岸	0	1	4	0	0	0	0	0	5
計	44	134	134	125	352	493	1210	518	3010

注）虫損、もしくは不記載等により分類できないものは集計からはずした。

文五年（一五三六）～同九年（一五四〇）は供養件数が二件しかないために次の天文十年（一五四一）～同十九年（一五五〇）に含めて集計した。そして最後の慶長十六年（一六一一）～同二十年（一六一五）は五年間の集計となることをお断りしておく。

まず表1によると時代が下るにつれてその月牌帳への記載件数が増加することがわかる。天正九年（一五八一年）～同十八年（一五九〇）の十年間が直前の元亀二年（一五七一）～天正八年（一五八〇）の十年間と比べて倍増したことを契機に、その後件数は膨大に増加する。とりわけ慶長六年（一六〇一）～同十五年（一六一〇）は、一挙にその前十年間の倍近くに増え、年平均一二〇件の月牌供養が行なわれたことがわかる。慶長十六年（一六一一）以降は、慶長末年で年代を区切った関係で五年間の集計となるが、年平均にすると一〇〇件以上になる。このことから月牌供養依頼は時代を追って増加すると指摘できる。

②その地域性（表2・表3）

それでは、相模国から高室院へ月牌供養を依頼する人々はどの地域からやってくることが多かったのであろうか。表2は各郡毎に十年ずつの月牌供養依頼数を集計したものである。表2の中で不明というのは、郷村等の地名表記はあるものの、郡への所属が分類できないものである。地名表記が無かったり読み取り不能なものは、年号がわかっても集計からはずしたため、表1で集計した件数より合計が少なくなっている。郡名は月牌帳には、東郡・西郡・大中郡・中郡・小坂郡・足柄郡といった旧表記と江戸時代の行政郡名とが混在しているが、便宜上後者に統一した。

この表からまず指摘できることは、小田原北条氏が滅亡する天正十八年（一五九〇）までは、城下町小田原のある足柄下郡からの件数が圧倒的に多い。それ以降は大住郡からの件数が群を抜いて増え、総数では第一位である。足柄下郡・大住郡で全体の六〇％近くを占める。「河西月牌帳」と記されているように、河西地域の記載件数が圧倒的に多いが、慈眼院との入組である河東地域の高座郡からのものが大住郡・足柄下郡に続いて三番目に多いことは注目される。

各郷村別にその件数の多い順に十番目まで挙げたのが表3である。小田原の次に多い須賀村（現平塚市）は、相模湾に面する相模川流域に位置し、江戸期には相模川水運の集積地であった。高室院からの使僧が相模国を廻村する際、土産物をまず浦賀に送り、浦賀から須賀村へ送った。須賀村には古義真言宗長楽寺があり、河西地域への檀廻の拠点の一つであった(55)。

③供養内容（表4・表5・表6）

それでは、次に供養の内容を調べてみたい。先述したように、死者の追善供養と、生前に行なう逆修供養が併せて記載されるという形は、高室院月牌帳をはじめ、他の高野山院家の供養帳にもみられる。高野山の供養帳は、その点で、江戸時代に各地の檀那寺で作成される死没者の記載を趣旨としている「過去帳」とは性格を異にするものであり、生前の祈願と死者の追善のどちらも担うという点に高野山信仰の特徴がみられる(56)。

表4は、イからホに記される供養内容を追善供養と逆修供養に分けて、天文五年（一五三六）から慶長二十年（一六一五）まで十年毎にまとめたものである。そして表5と表6で、追善供養と逆修供養の対象を分類した。

まず表4より指摘できる点は、一五七〇年代である元亀二年～天正八年頃から逆修供養が増加する点である。その割合は供養全体の三〇～四〇％を占めるに至る。このことは、死者の追善だけでなく、生者の現世・後世における安泰を願って高野山へ参詣する人々が増えたことを示しており、弘法大師入定の地であり、この世の浄土とされた高野山への人々の願望を表現しているといえよう。

逆修という行為は平安時代からすでにみられる(57)。中世に発達した板碑でも、鎌倉時代後期には逆修思想が反映され、逆修板碑の隆盛をみるとの指摘がある(58)。その点について、全国でもっとも板碑の数が多い埼玉県の板碑の調査報告書である『板碑　埼玉県板石塔婆調査報告書』から、供養内容を調べてみた。調査された全二〇二〇一基中、銘文がなかったり、欠損や摩滅によって供養内容が刻まれていた可能性がある部分が読めないものを除いた七三一五基のうち、逆修の語が刻まれている板碑の数は、わずかに八四一基である（推定を含む）[59]。欠損や摩滅部分に逆修の文字が刻まれていた板碑も存在すると思われるが、その場合でも、逆修供養の方が多いとはいえないであろう。埼玉県以外でも、板碑が多く建てられている東北地方の板碑を調べた場合、『石巻の歴史』に集録される六一三基の板碑中、逆修板碑は四五基（推定を含む）、『古川の板碑』では、一二三基中、逆修板碑は五基である[60]。したがって、逆修板碑の数は決して多くはない。板碑に残された銘文をみる限りでは、中世における供養の主流は、依然として現当二世利益信仰であったのではないだろうか。

そのような中で高野山における供養に逆修供養が増加してくるという事実は、やはり浄土高野山という場に対する庶民の願いが表わされていると考えられる。先述した江戸時代初期の寛文年間（一六六一～一六七三）に成立した『高野山通念集』では、日牌・月牌を建立することは納骨同様に五十六億七〇〇〇万年後の弥勒下生の暁まで高野山にその名前を留め、朝夕の廻向に預かるという功徳を説いている[61]。また、宝暦二年（一七五二）に石見国出身の明有泰円が著わした『野山名霊集』では、高野山に日牌・月牌を立てることの利益として、高野山が真言相応の霊地であり、弘法大師が入定して、弥勒出世の時まで人法を加持することを誓った霊場であることを挙げており[62]、高野山は、この地が弘法大師に守られた霊地であり浄土であることを人々に説いて、参詣や供養を勧めたことが窺える。

表5では追善供養の対象者を整理した。全体的には供養者と供養対象者との関係が不明なものが多いが、関係がわかるものについて分類すると、父母に対する供養が多い。

次に表6で逆修供養の対象者を整理した。まず最初に指摘できる点は、供養者と供養対象者との関係が具体的に記載されていない逆修供養が、当初は多数存在することである。特に元亀二年（一五七一）～慶長十五年（一六一〇）までは、供養対象者不明の逆修の割合が、元亀二年（一五七一）～天正八年（一五八〇）九〇％、天正九年（一五八一）～同十八年（一五九〇）八七％、天正十九年（一五九一）～慶長五年（一六〇〇）七一％、慶長六年（一六〇一）～同十五年（一六一〇）六三％、というように、逆修供養全体の半数以上を占めている。関係が記載されていない場合は自身のことであるとも考えられるが、自分の場合は明記している例があり、さらに供養者と供養対象者の性別が違うなど、明らかに自分のためではないと考えられる例も多い。慶長十六年（一六一一）～同二十年（一六一五）では全体の二二％に減少していることから、時代を追って、供養者と供養対象者との関係が不明の逆修の割合は減ってきてはいるものの、この数字の多さにはやはり留意すべきであろう。

逆修供養の対象者がわかる例では、自分以外には父母・配偶者が大部分を占める。自分に対する逆修はそれほど多くない。その割合が最も多い慶長十六年～同二十年で全体の一八％である。それに対して、自分以外に対する逆修供養の件数の方が、供養対象者のわかる逆修の多数を占めている。その中でも母に対するものが多く、慶長十六年～同二十年で全体の二五％である。表6の中で、兄弟姉妹を逆修供養したものはいずれも対象者は姉である。その他の内訳は、舅一〇件、姑一件、祖母二件、伯母四件、養子母二件、個人名四件、分類不可能なもの一件である。

逆修とは預修とも言われ、自分で自分の為に生前に法事を行なうことであると理解されてきた。そして逆修を行なう理由は、「仏説灌頂随願往生十方浄土経巻第十一」[63]や「地蔵菩薩本願経巻下・利益存亡品第七」[64]などの記載から、供養による利益は死者一分、追善者（供養者）六分なので、自分で自分の供養を行なうことにより、その利益七分を全て得ることができるという「七分全得」の思想によるものであるとの説明がなされてきたのである。[65]それにもとづき、中世に流行した板碑や宝篋印塔にみられる逆修の語や「七分全得」の文字は、逆修の利益七分全てを自分で得ることを祈念して建立したとこれまで理解されてきた。[66]しかし、表6から指摘できるように、月牌帳に記載される逆修の対象者は自分以外の父母や配偶者である場合の方が圧倒的に多い。そして逆修と記された板碑や宝篋印塔でも、供養者と供養対象者との関係が不明であったり、明らかに供養者と供養対象者が違うものがみつかる。[67] 高室院相模国月牌帳以外の、高野山の供養帳に出てくる逆修供養でも、供養者と供養対象者の関係は不明ながらも明らかに別人であると判断せざるを得ない例がある。[68] これらの場合、逆修供養とは自分で自分のために行なうものであり、その理由はそれにより七分の福を全て得るためであるというこれまでの理解では説明がつかない。逆修には、自身を対象とするものと他者を対象とするものの両方があったことを改めて指摘したい。[69]「七分全得」の語は「仏説灌頂随願往生十方浄土経巻第十一」や「地蔵菩薩本願経巻下・利益存亡品第七」などの記載をもとに、中世になってから日本で造語されたとの指摘もある。[70]「逆修」の文字を刻んだ初期の例は弘安六年（一二八三）銘の弥陀種子板碑であるが、板碑の銘文に「七分全得」を書き入れるようになるのは南北朝以降だという。[71] したがって逆修と「七分全得」思想の関係も再度考え直す必要があるだろう。

④参詣時期（表7・表8）

人々はどの時期に高野山へ参詣したのであろうか。それを天文五年（一五三六）から慶長二十年（一六一五）まで十年毎に区切って月別および日にち別に集計したのが表7・表8である。まず、表7からみていきたい。この表によると、供養依頼が最も多い月は七月（九六二件）、次いで六月（七一七件）で、この二ヶ月間だけで全体の五六％におよぶ。すなわちこの時期が、参詣数が最も多いといえる。六月・七月の参詣が多いことについては、すでに『寒川町史研究』4に、天文十一年（一五四二）～元和二年（一六一六）の月別高野山参詣を集計した表があり、そこでも参詣時期はやはり七月が最多で次が六月であり、この二ヶ月で全体の約六〇％を占めるという。その理由について、この時期は田植えの農閑期に当たり、気候的にも身軽な服装で、田植えを終えて、ホッとした気持ちで出かけることができたためであろうとの指摘がなされている。[72] 相模国から高野山への参詣は、その前にまず伊勢を廻り、そして余裕のある場合は、高野山参詣後さらに奈良・京都へと廻るものが多く、その場合日数的に二ヶ月ほどを要した。したがって、それだけ村を空けられる時期を充てることが必要となる。その点からも、十七世紀前半までの段階では、農閑期である六月・七月は参詣に最も適した時期であったということができる。夏の参詣客の多さについては、『峯相記』でも、播磨国福井庄山本村の簑寺（薬師・観音二像）への参詣客の多さについて「七八月ノ比ハ当国ニ限ラズ摂津・河内・和泉・紀伊ノ国。但馬・丹波・備前・美作四国。辺土京田舎集ル間。二三里ガ内ハ諸方ノ道更ニ通リエズ。米銭等ノ類勧進物其数ヲ不知。（下略）」と書かれており(73)、他地域でも同様の現象であったことが推測できる。

六月・七月に次いで多いのは三月である。特に初期の天文二十年（一五五一）～永禄十三年（一五六〇）の十年間ではどの月よりも多く、全体の三四％を占める。六月・七月の参詣数が増加するにつれて、三月の場合は減ってくるが、それでも他の月に比較すると多いことが指摘できる。三月二十一日は弘法大師空海の命日であり、それに因んでの参詣と考えられるだろう。この点について、表8の供養日別月牌依頼数をみると、供養日として一番多いのは、二十一日であることがわかる。この日付は弘法大師空海の命日に因んでいるものと理解してよいだろう。無論、供養日は故人の命日であったり、高野山へ参詣した日であったりするので、その場合は必ずしも二十一日になるわけではないが、生前供養である逆修等で供養を依頼する場合や、もしくは供養者自身が参詣できず、取次寺院に供養を依頼するような場合には、二十一日という日を選んで供養日にしてもらうこともあったと考えられる。その傾向は、高野山への参詣時期が農閑期の六月・七月に多くなっていくと、供養依頼日も六月二十一日・七月二十一日が多くなるという傾向をもたらしている。供養の日付を選ぶということは、前項で述べた逆修供養の増加ということと関わるかもしれない。月牌帳全体で供養日付を統計すると、最も多いのは六月二十一日で六四件（内逆修二七件）、次が三月二十一日で四二件（同十六件）、以下七月二十一日・三四件（同五件）、八月十五日・三三件（同十五件）という順になる。このことから、高野山への参詣者は、供養日を選べる場合は弘法大師空海の命日に因む二十一日という日付を選ぶ傾向があったと指摘できるだろう。供養日付全体の統計では四番目であり逆修の日付としては三番目に多い八月十五日とは、秋の彼岸を意識したものとみられる。

他に「彼岸」や「吉日」の表現もあり、供養対象者の忌日と関係のないこれらの日付は、供養者が選んだ日付と考えてよいだろう。

（4）高室院相模国月牌帳の特徴

以上、高野山高室院に残された相模国月牌帳の中から天文〜慶長年間のものを抜き出して近世初期の高野山信仰の一面を考えてみた。

供養件数は時代が下るに伴い増加する。とりわけ、天正九年（一五八一）以降の十年間がそれ以前の十年間に比して倍増したことを契機に、慶長以降は年間一〇〇件以上のペースで供養依頼があったことがわかる。小田原北条氏滅亡前は、城下町小田原のある足柄下郡からの供養が多いが、滅亡以降は大住郡からのものが激増している。高野山への参詣や供養依頼がこれほど多くなされるようになった背景には、『塵添壒嚢抄』[74]の説明にみられるように、高野山がこの世における浄土であること、その上に高野山は弘法大師入定留身の地であるので、一度高野山へ参詣・納骨すれば、あらゆる罪業がすべて消滅し、大師の加持によって守られるという唱導が、中世以来、各地を廻る高野聖たちによってなされていたためである。江戸時代には、近世の高野聖といえる院家からの使僧たちが檀那場を廻り、同様の唱導を行なっていたのであろう。

月牌帳には高野山信仰の特徴である、死者の追善供養と生前の逆修供養の両方が記載されている。その中でも供養全体に占める逆修の割合が十六世紀後半以降増加傾向をみせ、供養全体の約四〇％を占めるようになることが注目される。人々は死者の往生とともに、生者の来世での往生の両方を願って高野山に訪れた。無論、現世における息災・利益も願ったであろう。それに関連して、供養日が選択可能な場合は、弘法大師空海の命日に因む二十一日や、彼岸に関係する十五日を選ぶ傾向がみられることも月牌帳から指摘できる。逆修の増加と、高野山信仰の庶民への浸透は大きく関わると考えられ、それがひいては高野山への参詣者増につながっていった可能性も指摘できるのではないだろうか。

注

（1）大日本古文書 家わけ第一『高野山文書』「宝簡集」二―五七六。

（2）（3）『信堅院号帳』『高野山諸院家日記』（『続真言宗全書』四一、続真言宗全書刊行会、一九八七年）。『堯榮文庫研究紀要』一（一九九七年）に、日野西眞定氏による『信堅院号帳』と『高野山諸院家日記』の史料紹介が載せられている。

（4）日野西眞定『高野山古絵図集成　解説索引』（タカラ写真製版株式会社、一九八八年）。『高野春秋』正保元年八月二十九日条にも、登山した幕府検使五味金右衛門が当時の高野山の坊数を確認している。それによると総数一八六五軒で、内訳は学侶坊二一〇軒、行人坊一四四〇軒、客僧坊四二軒、聖坊一二〇軒、谷之者（正保三年絵図の「三昧聖」に相当すると思われる）五三軒であり、絵図の内訳と一致する。

なお、年未詳「高野山図」（江戸時代、屏風六曲一雙、「紀伊山地の霊場と参詣道」世界遺産登録記念特別展「祈りの道～吉野・熊野・高野の名宝～」図録（大阪市立美術館編、毎日新聞社、二〇〇四年）に記される子院の数は、学侶方四二〇軒、行人方二八八〇軒（内小坊一五五軒）、聖方二四〇軒、客僧坊八二軒、谷之者五三軒の総計三六七五軒とあり、その数は正保三年絵図のほぼ倍になっている。しかしながら、この内訳を見ると、正保三年の絵図で一緒に計算されている蓮華谷・往生院・宝幢院・清浄心院の院家数が、こちらでは蓮華谷と往生院・宝幢院・清浄心院とが別になっており、蓮華谷の箇所に正保三年絵図の蓮華谷・往生院・宝幢院・清浄心院の院家数が記され、往生院・宝幢院・清浄心院の箇所に正保三年絵図での合計数が記載されている。さらに客僧坊については計算が違っている。これらの点から、この「高野山図」の坊数が正保三年絵図の倍数近い数になっているのは、記載ミスによる計算違いによるものと思われる。この「高野山図」を担当した図奉行は「学侶方谷上院慈光院長伊　行人方南谷花城院宥意」であり、正保三年絵図の絵図奉行と同一人物である。長伊と宥意はその後承応二年（一六五三）の絵図奉行も担当していることから、この「高野山図」が描かれた時期も十七世紀半ば頃と思われる。

（5）（6）新城常三『新稿　社寺参詣の社会経済史的研究』（塙書房、一九八二年）五二〇～五二九頁。

（7）金剛峯寺編『高野山文書』二―二七七。この願文で、播磨国賀西郡道山上庄は秋田城介時顕が、金剛三昧院に寄せたもので、それ以来師檀関係を有していると述べている。

（8）瀧善成「高野山の宿坊」（『日本歴史』三七、一九五一年）。

（9）大日本古文書 家わけ第一『高野山文書』「宝簡集」一―五一四。

（10）年未詳八月三日「正木時茂書状」（金剛峯寺編『高野山文書』四―四九一）、年未詳三月十八日「里見義堯書状」（金剛峯寺編『高野山文書』四―三九七・四一二）、天文二十一年（一五五二）金剛寿院宿坊証文（金剛峯寺編『高野山文書』四―二八〇）、年未詳十二月二十八日土屋昌恒書状（金剛峯寺編『高野山文書』三―一九二）、年未詳十二月十六日「金剛峯寺惣分沙汰所勢誉書状」（金剛峯寺編『高野山文書』三―一九九）、己丑（乙丑〈永禄八年〉カ　筆者注）九月十五日「里見義堯朱印状」（金剛峯寺編『高野山文書』四―四八九）等。

（11）年未詳十二月十六日「金剛峯寺惣分沙汰所勢誉書状」（金剛峯寺編『高野山文書』三―一九九）、年未詳五月二十四日「浅井久政書状」（金剛峯寺編『高野山文書』三―二〇四）、年未詳三月十八日「里見義堯書状」（金剛峯寺編『高野山文書』四―三九七・三九八・四一二）等。他に「於山中有御沙汰、諸院化（家カ）中以御連判承候」（年未詳「正木時茂書状」金剛峯寺編『高野山文書』四―四九一）というような表現もある。

（12）圭室文雄「高野山信仰の展開」（孝本貢・圭室文雄・根本誠二・林雅彦編『日本における民衆と宗教』雄山閣　一九九四年）、同「高野山塔頭の檀那場争い―相模国の場合―」（地方史研究協議会編『都市・近郊の信仰と遊山・観光―交流と変容』雄山閣、一九九九年）。

(13) 寛永五年十一月七日「仙福寺以下連署宿坊証文」(金剛峯寺編『高野山文書』四―二八二)。
(14) 年月日未詳「西門院快伝前書」(金剛峯寺編『高野山文書』四―四九五)。なお、高野山から学侶方・行人方がそれぞれ江戸へ在番することになったのは、慶安二年(一六四九)九月に発布された慶安の条目による(本書第三章第二節参照)。
(15) 年未詳正月二十日「松平清武書状」(金剛峯寺編『高野山文書』四―四九八)。
(16) 文禄四年(一五九五)十月七日「相模先達連署請文」(金剛峯寺編『高野山文書』三―一七二)。
(17) 高野山の供養帳の翻刻には『龍ヶ崎市史』中世史料編(龍ヶ崎市史編さん委員会、一九九三年)、『新編高崎市史』資料編四 中世Ⅱ(高崎市史編さん委員会、一九九四年)、『寒川町史』十 別冊寺院(寒川町、一九九七年)、『鹿沼市史』資料編 古代・中世(鹿沼市史編さん委員会、一九九九年)、鹿沼市史叢書五『高野山清浄心院下野国供養帳 第三』(鹿沼市史編さん委員会、一九九九年)、『牛久市史料』中世Ⅱ―記録編―(牛久市史編さん委員会、二〇〇〇年)、有元修一「高野山清浄心院所蔵武蔵国供養帳について」(『埼玉地方史』四六〜四八、二〇〇二年)、『真壁町史料』中世編Ⅳ(真壁町、二〇〇三年)、村田安穂「高野山西南院所蔵関東過去帳について(一)」・「同(二)」(早稲田大学大学院『教育学研究科紀要』十三・十四、二〇〇三年・二〇〇四年)、山本隆志・皆川義孝「高野山清浄心院蔵『越後国供養帳』」(『上越市史研究』九、二〇〇四年)、丸島和洋「高野山成慶院『甲斐国供養帳』―『過去帳(甲州月牌帳)』―」(『武田氏研究』三四、二〇〇六年)、小渕甚蔵「高野山千蔵院供養帳」その一〜その三(『郷土はとがや』五五〜五七、二〇〇五〜二〇〇六年)、同「高野山千蔵院過去帳」その四〜六(『同』五八〜六〇、二〇〇六〜二〇〇七年)などがあり、供養帳をデータベース化したものとしては『奥羽地方における宗教勢力展開過程の研究』(研究代表者今井雅晴 平成十二〜十五年度科学研究費補助金研究成果報告書、二〇〇四年)、倉木常夫・榎本龍治『高野山龍泉院過去帳の研究―近世荒川流域の庶民・村・信仰』(三省堂、二〇〇八年)がある。
　また供養帳や檀廻帳を用いた各論としては、『寒川町史研究』4―特集・高野聖と相模国―(寒川町史編集委員会、一九九一年)、『寒川町史調査報告書』1・2・6―高野山高室院資料(1)(2)(3)―(寒川町、一九九二・一九九三・一九九六年)、圭室文雄「近世の高野山信仰と民衆」（『大倉山夏期公開講座Ⅰ　近世文化の諸相』大倉精神文化研究所、一九九二年）、同「近世の伊勢原地域における高野山信仰」（『伊勢原の歴史』八、一九九三年）、同「高野山信仰の展開」（孝本貢・圭室文雄・根本誠二・林雅彦編『日本における民衆と宗教』雄山閣、一九九四年）、同「中世後期から近世初期の高野山の師檀関係」（西垣晴次先生退官記念『宗教史・地方史論纂』刀水書房、一九九四年）、同「伊勢参宮と高野山参詣」（圭室文雄編『図説　日本仏教の歴史』江戸時代、佼成出版社、一九九六年）、同「高野山塔頭の檀那場争い―相模国の場合―」（地方史研究協議会編『都市・近郊の信仰と遊山・観光―交流と変容』雄山閣、一九九九年）、同「檀家制度の成立」（『寺門興隆』二〇、二〇〇〇年）、榎本龍治「高野山の供養記録と十条村（その一・史料の概要と問題点）」（『十条村近世史雑考』二〇、二〇〇三年）、山本世紀「近世中・後期高野山聖方の檀廻と民衆（一）上野国西部における大乗院を例に―」（圭室文雄編『日本人の宗教と庶民信仰』（吉川弘文館、二〇〇六年）、拙稿「月牌帳にみる高野山信仰の展開―高室院文書相模国月牌帳から―」（同前）、金子智一「近世石堂と清浄心院上野国供養帳について―玉田寺に残る墓石をもとに―」（『群馬文化』二九〇、二〇〇七年）などがある。

(18)『寒川町史』にも「河西現名帳」（河西第一号）の性格について「現世での供養の逆修や死没供養が混在しているのであり、近世の純然たる没日を中心とした過去帳とは性格をことにしているのである。」と指摘がある（前掲『寒川町史』十、六〇頁）。

(19)吉水善弘「日牌月牌の考察」（『教化研究』三、浄土宗総合研究所、一九九二年）。

(20)圭室文雄「高野山高室院文書について」（『寒川町史資料所在目録』一六、寒川町、二〇〇六年）。

(21)注8瀧善成論文。

(22)慶長二年（一五九七）～同十四年（一六〇九）「高相州河西　第三号（月牌帳）」（『寒川町史資料所在目録』一六、寒川町、二〇〇六年）。以下、高室院文書の名称は同書による。

(23)『鹿沼市史』資料編　古代・中世、八一七・八二〇頁。

(24)『高野山通念集』骨堂（『近世文芸叢書』第二　名所記二、国書刊行会、一九一〇年）。

(25) 丑年五月二十七日付「岡本長秀書状」（金剛峯寺編『高野山文書』三―一六一）、年未詳「以心軒真興書状」（金剛峯寺編『高野山文書』四―三一七）。

(26) 荒川ふるさと文化館の野尻かおる氏との討論に基づく。

(27) 年未詳十月一日「蘆川景盛書状」（金剛峯寺編『高野山文書』三―一四一）。

(28) 丑年五月二十七日「岡本長秀書状」（金剛峯寺編『高野山文書』三―一六一）。

(29) 「太田道誉日牌料送状」（金剛峯寺編『高野山文書』三―二八七）。

(30) 年未詳三月六日「泰経書状」（土居聡朋・山内治朋輩「資料紹介 高野山上蔵院文書について（上）」愛媛県歴史文化博物館『研究紀要』十一、二〇〇六年）。

(31) 年未詳十月十二日「以心軒真興書状」（金剛峯寺編『高野山文書』四―三一七）。

(32) 圭室文雄「高室院文書の内容と問題点」（『寒川町史調査報告書1―高野山高室院資料（1）―』寒川町、一九九二年）。

(33) 『弘法大師信仰展』（川崎市民ミュージアム、一九九六年）。

(34) 肥留間一男家文書（鳩ヶ谷市立郷土資料館所蔵のマイクロフィルムによる）No.787「（高野山萱堂千蔵院過去帳写）」。この翻刻文は本章第三節を参照されたい。注17小渕甚蔵「高野山千蔵院過去帳」その六（『郷土はとがや』六〇、二〇〇七年）、倉木常夫・榎本龍治『高野山龍泉院過去帳の研究―近世荒川流域の庶民・村・信仰』（三省堂、二〇〇八年）。

(35) 『金剛峯寺諸院家析負輯』五（続真言宗全書刊行会、一九七八年、以下同）。

(36) 『高野山諸院家日記』（『続真言宗全書』四一、続真言宗全書刊行会、一九八七年）。

(37) 『祠部職掌類聚』（内閣文庫所蔵史籍叢刊一三、汲古書院、一九八二年）。

(38) 金剛峯寺蔵。今回は東京大学史料編纂所影写本を利用した。

(39) 金剛峯寺蔵。今回は東京大学史料編纂所影写本を利用した。

(40)「高野山検校帳」(大日本古文書　家わけ第一『高野山文書』「又続宝簡集」七一一六六一)。
(41)『高野春秋』万治三年正月二十七日条。
(42)『戦国遺文』十二。この文書については検討すべき点も残されているが、高室院は、相模国に対する自分たちの檀那場権を主張するために、小田原北条氏との師檀関係を根拠にした。
(43)永正二年三月二十日「桑原政次判物写」(『戦国遺文』十四)。
(44)『金剛峯寺諸院家析負輯』。
(45)圭室文雄「高野山信仰の展開」(孝本貢・圭室文雄・根本誠二・林雅彦編『日本における民衆と宗教』雄山閣、一九九四年)。
(46)圭室文雄「天文一一年~元和二年における相模国月牌帳」(『寒川町史研究』4、寒川町史編集委員会、一九九一年)。
(47)注17『寒川町史』十、三二〇頁。
(48)圭室文雄「高野山高室院の調査について」(『寒川町史研究』4、寒川町史編集委員会、一九九一年)。
(49)注17『寒川町史』十、一八八頁。
(50)注46圭室論文。
(51)注17『寒川町史』十、三〇一頁。
(52)注20『寒川町史資料所在目録』によると、高室院文書中で、茶碑帳の名前が出てくるのは、享保十七年(一七三二)~元文三年(一七三八)の「茶碑過去帳(相模・武蔵・伊豆月碑帳)」が最初であり、以後継続して作成されていることから、おそらくこのころから茶碑帳が独立して作成されはじめたと考えられる。
(53)注17鹿沼市史叢書五『高野山清浄心院下野国供養帳　第三』解説。
(54)注17『鹿沼市史』資料編　古代・中世および鹿沼市史叢書五『高野山清浄心院下野国供養帳　第三』で翻刻されているものを用いた。

(55) 田宮明博「高野聖の土産物について」(『寒川町史研究』4、寒川町史編集委員会、一九九一年)。

(56) 生前者の名前を記すという点について、例えば弘安二年(一二七九)年に始まる「時衆過去帳」は、本来往生者を阿号により記したが、応永八年(一四〇一)ごろからその性格が変わり、現存者を記し、記載されたことが往生の保証となったと考えられるようになったという(田中久夫「過去帳」『国史大辞典』三 吉川弘文館、一九八三年)。生前過去帳に名を記す行為として、『太平記』巻二六「正行参吉野事」(日本古典文学大系三六『太平記』三 岩波書店、一九六二年)では、楠正行と弟正時一族が討死を覚悟して吉野の後醍醐天皇廟に詣で、そこの如意輪堂の壁板を過去帳に見立てて各名字を書き連ね、辞世の句を詠み、鬢髪を仏殿に投げ入れて出陣したとある。これらの一連の行為を『太平記』作者は「逆修」ととらえている。

(57) 記録にみえる最古の逆修は、正暦五年(九九四)関白藤原道隆の東三条第における「逆修仏事」(「逆修法会」)の記事である(『百錬抄』および『日本紀略』正暦五年十月二日条／『新訂増補国史大系』)。

(58) 播磨定男『中世の板碑文化』一二五〜一二九頁(東京美術、一九八九年)など。

(59) 『板碑 埼玉県板石塔婆調査報告書』(Ⅰ本文・図版編、Ⅱ資料編(1)、Ⅲ資料編(2)、埼玉県教育委員会、一九八一年)。この報告書では、逆修供養についての統計はなかったので、供養内容を調べる時の基本数とした七三一五基という数は、筆者が適宜判断して報告書から取り上げた数である。

(60) 『石巻の歴史』第八巻資料編2古代・中世編(石巻市、一九九二年)、『古川の板碑』(古川の古文化財第四集、古川市教育委員会、一九九四年)。また、『経塚遺文』では、七八六件中、逆修史料はわずか九件であり、『武蔵史料銘記集』では、一一〇三件中、逆修史料は四五件(大部分が宝篋印塔)である(関秀夫『経塚遺文』、東京堂出版、一九八〇年。稲村坦元『武蔵史料銘記集』、東京堂出版、一九六六年)。

(61) 注24。

(62) 日野西眞定編『野山名霊集』巻第二「当山に墓を築き日月牌を立る利益の事」(名著出版、一九七九年)。

(63)「仏説灌頂随願往生十方浄土経巻第十一」(『大正新修大蔵経』一三三一)
　普広菩薩復白仏言。又有衆生不信三宝不行法戒。或時生信或時誹謗。或時父母兄弟親族。卒得病苦縁此命終。或堕在三塗八難之中。受諸苦悩無有休息。父母兄弟及諸親族。為其修福為得福不。仏言普広。為此人修福七分之中為獲一也。何故爾乎。縁其前世不信道徳。故使福徳七分獲一。若以亡者厳身之具。堂宇室宅園林浴池以施三宝。此福最多功徳力強。可得抜彼地獄之殃。以是因縁便得解脱。憂苦之患長得度脱。往生十方諸仏浄土。

(64)「地蔵菩薩本願経巻下・利益存亡品第七」(『大正新修大蔵経』四一二)
　若有二男子女人一。在世不レ修二善因一多造二衆罪一。命終之後。眷属小大為造二福利一。一切聖事七分之中而乃獲レ一。六分功徳生者自利。以レ是之故未来現在善男女等。聞二健自修一分分已獲。

(65)川勝政太郎「逆修信仰の史的研究」(『大手前女子大学論集』六、一九七二年)。

(66)注58播磨書一二三～一二九頁。

(67)一例として、注60『石巻の歴史』に収録されている至徳二年(一三八五)銘の板碑では「以来旨趣者相当妙法禅尼七分全得若然者頓壌五禅室幽照□之月乃至法界平等利益故也　至徳第二〈乙丑〉林鐘上旬孝子敬白」とあり(注60『石巻の歴史』板碑編　湊・慈恩院6　資料番号222)、母である妙法禅尼の逆修供養のために子供が造立している。

(68)注17で紹介した清浄心院の供養帳でも、逆修の供養者と供養対象者が別人である例がいくつも出てくる。他にも小渕甚蔵氏によると、高野山千蔵院の埼玉県鳩ヶ谷地域についての供養帳でも、天正十二年(一五八四)～元禄十二年(一六九九)まで一一六年間における供養六〇件中、半数近くの二八件が逆修供養で、その内一八件が母のための逆修供養であるという(注17小渕「高野山千蔵院供養帳　その一―武州舎人領鳩ヶ谷村・町―」『郷土はとがや』五五、二〇〇五年)。

(69)自分以外を対象とする逆修としては、既に天元五年(九八二)、入宋する奝然が母のために修した七七日間の逆修や(「奝然上人入唐時為母修善願文」慶滋保胤『本朝文粋』巻十三／『新訂増補国史大系』三三四頁)、寛弘五年(一〇〇八)皮聖行円が民衆のために催した阿弥陀四十八願に擬した四十八講の逆修（『日本紀略』寛弘五年八月十四日条／『新訂増補国史大系』後編十一、二一七頁）等がある。

(70) 池見澄隆「逆修信仰―論拠と実態」（『増補改訂版　中世の精神世界―死と救済』人文書院、一九九七年。初出は一九八二年、原題「逆修考―中世信仰史における論拠と実態」。）

(71) 注65川勝政太郎論文、注58播磨定男書。

(72) 注46圭室論文。

(73) 『峯相記』（『続群書類従』二八上）。

(74) 『塵添壒嚢鈔』巻第十六　緇問中二「六　骨ヲ専納高野事」（『大日本仏教全書』一五〇、一九八三年）。

二　江戸庶民の高野山信仰―武蔵国豊島郡三河島村松本家文書「萱堂千蔵院供養帳」から―

(一)「萱堂千蔵院供養帳」について

(1) 武蔵国豊島郡三河島村松本家文書

国文学研究資料館史料館に「武蔵国豊島郡三河島村松本家文書」が寄贈されている[1]。松本家は豊嶋郡三河島村、現在の荒川区荒川の名主を世襲で務めた旧家である。江戸時代の三河島村の名主は、後期には松本家・入山家・清水家の三家が務めたが、松本家は後発の入山家・清水家と違って、いわば三河島村のリーダー的存在であり、明治初期には戸長を務めた。その当主は代々市郎兵衛を名のっている。この「松本家文書」の中に「千蔵院過去帳」と名付けられた史料が存在している。これまでの説明では松本家文書の内容は、近世三河島村村方名主文書・近代三河島村村政文書・近代の松本家の家文書であると解釈されてきた。しかしながら実際には「千蔵院過去帳」の中身は、中世の高野聖の本拠地として有名な高野山萱堂に属する聖方寺院千蔵院の供養帳の中から、三河島村分だけを抜粋して作成されたものである。本節では、武蔵国豊島郡三河島村松本家文書に残された「千蔵院過去帳」（以後「萱堂千蔵院供養帳」と表わす）を取り上げる。このような地域に残される高野山の供養帳は、これまでその存在があまり知られていなかったためもあり、注目されてこなかった。この供養帳が取り扱っている時代は、永禄二年（一五五九）～慶応元年（一八六五）までの三〇七年間、中世末から近世末にわたっている。松本家文書「萱堂千蔵院供養帳」に現われる三河島村の人々の高野山参詣と供養の様子を分析することにより、前節で取り扱った時代の後の近世江戸庶民の高野山参詣・高野山信仰を検討したい。これにより、江戸時代の高野山信仰の一端が明らかになると考える。

（2）三河島村について

豊島郡三河島村は、現在の荒川区荒川にあたる。三河島村は、鎌倉時代には奥州街道が通っており、当時は田端、三河島、三ノ輪から石浜（神社）を経て隅田川を渡り、奥州へ渡ったという[2]。そのため鎌倉時代からこの地域には人々が入部しており、その中でも三河島の旧族で江戸時代には松本家・清水家とともに名主を務めた入山氏は、建久頃に三河島村に移り住んだとのいい伝えを有する。しかし一説では、天正十八年（一五九〇）の徳川家康の江戸入城に伴い、入山氏をはじめとする諸氏が三河国からこちらへ移り住み、この地域を賜ったとも伝えられており[3]、実際に入山氏が鎌倉時代からこの地域に住んでいたかどうかは検討の余地がある[4]。しかしながら三河島地域からは、鎌倉時代の正応二年（一二八九）銘の板碑をはじめとして、延慶二年（一三〇九）、正中元年（一三二四）・同二年、嘉暦三年（一三二八）、元徳二年（一三三〇）等、鎌倉時代から南北朝時代・室町時代にいたる数々の板碑や宝篋印塔が発見されている。したがってこの点から、三河島地域が早くから開発され、鎌倉時代にはすでに多くの人々が生活していたであろうことが窺われる。

文安五年（一四四八）十一月日付「熊野神領豊嶋年貢目録」には、現在の荒川区内である日暮里に「につほり妙圓」、尾久に「小具掃部」、小塚原に「小塚原鏡円」、三河島の旧家清水家との関連が推測される「しミつのけうせん」という人物の名前が記されている。(5) 熊野信仰を広めた熊野御師たちが、当時三河島を含む豊嶋郡を自分たちの霞場として掌握していたと考えられる。

それから約一〇〇年後の永禄二年（一五五九）に作成された「北条氏所領役帳」（「小田原北条家所領役帳」「小田原衆所領役帳」等とも称す）には「一　拾七貫五百文　三川ヶ嶋　細谷三河守／太田信濃入道時御味方ニ参忠節故諸／役御免」（／は改行、以下同）「一　蔭山大膳亮／拾七貫五百文　江戸三川ヶ嶋六所分／大普請時半役」と記されている。(6) ここから十六世紀半ばには、小田原北条氏家臣の細谷三河守と蔭山大膳亮という人物が三河島地域を領しており、その中の細谷三河守は太田道灌時代に当地域へ移ってきたことがわかる。そして「北条氏所領役帳」の記載から、この地域が、徳川家康の入部以前から「三川ヶ嶋」と称していたこともわかる。

三河島村が形成されたのは、徳川家康の江戸入部にあたってである。天正十八年（一五九〇）七月に小田原北条氏が滅亡し、関東八ヶ国を領することになった徳川家康に随って三河国からやってきた家臣十三人がこの地域に住みはじめ、それにより「三河島村」が形成されたという。その時の十三名とは、清水丹後守、入山将監、松本外記、沢辺、田中主計、伊藤、漆原、森谷、朝田、浜島の各氏であると伝えるが、その中で入山氏は先述したように、すでに建久年間（一一九〇〜一一九九）に三河島地域に移り住んだという言い伝えも有している。すなわち三河島地域の住民は、鎌倉時代にやってきた人物、太田道灌時代にやってきた人物、徳川家康に随って三河国よりやってきた人物など、多彩な層によって構成されているといえるだろう。三河島村は天和元年（一六八一）に東叡山領となった。

人々が移り住むにつれて、寺社の建立も行なわれた。『新編武蔵風土記稿』によると三河島村には、稲荷社・観音寺・密厳院・仙光院・浄正寺・法界寺等の寺社が存在した。(7) 観音寺以下五寺の概略は以下の通りである。まず、観音寺は、天文年間（一五三二〜一五五五）に長偏僧都の開基によるものといわれる。新義真言宗で本尊は十一面観音。足立郡西新井村惣持寺末で清瀧山龍光院と号する。江戸時代の寛政十年（一七九八）に御膳所となったという。その観音寺の北隣に位置する密厳院は、観音寺末で瑞光山如意寺と号し、本尊は如意輪観音であった。文化十四年（一八一七）に中興した鑁随上人が、弘法大師作と伝える霊像を高野山から奉斎したという。現在は兼帯寺院になっているが、かつては御府内二十一ヶ所霊場の十五番札所、豊島八十八ヶ所霊場の八十三番札所、新四国八十八ヶ所霊場の四十二番札所として、庶民の信仰を集めた。仙光院は新義真言宗田端興楽寺末で、阿照山阿弥陀寺と号する。本尊は阿弥陀如来であったが、火災により焼失、元禄二年（一六八九）に鎌倉鶴ヶ岡荘厳院より良弁作と伝える不動明王像を遷して本尊とした。檀家のない祈祷寺で、現在は廃寺であるが、地域にとって重要な役割を果たしていた。松本家文書「萱堂千蔵院供養帳」には観音寺や泉（仙）光院の名前が出てくる。これらの真言宗寺院は、高野山からやってくる萱堂千蔵院の使僧が廻村するにあたって足がかり的な役割を果たしたと考えられる。浄正寺は浄土宗で芝増上寺末である。清国山華楽院と号し、本尊は阿弥陀如来。名主松本家の檀那寺であった。その浄正寺と接するように屏を隔てて、同じく浄土宗の法界寺が建てられている。長盛山道慶院と号する法界寺は小塚原誓願寺末で、本尊は阿弥陀如来。寛永期に御膳所となったという。近世の三河島村で大きな勢力を有した植木屋の伊藤七郎兵衛家や名主の清水家は、法界寺を檀那寺としていた。清水家や伊藤家の名前は松本家文書「萱堂千蔵院供養帳」に頻繁に記載されている。

（二）「萱堂千蔵院供養帳」にみる高野山信仰

（1）萱堂千蔵院について

松本家文書「萱堂千蔵院供養帳」の内容をみていく前に萱堂千蔵院について概観しておく。千蔵院という名称の院家は高野山にいくつか存在するが、ここで取り上げる萱堂千蔵院は、高野山蓮華谷に位置する聖方寺院である。第四章で言及した永正年中（一五〇四〜一一）の院号書上を、聖方の不動院が宝永元年（一七〇四）に写して勧修寺に提出したという「高野山聖方三十六院（現寺取調書上）」[8]によると、聖方三十六院である成仏院の衆中寺院に来蔵院・福生院・善福院・寿量院・上池院・福寿院・密厳院・清光院・千蔵院および延命寺の名前がみられる。成仏院は後深草山安養寺成仏院と称し、成仏院を中心とする衆中寺院を総称して、萱堂と号していた。[9]天明七年の「古義真言宗高野山聖方総頭大徳院配下寺院本末牒」（以下「天明七年本末牒」）[10]では、成仏院は「大徳院兼帯」と書かれており、聖方総頭大徳院に兼帯される名跡のみの存在になっていたことがわかる。第四章第一節に載せた図表「聖方三十六院変遷」で示したように、この十ヶ寺は、貞享四年の「聖方院号之覚」[11]でもそのまま名前がみられるが、『紀伊続風土記』には、清光院の名前は出てこない。清光院は「天明七年本末牒」では「延命寺兼帯」と書かれており、名跡のみの存在となっていたと思われる。

萱堂を中心に集まる高野聖たちは「萱堂聖」と呼ばれ、高野聖の中心をなす一派であった。彼らは由良興国寺を開いた法燈国師心地覚心を祖とし、念仏を唱えて諸国を廻国しながら、高野山内では萱堂を中心として踊念仏・声高念仏を唱えていた。すでに述べたように、十五世紀初頭にはその人数の膨大化に対して、高野山五番衆から、声高念仏・金叩・負頭陀の停止、萱堂外での踊念仏の停止、庵室新造の禁止が言い渡された。[12]文政五年（一八二二）に作成された『南山奥之院諸大名石塔記』には、当時高野山奥院に建立されていた諸大名・藩士たちの石塔とそれを管理する院家（宿坊）が記されているが、これは萱堂千蔵院の手によって書き上げられたものであった。[13]諸国を廻る萱堂聖の関係者により、奥院墓石群についての『南山奥之院諸大名石塔記』が書かれたことからも、萱堂聖たちの諸国における活躍ぶりを知ることができる。この萱堂聖の一派であった聖方の千蔵院が、三河島村を檀那場としていたのである。このことは、これまで、真言帰入令以後は学侶方・行人方の配下に入ったと伝えられる聖方寺院が、実際には檀那場を有し、活動していたことを示すもので、その意味でも松本家文書「萱堂千蔵院供養帳」の存在は重要である。千蔵院の檀那場は荒川区の三河島村のみでなく、北区や埼玉県などその周辺地域にまでおよんでおり[14]、武蔵国を広範囲にその檀那場としていた。

先にあげた文安五年（一四四八）十一月に作成された「熊野神領豊島年貢目録」によると、三河島村を含む現在の荒川区内には、「につほり妙圓」（日暮里）、「しミつのけうせん」（近世三河島村名主清水家の祖か）、「小具掃部」（尾久）、「小塚原鏡円」（小塚原）といった人物が熊野の檀那として記載されている[15]。周囲の板橋や十条、岩淵なども同様に熊野神領となっている。また慶長四年（一五九九）に書かれた同じく熊野「廓之房諸国旦那帳」にも、武蔵国の檀那場として「としまの郡一圓　但いたはな除ク」と書かれており[16]、豊島郡が中世を通じて熊野御師の霞場であったことが窺える。熊野御師の霞場と千蔵院の檀那場との関係について考えてみると、例えば相模国を檀那場とした高室院は、その地域を掌握していた本山修験の大先達玉瀧坊と関係を結んで、その配下先達の霞場をそのまま高室院の檀那場として掌握したことが指摘されている[17]。近世における千蔵院の檀那場は豊島郡一帯におよび、さらにその周辺部にまで広がっていたと思われるが、そのための手段として、熊野御師と関係を結び、その檀那場を掌握したのかもしれない。

（2）「萱堂千蔵院供養帳」の成立

千蔵院は、明治二十一年（一八八八）三月に起きた高野山の火災で焼失した[18]。そしてその後復興されることなく、千蔵院供養帳の一部は、現在、五之室谷に位置する龍泉院に引き継がれているという[19]。龍泉院は移転する前は小田原谷に位置し、聖方三十六院である実相院の衆中寺院であった。「聖方三十六院書上」によると実相院はかつて十八ヶ寺の衆中寺院を有していたが、この書上が作成された時期には、龍泉院の他に法雲院・龍池院・泰雲院・清涼院の計五ヶ寺のみが残ったようである。これらの五ヶ寺は「天明七年本末牒」にもその名前がみえている。

龍泉院に残るかつての千蔵院供養帳の中から現在の北区十条の分について紹介された榎本龍治氏によると、龍泉院に現在残っている『龍泉院過去帳』の特徴は、高室院や清浄心院の供養帳と違って村単位で分冊されていることであるという。その成立については、例えば十条村簿冊の内題に「武州北豊島郡王子町大字上南下十条」とあることから、明治四十一年(一九〇八)八月の「王子町」成立以降に書写されたものと考えておられる。さらに、例えばその十条村簿冊において、各所に「一帳終」「二之帳」「三帳終」「四帳終」とあること、この記載は享保二十一年(一七三六)の「十帳了」を最後に見られないことから、これは何冊にもわたる元帳から転写したことを示すと指摘しておられる[20]。

松本家文書「萱堂千蔵院供養帳」の場合も、最初に「豊島郡三川嶋村」と書かれている。そして各所にやはり「一帳終」「二帳終」「此帳終」「九帳ニハ無シ」などの記載がみられ、それは寛延四年(一七五一)の田中伝兵衛による先祖供養の後に記された「十一帳終」まで続いている。以降はその記載はなく、一方で、それまで同一だった筆跡が、「十一帳終」の記載直後に続く宝暦四年(一七五四)の途中から(宝暦二年に亡くなった「眞誉證雲尼」から)変わり、その後は次々と筆跡が変わっていく。このことから、以後は何人もの手によって直接この供養帳に三河島村の供養者が記録され、書き継がれていったと考えられる。したがって、松本家文書「萱堂千蔵院供養帳」は、高室院や清浄心院など他の院家の供養帳同様に、郡単位もしくは国単位で作成されていた『萱堂千蔵院供養帳』(「武州豊島郡供養帳」「武蔵国供養帳」といった名称を有するか)から、ある時期に三河島村分の記録を抜き出し一冊にまとめて成立し、その後は直接、供養者名が書き込まれていったと考えられる。おおもとの『萱堂千蔵院供養帳』から三河島村分だけを抜き出してまとめるという作業がなされた時期は、現存する松本家文書「萱堂千蔵院供養帳」中に出てくる「〇〇帳終」の表記が、寛延四年（一七五一）の「十一帳終」を最後にみられなくなること、そしてそれまで同一だった筆跡が、宝暦四年（一七五四）の途中から変わることから、宝暦四年〜五年頃であると思われる。

同じく萱堂千蔵院の檀那場であった埼玉県鳩ヶ谷地域でも、その地域だけに限定した千蔵院供養帳が作成されているところから、おそらく三河島村分や鳩ヶ谷地域分だけでなく、千蔵院が檀那場としている各村々で、このような自分たちの村分だけを抜き書きした供養帳を作成したものと推測される。[21] その作成者が誰かについては、次節で検討したい。龍泉院に残されている『龍泉院過去帳』が村単位になっているということは、おおもとの『萱堂千蔵院供養帳』が明治二十一年の火災で焼失した結果、千蔵院の檀那場を引き継いだ龍泉院が、供養帳を復元するために参考とした元帳が、松本家文書「萱堂千蔵院供養帳」のような各村に残された簿冊単位の供養帳であったことを意味するのかもしれない。

（3）「萱堂千蔵院供養帳」の分析

松本家文書「萱堂千蔵院供養帳」の記載年代は、永禄二年（一五五九）から慶応元年（一八六五）の三〇七年間であり、中世末から近世末までという長期間におよぶ。このことは、江戸時代の高野山信仰の展開を窺う上での好材料であるといえる。その供養依頼件数は五九四件である（ひとりでまとめて複数の依頼を行なっている場合も、それぞれ一件として数えた）。

本供養帳の記載形式と内容は、基本的には、上段に登山年月日あるいは供養年月日と被供養者の名前（法名・実名もしくは先祖代々や父・母など）、その下に逆修の場合は逆の字、追善の場合は命日が書かれ、その下か脇に供養者との関係（父、母など）、そして下段に供養者の名前が書かれている。茶牌の場合は「茶」もしくは「サ」の字が、被供養者名の上に書かれる。例外はあるが、一例を挙げると以下のようである。

寛永十三年六月廿一日立

浄慶　　九月廿一日

為父　　森谷宗兵衛

前節でみた高室院の場合は、表題に「月牌帳」と書かれていたため、供養種類が月牌であることが明らかであった。しかし松本家文書「萱堂千蔵院供養帳」の場合は、表題からはその供養種類はわからない。供養種類である日牌・月牌・茶牌の区別については、被供養者名の上に、何も書かれていないものと、「茶」「サ」と書かれたもの、ごくまれに「日牌」もしくは「日牌ニ直ス」と書かれたものがある。したがって、この記載方法から考えると、本供養帳の基本は月牌ではないかとの推測ができる。月牌が基本であるためにそれ以外の茶牌や日牌の場合は、そのことを記したと考えられるのである。この点については、以下に挙げる③供養種類内訳で再度確認する。

松本家文書「萱堂千蔵院供養帳」の内容を分析するにあたって、その供養依頼状況を、五十年毎に区切り、①年代別供養依頼数、②供養内容内訳（逆修・追善の分類）、③供養種類内訳（日牌・月牌・茶牌の分類）、④逆修対象内訳、⑤追善対象内訳、⑥月別参詣数（供養依頼数）に分類してまとめたものが表9～表15である。以下、その内容を検討したい。

①年代別供養依頼数（表9―1・2）

年代別の供養依頼数をまとめたものが表9―1である。それによると、やはり時代が下るにつれて、供養件数が増加することが指摘できる。元禄十四年（一七〇一）～寛延三年（一七五〇）が依頼数が減少しているが、宝暦元年（一七五一）～寛政十二年（一八〇〇）は一五一件とほぼ倍に増えている。その次の五〇年も若干増加し一五五件という最大の依頼数がなされている。嘉永四年（一八五一）以降は、ちょうど江戸時代から明治時代への転換期にあたるため十五年分の統計となっている。

それでは三河島村の住民全体からみると、どの位の割合で高野山へ供養依頼が行なわれていたのであろうか。近世三河島村の戸数がわかるものとしては『新編武蔵風土記稿』に載せられている一八一戸が参考になるだろう。[22]その「首巻例義」によると豊島郡の記事は文政九年（一八二六）に成ったという。文政九年を含む享和元年（一八〇一）から嘉永三年（一八五〇）の五〇年間は供養依頼件数が最も多い。この時期の供養依頼者数と依頼件数をまとめたものが表9―2である（但し記載が無い年の分は省いた）。この表をみると天保二年（一八三一）のものが群を抜いて多い。八一名が計九八件の供養を依頼している。その理由や、依頼者全員が高野山へ参詣したかどうかは、記載だけからは判断できないが、上記三河島村の戸数を一八一戸とすると半数近くの四五％がこの年に高野山へ供養依頼を行なったことになる。[23]他の年をみると平均して年五件程度であるので、天保二年にこのように多くの供養依頼がなされた理由については考察が必要だが、[24]数の多さは注目すべきであろう。天保二年に多くの供養がなされたためか、その後は供養依頼は激減し、あっても一件になっている。

②供養内容内訳（表10）

高野山への供養の特徴のひとつに、死者に対する追善だけでなく、生前の逆修供養もあることはすでに前節で触れた。この供養内容について、その比率をまとめたものが表10である。慶長二十年（一六一五）までを分析した高室院相模国月牌帳の場合は、時代が下るにつれて逆修供養が増加することが指摘できた。松本家文書「萱堂千蔵院供養帳」の場合は、それ以降の年代の供養内容が分析できる。それによると、逆修供養はその後も増加し、元禄十三年（一七〇〇）まででは、供養全体のほぼ五〇％を占めるが、元禄十四年（一七〇一）以降は減少していくことがわかる。すなわち、初期は高室院相模国月牌帳でみた傾向を受け継いで逆修供養の割合は増加していくが、十八世紀にはいると追善供養の割合が増えるのである。松本家文書「萱堂千蔵院供養帳」の場合、寛政十二年（一八〇〇）以降はほぼ追善供養のみになり、逆修供養はみられなくなることが指摘できる。これは、表14で触れるが、先祖供養の登場に呼応するものかもしれない。

③供養種類内訳（表11・表12）

松本家文書「萱堂千蔵院供養帳」にみられる日牌・月牌・茶牌の供養種類について、それぞれ追善供養・逆修供養別に分類したものが表11と表12である。本供養帳には茶牌を示す「茶」「サ」の文字がみられる他には、日牌に変更したことを示す「日直」の記載が数件出てくるが、その大部分は供養種類についての記載がないものである。その割合は、

表9－1 年代別供養依頼数

年代	件数
～1600（慶長5）	2
1601～1650（慶長6～慶安3）	54
1651～1700（慶安4～元禄13）	126
1701～1750（元禄14～寛延3）	84
1751～1800（宝暦1～寛政12）	151
1801～1850（享和1～嘉永3）	155
1851～1865（嘉永4～慶応1）	22
計	594

表9－2 享和1年～嘉永3年の供養依頼（依頼のあった年のみ）

年	供養者数	依頼件数
文化6（1809）	1	1
文化8（1811）	6	6
文化9（1812）	4	9
文化10（1813）	7	10
文政2（1819）	1	2
文政10（1827）	2	5
文政13（1830）	7	19
天保2（1831）	82	98
天保3（1832）	1	1
天保5（1834）	1	1
天保7（1836）	1	1
嘉永2（1849）	1	1
計	114	155

表10 供養内容内訳

供養内容／年	追善	逆修	総数	逆修率（%）
～1600	1	1	2	50.0
1601～1650	28	26	54	48.1
1651～1700	64	62	126	49.2
1701～1750	69	15	84	17.8
1751～1800	129	22	151	17.0
1801～1850	154	1	155	0.6
1851～1865	22	0	22	0.0
計	467	127	594	21.3

注）逆修には逆修・逆と書かれたものを集計した。それ以外は追善とみなした。

表11によると追善供養の場合は、全時代を通じて無記載のものが半数を占める。表12の逆修の場合は、元禄十四年（一七〇一）以降は逆修件数そのものが減少していくが、寛延三年（一七五〇）までの統計をとると、やはり無記載のものが八〇％から九〇％以上を占める。無記載のものを月牌と理解するならば、本供養帳は、月牌帳に分類されるものとみなしてよいであろう。供養種類に「月」の記載が出てこないのは、その供養種類が月牌を前提としたものであったため、そのことは敢えて記さず、茶牌や日牌など、月牌以外の場合にそのことを記したと考えられるのではないだろうか。前述したように、高野山における供養には、すでに慶長年間から日牌・月牌・茶牌の三種類が存在するが、この時期の供養の主流を占めたのは月牌であった。時代の下る「萱堂千蔵院供養帳」に記載される供養も、茶牌供養が増加する傾向

表11 供養種類内訳（追善）
下段の（　　）は総数に対する割合（％）

供養種類／年	日牌	茶牌	その他	無記載	計
～1600	0	0	0	1 (100)	1
1601～1650	0	0	0	28 (100)	28
1651～1700	0	4 (6.25)	1 (1.5)	59 (92)	64
1701～1750	1 (1.4)	27 (39.1)	0	41 (59. 4)	69
1751～1800	2 (1.5)	87 (67.4)	0	40 (31. 0)	129
1801～1850	6 (3.8)	65 (42.2)	2 (1.3)	81 (52. 5)	154
1851～1865	0	12 (54.5)	0	10 (45. 4)	22
計	9 (1.9)	195 (41.7)	3 (0.6)	260 (55. 6)	467

注）その他には「日直」「直」等、
後に供養形態を変更したものを分類した。

表12 供養種類内訳（逆修）
下段の（　　）は総数に対する割合（％）

供養種類／年	日牌	茶牌	その他	無記載	計
～1600	0	0	0	1 (100)	1
1601～1650	1 (3.8)	0	0	25 (96.1)	26
1651～1700	0	4 (6.4)	0	58 (93.5)	62
1701～1750	0	3 (20)	0	12 (80)	15
1751～1800	0	15 (68.1)	0	7 (31.8)	22
1801～1850	0	1 (100)	0	0	1
1851～1865	0	0	0	0	0
計	1 (0.7)	23 (18.1)	0	103 (81.1)	127

注）その他には「日直」「直」等、
後に供養形態を変更したものを分類した。

表13 逆修対象内訳　　　　　下段（　　）はそれぞれの年の逆修供養に対する割合（%）

年＼内容	自分	父	母	配偶者	子	兄弟姉妹	祖父祖母舅・姑	その他	不明	逆修計
～1600	0	0	0	0	0	0	0	0	1 (100)	1
1601～1650	0	5 (19.2)	11 (42.3)	1 (3.8)	1 (3.8)	1 (3.8)	1 (3.8)	0	6 (23.0)	26
1651～1700	3 (4.8)	18 (29.0)	18 (29.0)	3 (4.8)	0	5 (8.0)	1 (1.6)	3 (4.8)	11 (17.7)	62
1701～1750	0	2 (13.3)	4 (26.6)	0	0	0	1 (6.6)	0	8 (53.3)	15
1751～1800	1 (4.5)	6 (27.2)	9 (40.9)	0	0	0	2 (9.0)	0	4 (18.1)	22
1801～1850	0	0	1 (100)	0	0	0	0	0	0	1
1851～1865	0	0	0	0	0	0	0	0	0	0
計	4 (3.14)	31 (24.4)	43 (33.8)	4 (3.1)	1 (0.7)	6 (4.7)	5 (3.9)	3 (2.3)	30 (23.6)	127

注）供養者と被供養者の関係が不明なものはすべて不明に含めた。
子・兄弟姉妹・祖父母・舅姑およびその他の内訳は以下の通りである。
1601～1650年：娘1、姉1、祖父1
1651～1700年：兄2、姉3、姑1、その他（師1、伯母1、嬢1）
1701～1750年：祖父1
1751～1800年：祖父1、祖母1

はみられるものの、全体的にはやはり月牌供養が主流であったといえる。

④逆修対象内訳（表13）

逆修供養の場合の供養対象をまとめたのが表13である。高室院月牌帳の分析でも指摘したが、松本家文書「萱堂千蔵院供養帳」でも、逆修供養対象がわかる場合、自分に対する逆修は少なく、全一二七件中四件のみであり、平均すると逆修供養全体の五％以下である。供養対象者がわかる逆修の場合は、その大部分が両親に対するもので、父よりも母に対するものが多いが、それは父の追善供養に参詣したときに併せて母の逆修供養を行なうという事例が多いことにも関連するのであろう。

そして供養対象が不明の逆修も平均して二三％存在する。元禄十四年（一七〇一）～寛延三年（一七五〇）が全体の五三％と他の年代よりも多い点が気になるが、この五〇年間は、供養依頼数そのものが前後の年代に比べて半数ほどである。もしかしたら、

表14 追善対象内訳　　下段（　　）はそれぞれの年の追善供養に対する割合（%）

年＼内容	先祖	父	母	配偶者	子	兄弟姉妹	祖父祖母舅・姑	その他	不明	追善計
～1600	0	0	0	0	0	0	0	1 (100)	0	1
1601～1650	0	9 (32.1)	4 (14.2)	0	1 (3.5)	0	2 (7.1)	3 (10.7)	9 (32.1)	28
1651～1700	0	5 (7.8)	7 (10.9)	4 (6.25)	0	3 (4.6)	6 (9.3)	1 (1.5)	38 (59.3)	64
1701～1750	1 (1.4)	15 (21.7)	10 (14.4)	2 (2.8)	1 (1.4)	1 (1.4)	1 (1.4)	1 (1.4)	37 (53.6)	69
1751～1800	11 (8.5)	3 (2.3)	5 (3.8)	2 (1.5)	2 (1.5)	0	3 (2.3)	9 (6.9)	94 (72.8)	129
1801～1850	50 (32.4)	0	0	1 (0.6)	0	0	0	2 (1.2)	101 (65.5)	154
1851～1865	4 (18.1)	2 (9.0)	3 (13.6)	0	0	0	0	0	13 (59.0)	22
計	66 (14.1)	34 (7.2)	29 (6.2)	9 (1.9)	4 (0.8)	4 (0.8)	12 (2.5)	17 (3.6)	292 (62.5)	467

注）供養者と被供養者の関係が不明なものはすべて不明に含めた。
「三界万霊」「無縁法界」「一切霊」「志」等と書かれている場合はその他として集計した、その数は以下の通りである：1751～1800年：６、1801～1850年：２
先祖の項目には「先祖霊」「先祖代々霊」の他に「一家霊」「××日霊」等と書かれたものも含む。
子・兄弟姉妹・祖父母・舅姑およびその他の内訳は以下の通りである。
1601～1650年：娘１、姑１、祖母１、伯父１、親類１、師１
1651～1700年：兄１、姉１、祖母１、舅１、姑２、姑父１、姑母１、師１
1701～1750年：息１、姉１、祖母１、弟子１
1751～1800年：娘１、息１、祖父２、祖母１、叔父２、個人１

そのことにも関連があるのかもしれない。供養対象が不明の逆修は、自身に対するものであると考えることもできるかもしれないが、性別が違う場合など、明らかに供養者自身に対するものではないものも多い。したがって、前節でも指摘したように、逆修供養が、七分全得思想に基づき自分で自分のために生前に供養を行なうことであるという理解は、やはり再考の必要があるといえよう。

⑤追善対象内訳（表14）

表13に対応して、追善供養の対象について分類したのが表14である。表14から第一に挙げられる点は、十八世紀後半から先祖供養の依頼が登場することである。先祖供養の初見は、寛延四年（宝暦元年、一七五一）の田中伝兵衛によるものであるが、以後、供養対象に「為先祖代々」と記した供

表15 月別参詣数（供養依頼数）

月（含閏月）	～1600	1601～1650	1651～1700	1701～1750	1751～1800	1801～1850	1851～1865	計
1月	0	0	0	3	16	0	0	19
2月	0	0	0	5	16	0	0	21
3月	0	0	0	0	14	0	0	14
4月	0	0	0	0	0	0	0	0
5月	1	0	0	0	0	0	0	1
6月	0	23	77	0	0	0	0	100
7月	0	31	2	3	1	0	0	37
8月	0	0	0	0	0	0	0	0
9月	0	0	0	0	0	0	0	0
10月	0	0	0	0	0	0	0	0
11月	0	0	0	0	0	0	0	0
12月	0	0	0	0	0	0	0	0
不明	0	0	47	73	104	155	22	401
計	1	54	126	84	151	155	22	593

注）記載前後からの推定含む。
不明とは本供養帳に日付の記載がなく、前後からの推定もできなかったものである。

養が増加する。そして「一家聖霊」と書かれる供養も表われる。一方、先祖に対する供養の出現・増加に伴って、父母や個人を対象とした供養が減少している。無論、表中の「不明」の中には関係が記されないものの、父母等に対する供養もあると思われるので、先祖に対する供養の出現に伴って父や母などの個人に対する供養が無くなったとはいえないが、それ以前のように父・母という形で供養対象を明記する例は極端に減ることが指摘できる。

⑥月別参詣数（表15）

すでに高室院相模国月牌帳の分析で指摘したが、参詣の時期は、田植えの農閑期にあたる六月・七月が多かった。松本家文書「萱堂千蔵院供養帳」の場合、後半は大部分が年のみの記載になってしまうため、高室院相模国月牌帳でみたようには明確ではないが、それでも前半の参詣時期（供養時期）がわかる場合では、高室院相模国月牌帳でみられた傾向同様に六月・七月が多いことがいえる。しかし、十八世紀にはいると、不記載による不明分がふえてくるものの、記載されている分については、一・二・三月の登山が多くなっている。

（4）「萱堂千蔵院供養帳」の特徴

以上、松本家文書「萱堂千蔵院供養帳」の内容をテーマ別に分類してみた。そこから指摘できることは、まず供養内容については、第一に、十七世紀までは逆修供養が全体の半数を占めるが、十八世紀以降は追善供養が増加していくことである。そして逆修供養の場合は、高室院相模国月牌帳でみた傾向と同様に、自分に対する供養はごくわずかで、両親に対するもの、特に母親に対する逆修が多いことが指摘できる。

そして本供養帳において、とりわけ注目される点は、十八世紀半ば以降、先祖供養が登場することである。それに伴って、これまでのような両親を中心とした一族の者を個別に供養する例が減少する。おそらく、そのような個別供養は「先祖代々」の供養という範疇に組み込まれていくのではないだろうか。高野山は、この世の浄土であり、ひとたびこの山に登って供養すれば、その功徳ははかりなく、たとえ地獄に堕ちている極悪人でも浄土へ昇れるといわれていた。そして高野山のその霊場性は、開祖弘法大師空海が入定した地であり、空海が弥勒下生の暁までその身を高野山に留めて衆生の救済にあたっているからであるという弘法大師信仰がその背景にあったのである。祖師空海に守られたこの世の浄土である高野山で先祖供養を行なうという形は、高野山信仰の新たな展開といえるだろう。

続いて供養種類について気づいた点をひとつ指摘したい。本供養帳は月牌が基本であろうことは、すでに表11・表12の分析のところで述べた。そして、十八世紀半ばから先祖供養が登場しはじめることもすでに触れたが、先祖供養の登場と合わせるように、十八世紀半ばから茶牌供養の割合が増えてくる。前節で述べたように、高室院で茶牌帳が独立して作成されるのが十八世紀にはいってからであることも、茶牌供養の隆盛を裏付けるものであろう。先祖供養（一家霊・一家聖霊も含む）の総数は六六件であるが、その内四三件が茶牌である。残り二三件は供養種類が記されていないが、これはすでに指摘したように月牌と考えられる。本供養帳は、供養種類が記載されていない月牌が基本であると考えられるが、先祖供養の登場と茶牌供養の増加には、何らかの関係があるように思われる。これらの点については次節であらためて考察したい。

注

(1) 架蔵番号32X:22。表題「豊島郡　三川嶋村」、四つ目穴綴じ（和綴）、法量24・3㎝×17・4㎝、全61丁（墨付57丁）。
(2) 入本英太郎編『三河島町郷土史』復刻版（文化館ブックス1郷土史①、荒川ふるさと文化館、二〇〇二年）。
(3) 文政七年「江戸近郊道しるべ」（注2『三河島町郷土史』）。
(4) 注2『三河島町郷土史』。
(5) 史料纂集『熊野那智大社文書』一　米良文書一（続群書類従完成会）。
(6) 『平塚市史』1　資料編　古代・中世（一九八五年）。
(7) 大日本地誌大系七『新編武蔵風土記稿』一、二九〇〜二九一頁（雄山閣、一九九六年）。
(8) 『藤沢市史資料所在目録稿』二〇「勧修寺文書」三六八。
(9) 『紀伊続風土記』高野山之部　聖方「西谷」（巌南堂書店、一九七五年。以下同）。
(10) 『江戸幕府寺院本末帳集成』（雄山閣、一九八一年）。
(11) 『藤沢市史資料所在目録稿』二〇「勧修寺文書」二九三。
(12) 応永二十年五月二十六日付「高野山五番衆契状」（大日本古文書 家わけ第一『高野山文書』「宝簡集」一—四四一）。
(13) 日野西眞定『高野山古絵図集成』（清栄社、一九八三年）。
(14) 榎本龍治「高野山の供養記録と十条村（その一・史料の概要と問題点）」（『十条村近世史雑考』二〇、二〇〇三年）、小渕甚蔵「高野山千蔵院供養帳」その一〜その三（『郷土はとがや』五五〜五七、二〇〇五〜二〇〇六年）、同「高野山千蔵院過去帳」その四〜

六（『同』五八〜六〇、二〇〇六〜二〇〇七年）。

(15)（16）注5参照。

(17) 圭室文雄「高野山信仰の展開」（孝本貢・圭室文雄・根本誠二・林雅彦編『日本における民衆と宗教』雄山閣、一九九四年）。

(18) 日野西眞定氏家蔵「紀州高野山焼失之図」（注13『高野山古絵図集成』）。

(19)（20）注14榎本論文。

(21) 注14小渕論文。小渕論文で紹介されている鳩ヶ谷村や辻村の記載からも、『萱堂千蔵院供養帳』から各村単位で記録が書き写された供養帳が各村に所有されていたことがわかる。

(22) 注7『新編武蔵風土記稿』。注2『三河島町郷土史』によると、文政九年の戸数は一八八戸とある。

(23) 注2『三河島町郷土史』では天保二年に最も近い天保七年の三河島村の戸数は一九七件とある。その場合でもやはり42％で全戸数の半数近くが依頼したということになる。

(24) この数の多さについては、この時期の使僧檀廻による影響なのか、または伊勢参詣との関わりからも考える必要があるだろう。

（追記）本稿は、二〇〇五年十一月十二日に荒川ふるさと文化館で実施された「二〇〇五年社寺史料研究会大会」で野尻かおる氏と合同で報告した「武州三河島村松本家文書の『萱堂千蔵院供養帳』について」をもとにして執筆し、学位請求論文に加えたものである。その後、倉木常夫・榎本龍治『高野山龍泉院過去帳の研究―近世荒川流域の庶民・村・信仰』（三省堂、二〇〇八年）が発行された。千蔵院の檀那場を引き継ぎ、その供養帳を書写した龍泉院供養帳の内容が荒川流域についてデータベース化されている。

三　近世高野山の供養形態

（一）山の供養帳と村の供養帳

これまでに知られている高野山の供養帳とは、高室院日月茶牌帳や清浄心院供養帳のように、各院家が記録・作成した院家の供養帳を指していた。それは院家の檀那場からの供養依頼であるため、一冊の供養帳に取り上げられる地域の範囲は広く、国や郡単位の記載であったり、もしくは地域を限定せず「諸国」である場合もあった。本章第一節で取り上げた高室院の相模国月牌帳は、相模国を相模川を境として河西と河東の二地域に分けて作成したものである。これらの供養帳は、高野山側により作成された供養帳である。それに対して、第二節で取り上げた松本家文書「萱堂千蔵院供養帳」は、三河島村（現荒川区荒川）名主松本家に伝来した史料で、三河島村分の供養依頼だけを記録したものである。すでに指摘したように、おそらく、本来は高室院や清浄心院の供養帳の場合と同様に、国や郡単位で作成されていた膨大な『萱堂千蔵院供養帳』から、宝暦四〜五年（一七五四〜五五）頃に三河島村の分だけを書き抜いて作成し、以後は、直接それに三河島村の供養者の記録を書き継いでいったものと考えられる。

先述したように『萱堂千蔵院供養帳』は、三河島村分だけでなく、北区十条や、埼玉県鳩ヶ谷地域など、他の地域単位の供養帳も存在している。このような地域単位の供養帳はなぜ作られたのであろうか。そしてこのように、記載範囲が村や町などの小さな単位でまとめられた供養帳は、他の院家の場合も存在するのであろうか。例えば、高室院の文書目録を調べてみても、現在残されている供養帳には、松本家文書「萱堂千蔵院供養帳」のように江戸の三河島村分だけといった、より小さい単位でまとめられたものは出てこない。ということは、この松本家文書「萱堂千蔵院供養帳」は、高野千蔵院で作成したものではなく、村側で自分たちの記録として作成したものと考えられる。このような供養帳は、高野山の院家が作成して残した「山の供養帳」に対して、「村の供養帳」と呼べるかもしれない。(1)おそらく、三河島村側で

「山の供養帳」から自分たちの村の分を抜き出し作成して、書き継いで保持していったと思われる。このような「村の供養帳」はおそらく、千蔵院分のみではなく、高野山からの使僧が廻った各地域で作成され、残されている可能性があるのではないだろうか。

それでは、このような「村の供養帳」を作成したのはどのような人物で、その目的は何であろうか。後に千蔵院の供養帳の一部を引き継いだ『龍泉院過去帳』も、村単位で簿冊が作成されており、また、同じく千蔵院の檀那場であった鳩ヶ谷地域でも、その地域に限定された供養帳が書写作成されていることから、千蔵院が檀那場としていた地域では、ある時期に、各村が自分たちの村の分を抜き出してまとめ、それを保有し、各自で供養の記録を追加していったと思われる。このような「村の供養帳」の書き手については、例えば、高野山の院家の使僧が廻村する時の足がかりとした、各村の寺院の僧やその地域の名主であった可能性が考えられよう。相模国を檀那場とした高室院の場合、使僧の派遣は数年から十数年ごとに行なわれたらしいとの推測がなされているが[2]、使僧たちが廻村の時にその活動拠点としたのは、その地域の寺院や村役人、名主等の有力農民であった[3]。そのように推測した場合、松本家文書「萱堂千蔵院供養帳」では、千蔵院が三河島村に廻村してきた時に協力を頼んだであろう名主松本家や入山家・清水家、もしくは使僧が立ち寄った寺院、例えば観音寺およびその末寺である密厳院や、地域の祈祷寺であった仙光院が考えられる。「萱堂千蔵院供養帳」が松本家文書として残されていることから考えると、名主松本家で記録したものである可能性が高いかもしれない。

萱堂千蔵院が焼失する十年ほど前の明治十二年（一八七九）に、その檀那場である武蔵国旧小渕村（現埼玉県鳩ヶ谷市）から諸国参詣の旅に出た加藤福蔵はその道中記に「紀州高野山萱堂千蔵院ノ古帳ニ記有也。平柳領小渕村」として、慶長三年（一五九八）から元禄八年（一六九五）までの供養依頼者の名前を書き抜いている。元禄以前にした理由は、「右元禄以前ハ他家より相続致シ候者其人一代ハ実家の苗字ヲ名乗ト見へたる也。夫故ニ記写ス也。元禄以下ハ不写候。高野山古帳ニ記有也」とあり（句読点は筆者）、元禄以前は、他家からはいった者は、その当人一代は実家の苗字を名乗っているようだから書き写したのだと書いている。そして加藤家から高野山へ参詣した人物の名前も書き留めている。このように高野山へ参詣した折には、宿坊の有する供養帳を見ることができたのである。加藤家は日蓮宗檀家であるが、宿願により身延山を始めとして諸国霊場の参詣を行なったという。(4) 元禄以前は他家からはいって相続した者が、当人一代は実家の苗字を名乗っているようだと書かれていることは、家と個人の関わりを考える上で大変興味深い。

それでは、このように村単位の記載がなされるようになったのは、どのような理由によるものであろうか。松本家文書「萱堂千蔵院供養帳」の場合、『萱堂千蔵院供養帳』から三河島村分の書写作成が行なわれたのは宝暦四～五年（一七五四～五五）であると推測される。この十八世紀半ばという時期に注目してみると、「萱堂千蔵院供養帳」の供養内容にも変化が現われる。それは、すでに指摘したように、この時期以後、個人の供養ではなく、先祖代々の霊を供養する例が増加していくという点である。「萱堂千蔵院供養帳」にみられる先祖供養の初見は宝暦元年（一七五一）である。それ以降、第二節表14で示したように「一家聖霊」「先祖代々」の供養例が頻繁に出てくる。

このような先祖供養が登場する時期とほぼ同時期に、「山の供養帳」である『萱堂千蔵院供養帳』から三河島村分だけを抜き出した、「村の供養帳」である松本家文書「萱堂千蔵院供養帳」が作成されることとは全く無関係ではないであろう。村の中で、各家が代々継続して安定することにより、そのことを先祖に報告して感謝するとともに、その家のさらなる発展・安定を願って、先祖を供養するという形ができあがり、それを高野山で行なうという一連の形がこの時期に成立してきた可能性があるのではないだろうか。以後、供養依頼数そのものが多くなることから、村自体が安定し、その結果、これまで以上に定期的に高野山へ参詣するようになったことが考えられる。そのような増加する供養者の数を各村で把握するために、自分たちの村の供養帳を作成する必要性が生じたのかもしれない。そして千蔵院からの使僧は、各村を廻村するための覚書・手引きとして、このような各村々の個別の供養帳を利用したのであろう。

（二）供養証文

これまでみてきたように、高野山における供養には日牌・月牌・茶牌の三種類がある。そして、いずれの供養依頼に対しても、高野山はその契約の証として供養者へ供養証文を渡し、以後の供養を請け負った。月牌料等を納めて供養を依頼することは、檀那寺等に対しても行なわれていたし[5]、供養証文は高野山以外にも出羽三山や善光寺といった各地の霊山や檀那寺等から出されている。供養証文の存在については、お盆の精霊棚に軸装されたものが飾られることもあることから、民俗学の分野では若干知られていた。しかしこれまでは盆棚の飾り付けのひとつとして捉えられる傾向があり、供養証文そのものを本格的に論じることはなかったようである。近年、その供養証文の資料価値についても注目すべきであるとの意見が出されている[6]。供養証文の作成は、供養帳への記載とともに一件の供養依頼に対する手続きの一環として行なわれたのであり、まだまだ各家に残されている可能性がある。これらの供養証文を供養帳の分析と組み合わせることにより、高野山信仰の新たな展開が期待できる。本項では、そのような意図から、これまでに知ることのできた高野山供養証文から数例を挙げて、検討を加えてみたい。

高野山から供養証文が出されるようになった時期は明確ではないが、十七世紀半ばにはすでに出されている[7]。供養証文は、残されたものから推定すると、一般に、本文はすでに印刷されており、それに、被供養者名、その命日、供養者名と供養依頼年月日を書き込まれて作成されたとみられる。それでは、その内容を検討してみよう。まず月牌証文の例を挙げる。

「　　月牌之證文

為暉嶽妙暾信女　　宝暦四戊十一月廿二日　　霊

夫当山者諸仏雲集之浄刹三地唱定之霊場也、因茲諸
檀越等抛財於此峯起信於斯山、然者毎月不退之霊膳
夙夜唯念之廻向香華茶湯塔婆燈明至五十六億七千
万歳慈尊出世三会暁無怠者也、仍證状如件
高野山西光院谷
金蔵院
安永六〈丁酉〉七月朔日　法印（印）
高橋善蔵殿
」

これは、現在千葉県香取市にお住まいの高橋利男氏の先祖である善蔵が、安永六年（一七七七）に高野山へ参詣して、暉嶽妙暾信女の月牌供養を依頼したときに受け取った証文である[8]。文中、正楷書体の部分はすでに印刷されている箇所であり〈〈 〉は割注、句読点は適宜筆者が付した。以下同）、供養対象者の名前と没年月日、霊の文字、供養日と供養者以外は、すでに印刷されていたことがわかる。供養された暉嶽妙暾信女は、高橋利男氏のお話によると、善蔵の弟の嫁である。弟夫婦は善蔵たちと一緒に住んでいたという。善蔵はこの時、自分の妻の逆修も行なっている。その証文の文面も、暉嶽妙暾信女のそれと同じで、ただ戒名の下に書かれる「霊」の文字が「逆修」となっている。善蔵が参詣した金蔵院は、小田原谷にある行人方寺院であるが[9]、現在は同じ小田原谷安養院の兼帯になっている。

これによると、供養の内容として毎月の念仏廻向・香華・茶湯・塔婆・灯明を五十六億七〇〇〇万年後の慈尊（弥勒）出世の暁まで懈怠なく行なうことが明記されている。

もう一例として、萱堂千蔵院から、寛政四年（一七九二）にその檀那場である埼玉県旧小渕村の旧家吉田家に出され

た月牌証文を挙げる。(10)

「　月牌請取啓

五月

為　浄覚信士　追善也

七日

夫当山者諸仏集会之浄刹衆生済度之霊岫也、尓則於斯山所建之月牌者至于慈尊出世之暁日供香花月備霊膳晨昏慇重之廻向等無退転可勤行者也、仍請取処之趣如斯

萱堂

高野山金剛峯寺　千蔵院

法印権大僧都盛興（印）

于時寛政四〈子〉天二月十七日

施主

吉田新兵衛殿　」（正楷書体部は印刷）

証文の文面には、今回の供養依頼に基づき、弥勒出世の時まで、日供香花及び毎月の霊膳、朝晩の丁重なる廻向を退転なく続けるとある。「無懈怠」「無退転」とあるように、ずっと供養を行なうとあるが、おそらく一度契約が結ばれた後は、依頼者は、参詣して再び供養料を納めるか、もしくは定期的に廻ってくる高野山使僧へ以後の供養料を預けていたのであろう。吉田家ではその後、文政十三年（一八三〇）・天保十五年（一八四四）にそれぞれ同じ人物三名を供養しているし、その中の一名は既に寛政十一年（一七九九）に戒名をもらい月牌供養がなされている。[11] このことからも、供養は定期的に行なわれたものと考えられる。さらに、時代が下がるにつれて、供養証文に位牌図が描かれるようになり、そこに被供養者名と命日が記されて、供養対象としての視覚化が成されている。位牌図が描かれたことで、目に見える、より具体的な供養対象として、各家でこの供養証文を飾り、供養が行なわれるようになったのではないだろうか。そしてそれが軸装やお盆の精霊棚に飾られることにつながっていったと考えられる。

次に、日牌証文をみてみよう。

「

日牌営建之請文

天保十三寅年

五月初三日

瑞現妙意信女　霊位

右日牌料領受之了、已往毎日之奠
饌凝雲海而無闕、恒例之持誦懸
日月而不退、蓋因斯鴻福覚霊遄
受無生之楽於安養界永嘗知

足之味於慈尊所耳、且為支證
所記如件
高野山金剛峯寺往生院谷
北室院（印）
天保十五辰年三月廿五日
施主
池内亀太郎殿　」（正楷書体部は印刷）

これは、学侶方寺院である北室院が天保十五年（一八四四）に出した日牌証文である。[12]「毎日之奠饌凝二雲海一而無レ闕、恒例之持誦懸二日月一而不レ退」（句点、返り点は筆者。供養証文については以下同）とあり、奠饌（仏に供える食べ物）と持誦を毎日不退転に行なうと記してある。奠饌と持誦を行なう様子について、「雲海を凝らして欠けることなく」「日月を懸けて退くことなし」といった表現から、その供養が豪華に行なわれている様子が推測できる。北室院は、月牌の供養証文では、単に「毎月之供饌無レ闕、恒例之持誦不レ退也」と表現しており、[13]この書き方からみても、日牌供養の豪華さが窺える。この日牌証文の文言に「受二無生之楽於安養界一、永嘗二知足之味於慈尊所一」とあるが、安養界とは極楽浄土のことなので、弥勒浄土信仰と極楽浄土信仰が融合された書き方になっている。

次に茶牌証文を見てみよう。同じく萱堂千蔵院から先ほどの月牌証文と同日の寛政四年（一七九二）に吉田家へ出された茶牌証文には、

「　茶牌之證文
為　志霊五月十三日　追善也
右請取処之位牌祈過去精霊菩
提備佳茗焼通薪可供養者也
　高野山萱堂千蔵院
維寛政四〈子〉天二月十七日法印盛興（印）
施主
　吉田新兵衛殿　」（正楷書体部は印刷）

と書かれている[14]。過去精霊の菩提を祈り「備佳茗焼通薪可供養」するとあり、細かな供養内容はわからないが、しかし本章第一節でみてきたように、十九世紀初期の茶牌供養の料金は月牌料金の二分の一なので、やはり供養も質素であっただろう。

供養証文以外に供養の内容がわかるものとして、本章第二節で触れた萱堂千蔵院では、以下のような供養料金表が檀家に出されていた[15]。その内容は以下の通りである。

「　永代供養之事
一　日牌ハ　祠堂金弐両
　　位牌料銭八百文
右者毎日御膳相そなへ候事

一　小日牌ハ　　同　金壱両
　右者毎月十五日ツ、御膳相備候事　　同　銭四百文
一　本月牌ハ　　同　金弐百疋
　　　　　　　　同　銭弐百文
　右者毎月御命日前後三日之間御膳
　相そなへ候事
一　月牌ハ　　同　金百疋
　　　　　　　同　銭百文
　右者毎月御命日ニ御膳相そなへ候事
一　茶牌ハ　　同　南鐐壱片
　　　　　　　同　銭五拾文
　右者毎日茶湯いたし候事
右者永代朝夕之回向香花茶湯
或ハ春秋彼岸等に大施餓鬼修行
いたし無退転御供養仕候已上
　高野山
　　千蔵院
　　　執事

合印　（印）

右者納金三ヶ年ニ御納可被下候 此外

御志次第御寄附奉願上候　以上　」

その記録によると、日牌とは毎日御膳を供えることであり、小日牌は毎月十五日間、御膳を供えることである。本月牌は毎月命日前後三日間、御膳を供えることであり、月牌は毎月命日に御膳を供えること、茶牌は毎日茶湯を供えるとなっている。そしてすべてに共通の供養として、朝夕の回向、供花、茶湯を供えること、春秋の彼岸には大施餓鬼を執り行なうこと、これらを永代続けると書かれている。この史料がいつ書かれたのかは不明だが、茶牌料金として「南鐐壱片」と記載されていることから、南鐐二朱銀（八枚で金一両に相当）が鋳造されはじめた明和九年（一七七二年）以降のものと考えてよいだろう。すなわち十八世紀後半、千蔵院では供養種類に日牌・小日牌・本月牌・月牌・茶牌があり、一度供養が申し込まれたら、永代供養が執り行なわれていたことがわかる。しかし「此外御志次第御寄附奉願上候」とあることから、その後の寄附も受け付けていた。

すでに指摘したように三河島村松本家文書「萱堂千蔵院供養帳」における茶牌の初見は、十七世紀末の元禄十一年（一六九八）である。高室院文書に茶牌帳が独立して出てくるのも十八世紀に入ってからである。既述したように、十六世紀末には、高野山における供養には日牌・月牌・茶牌の三種類がみられるが、高室院や清浄心院に残された供養帳をみると、この時期の高野山の供養とは月牌と日牌を指しており、その中でも主流は月牌であった。

したがって、これまでも度々述べてきた通り、高野山で茶牌供養が多く行なわれるようになったのは十八世紀にはいってからとみられる。その理由には、日牌料・月牌料では経済的負担が大きいと捉える供養依頼者の参詣が増加してきたためではないかと推測され、このような参詣者への高野山側の対応策だったのではないだろうか。すなわち、師檀関係が成立した当初、その檀那は地方領主や戦国大名などの有力者が主体であった。それが江戸時代にはいり、各地の檀那場から多数の庶民も参詣し供養を依頼するようになった。その場合、庶民が供養を依頼しやすいように、高野山側がこれまで主流であった日牌・月牌から、茶牌を主流としたものに変更したのではないかと考えられるのである。松本家文書「萱堂千蔵院供養帳」を分析した結果、三河島村にみられる茶牌は、一七五〇年以降の先祖供養の出現と増加に伴って増えていく。高野山での先祖供養の出現と増加は、高野山が供養件数増加を目的として、日牌・月牌とくらべて人々が金額的に依頼しやすい茶牌を多く受け付けるようになったためかもしれない。江戸時代の高野山参詣の主流を占める庶民にとって、茶牌供養は金額的に依頼しやすいものであり、高野山側も依頼件数の増加を目的として、茶牌供養を多く執り行なうようになったと考えられるのである。

萱堂千蔵院が残した前記の供養料金表によると、茶牌では毎日茶湯をすると書かれている。茶湯とは、「茶を仏前や霊前に供えること。また、その煎茶」であるが、十七世紀初めに完成した『日葡辞書』によると、茶湯（Chatŏ チャトウ）は「ある場所、すなわち、死者の名前をしるした小さな板（位牌）の前に供えて、その人に捧げる茶と湯」である。すなわち茶牌とは茶湯を位牌の前に供えることである。したがって、日牌・月牌の語は毎日・毎月といった供養の期日を表わす名称であるが、茶牌の語は、供養の期日ではなく、仏前に茶湯を供えるという内容から命名されたと理解することができるのではないだろうか。

（三）供養帳にみる高野山信仰

それでは、高室院相模国月牌帳や松本家文書「萱堂千蔵院供養帳」の分析を通じて指摘できる高野山信仰を考えてみよう。これらの供養帳から指摘できる高野山における供養を概観してみると、十六世紀から十七世紀までは、生前供養である逆修が供養全体に占める割合が多いが、その後松本家文書「萱堂千蔵院供養帳」にみられる供養は、十八世紀にはいると追善供養が主体となり、逆修供養はほとんど姿を消す。

初期の逆修供養の増加について考えてみよう。高野山は、師檀関係を維持継続していくために、定期的に使僧を廻村させ、配札や初穂料の集金などを行なった。それに加えて高野山への参詣者増を促すために、当初、逆修供養を積極的に勧めたのではないだろうか。自分への逆修件数が少なく、両親など自分以外を供養対象とする逆修供養は、自分で供養の利益全てを得る「七分全得」思想のみでは説明ができない。近世の高野山供養における逆修供養の増加は、家族を中心とする自分以外の者を生前供養することで、供養対象者も供養者である自分もどちらもが、その功徳に預かれるというような理解がなされていたのではないだろうか。高野山からの使僧は、死者の追善供養の時以外にも高野山への供養依頼を行なわせることを目的として、逆修についてそのように説明し、登山を促した可能性があるだろう。江戸前期の浄土宗学僧である義山（一六四八～一七一七）が円智と共に著わした『円光大師行状画図翼賛』では祖師法然の逆修・七分全得思想について「七分全得ノ事ハ随願往生経地蔵本願経ナトニ此等ノ説アテ他ノ為ニ福ヲ作《ナセ》ハ他ハ一分自ハ七分全ク得トアリ」[18]（波線筆者）と記す。宝暦二年（一七五二）に完成した『野山名霊集』には、法然が生前に高野山へ参詣し逆修墓を立てたと記し、[19]「然は彼上人の余流を汲で浄土の往生を願はむ人、誰かハ此山に登さらん、一度参詣高野山随願即生諸仏土の御誓は五十六億の末までも違こと有へからす」と記す。すなわち高野山では、法然の逆修思想をも取りこみつつ、高野山としての特性を強調し、往生を願う人々に高野山参詣と供養を勧めたと考えられる。

逆修供養の増加により、高野山への供養依頼は増加していくが、その後先祖供養の出現に伴い、供養の主流は追善になっていく。松本家文書「萱堂千蔵院供養帳」における先祖供養の出現は、宝暦年間の一七五〇年代からである。追善・逆修ともに、これまで個人の供養が主体であった高野山供養に先祖供養が取り入れられるようになったこと、言い換えれば、人々が先祖供養を行なうようになった契機は何であろうか。推測ではあるが、ある家が数世代を経て安定した場合、今後の安定とさらなる発展を願って、家の先祖を供養する意識が生まれたものかもしれない。高野山における先祖供養の出現が認められるのが十八世紀半ばというのが、先祖供養出現の全体的傾向であるかどうかは、今後さらに研究されていかねばならない。もし、高野山における先祖供養が同じ家で代々継続して行なわれていくようになるならば、その家が次世代に相続されたり、分家が行なわれた場合に、その披露儀礼のひとつとして、高野山へ登山し、先祖に報告・供養するという形が、儀礼に組み込まれていった可能性は考えられないだろうか。先に挙げた明治十二年に諸国を参詣した加藤福蔵道中記帳に、高野山萱堂千蔵院の供養帳から元禄以前の人名を抜き書きした理由について「右元禄以前ハ他家より相続致シ候者其人一代ハ実家の苗字ヲ名乗ト見へたる也。夫故ニ記写ス也。元禄以下ハ不写候。高野山古帳ニ記有也」と書いていることは、この点からも大変に興味深い。

このような相続や高野山における先祖供養を継続化させることで、高野山と檀家との関係も安定し継続していく。高野山は、師檀関係を継続させるための手段として、当初は逆修と追善供養を組合せ、その後、家の安定に伴って高野山での先祖供養を行なわせることにより、継続的に参詣者を集めようとしたのかもしれない。そして先祖供養の多くが茶牌供養で行なわれていることから、庶民の参詣の増加に伴って、また参詣者の増加を目的として、高野山は、これまで主流だった月牌供養に比して金銭的に負担が軽くてすむ茶牌供養も多く受け付けるようになった。それにより供養依頼件数は全体的に増加していったと考えられる。

（四）高野山供養帳の史料としての可能性

これまでみてきた高室院月牌帳や松本家文書「萱堂千蔵院供養帳」、各家に残されている供養証文などから、近世の高野山参詣と供養の様子を知るための史料には、以下の三種類が存在することが指摘できる。一種類目は、従来からその存在が知られていた高室院日月茶牌帳や清浄心院供養帳などのような、各院家が作成する供養帳、宿泊客を記した登山帳、院家からの使僧が廻国時に記録した檀廻帳・日並記など、高野山側で作成した山側の史料。二種類目は、松本家文書「萱堂千蔵院供養帳」のように、高野山の院家が作成した供養帳から自分たちの地域分を抜き出して作成し、各村で所持した「村の供養帳」とでも呼べる村側の史料。そして、高野山で供養を依頼した時に、院家から供養依頼者に供養契約の証として渡される供養証文（家の史料）の三種類である[20]。供養契約の証である供養証文は、これまでその存在はほとんど注目されてこなかったが、このような供養証文を残している家はまだあると思われる。各地域に残される村側の史料や家の史料を発見し、その内容を、高室院日月茶牌帳や清浄心院供養帳などの高野山に残る山側の史料と付き合わせて検討していくことにより、高野山信仰の実態や供養の様子がより明確になっていくと思われる。供養証文の文言は院家により違いがみられるものの、高野山が空海入定の地であることと弥勒出世の暁まで廻向を続けることが強調されている。

供養証文は、善光寺や出羽三山など高野山以外の霊場でも出していたことが知られており、これらの霊山でも、高野山と同様の供養をしていたと思われる。今後、高野山以外の霊場との比較を行なうことで、当時の庶民信仰の実態がより明らかになっていくと考えられる。

注

（1）「山の供養帳」「村の供養帳」という分類と用語は、二〇〇五年十月に開催された「社寺史料研究会大会」報告に向けた準備の中で野尻かおる氏からご教示いただいたものである。

（2）『寒川町史』十　別冊寺院（寒川町、一九九七年）一八七頁。

（3）注2『寒川町史』十、一九一〜一九五頁。

（4）加藤房子家文書（鳩ヶ谷市立郷土資料館寄託）「諸国道中記帳」・「玄題帖（諸国寺院参詣ニ付）」。

（5）例えば相模国大住郡三ノ宮の安右衛門と七郎右衛門兄弟は元禄十年（一六九七）に兄恵鑑の月牌料として畑四畝歩を三ノ宮能満寺に永代寄進している（「元禄十年十月　月牌料下畑寄進状」『伊勢原市史』資料編近世2、伊勢原市史編集委員会、一九九六年）。天明八年（一七八八）には、同じく大住郡戸田村福蔵院が、両親の月牌料として畑二六坪を寄進した金右衛門に対して誓約書を出している（「天明六年二月　大門土手構築につき誓約一札」『厚木市史』近世資料編1社寺、厚木市秘書部市史編さん室、一九八六年）。また、天保二年（一八三一）には同郡徳延村の明王院が、月牌茶湯料として金三両を納めた新土村の五郎右衛門に対して、月牌茶湯を怠慢無く執り行なう旨を記した請取証を出している（「天保二年二月　月牌茶湯料寄進請取証」『平塚市史』資料編　近世3、平塚市、一九八四年）。

（6）田中藤司「「月牌」の社会分析の可能性」・野尻かおる「盆棚に飾られた掛軸「供養証文」の資料価値について」（二〇〇六年十月「日本民俗学会第五十八回年会」グループD盆棚アーカイブズ「盆棚に伝存する供養証文と霊山登山」報告レジュメ）。

（7）「高野山月牌料請取状」（『新編埼玉県史　資料編18　中世・近世　宗教』（埼玉県、一九八七年）。この供養証文は僧侶宛に出されたものである。それが庶民にも出されるようになったのはもう少し時代が下がるであろう。

「一　月牌請取之事

　為帰峯優婆塞権大僧都一翁定円法印覚位

夫建攸之月牌者五十六億七千万載之後、到慈尊出世之暁、毎月霊供・晨夕茶湯・香花等、無退転可供養者也、仍請取状之旨趣、如件、

　高野山金剛峯寺一心院谷妙音院

寛文五乙巳天中穐十八日　　法印阿闍梨（花押）（印）

大塚蓮蔵院

（8）この供養証文は、高橋利男氏のホームページ高橋庵にも掲示されている。高橋庵のアドレスは以下の通り。
http://www.h2.dion.ne.jp/~t-tosio/

（9）『紀伊続風土記』高野山之部　総分方巻之十　小田原谷。

（10）吉田安治家文書（鳩ヶ谷市立郷土資料館寄託）。鳩ヶ谷市立郷土資料館史料目録5「吉田安治家文書目録」No.１４８—１、寛政四年二月十七日「月牌請取啓」。

（11）注10吉田安治家文書（鳩ヶ谷市立郷土資料館寄託）。鳩ヶ谷市立郷土資料館史料目録5「吉田安治家文書目録」No.１４９、１５１、１５２、１５３。

（12）筆者蔵。法量は縦35・5㎝×横48・5㎝。その包紙には、

「二通入
建牌證文　　　高野山往生院谷　北室院

吉田家供養証文リスト

文書番号	供養年月日（西暦）	法量（縦横）（㎝）	供養の種類	位牌図	被供養者名	供養者名	備考
148－1	寛政４.２.17（1792）	35.5×48.8	月牌	なし	浄覚信士追善	吉田新兵衛	
148－2	寛政４.２.17（1792）	28.5×20.8	茶牌	なし	志霊五月十三日	吉田新兵衛	
148－3	寛政４.２.17（1792）	28.5×20.8	茶牌	なし	浄応清信士　追善	吉田新兵衛	
149	寛政11.８.20（1799）	31.8×16.4	月牌・戒名	あり	蒼光妙祐信女	吉田七左衛門	
151－1	文政13.３（1830）	24.7×35.9	茶牌	あり	慈性院見明光岸信女	吉田七左衛門	
151－2	文政13.３（1830）	24.7×35.9	茶牌	あり	教了院蒼光妙祐信女	吉田七左衛門	149で戒名をもらう
151－3	文政13.３（1830）	24.7×35.9	茶牌	あり	栄昌院蒼慶道祐信士	吉田七左衛門	
152	天保15.１.25（1844）	36.0×50.0	本月牌	あり	慈性院見明光岸信女	吉田七左衛門	151で茶牌
153－1	天保15.１.25（1844）	36.2×50.0	月牌	あり	教了院蒼光妙祐信女	吉田七左衛門	151で茶牌
153－2	天保15.１.25（1844）	36.3×49.5	月牌	あり	栄昌院蒼慶道祐信士	吉田七左衛門	151で茶牌
154	弘化２.11（1845）	24.6×35.7	茶牌	あり	芳務入室清信士	吉田七左衛門	

注）文書番号は、鳩ヶ谷市立郷土資料館史料目録５「吉田安治文書目録」による。

施主　池内亀太郎殿」（正楷書体部は印刷）

とある。二通の内もう一通は、慶応二年六月七日付である。どちらも同じ版木を使って印刷されているが、慶応二年のものは天保十五年のものと比べて墨が薄い。

（13）明治十五年「高野山北室院月牌証文」（平成十一年度企画展『かまがやの文化財〜21世紀に伝えよう〜』四四頁、鎌ヶ谷市郷土資料館、二〇〇〇年）。

「　　月牌之證文

夫月牌料納受之了己往毎月之供饌無闕

恒例之持誦不退也蓋因斯洪福覺靈遄至

慈尊所耳且為支證如件

慶應三丁卯年拾

孝照院春山義猛居士霊

二月二十五日

高野山往生院谷

于時明治十五年五月　　北室院（印）

施主渋谷重右ヱ門殿　　」（正楷書体部は印刷）

（14）注10吉田安治家文書（鳩ヶ谷市立郷土資料館寄託）。鳩ヶ谷市立郷土資料館史料目録5「吉田安治家文書目録」No.１４８―2、寛政四年二月十七日「茶牌之証文」。

（15）肥留間一男家文書（鳩ヶ谷市立郷土資料館所蔵のマイクロフィルムによる）No.７８７「（高野山萱堂千蔵院過去帳写）」。なおこの史料は、小渕甚蔵「高野山千蔵院過去帳（その六）武州足立郡平柳領辻村」（『郷土はとがや』六〇、二〇〇七年）および倉木常夫・榎本龍治『高野山龍泉院過去帳の研究—近世荒川流域の庶民・村・信仰』（三省堂、二〇〇八年）でも紹介・翻刻がなされている。

(16)『日本国語大辞典』（第二版、小学館、二〇〇一年）。

(17)『邦訳日葡辞書』（岩波書店、一九八〇年）。

(18)『円光大師行状画図翼賛』巻二三「七分全得の事」（『浄土宗全書』十六、浄土宗開宗八百年記念慶讃準備局、一九七四年）。

(19)日野西眞定編『野山名霊集』巻第四「諸宗の高僧御登山の事」（名著出版、一九七九年）。

(20)家の史料としては、供養証文以外に、村に残された供養帳から自分たちの家の分だけを抜き出した各家の供養帳も存在するが、それはすべての家が有するわけではない。

（追記）本稿の作成にあたり、史料の利用をご快諾下さった高橋利男氏にお礼申し上げます。また鳩ヶ谷市立郷土資料館島村邦男氏には、史料閲覧および利用に際して全面的にご協力をいただきました。記してお礼申し上げます。

むすびにかえて

高野山をこの世の浄土に見立て、高野山に納骨すること、もしくは参詣することで往生を願う高野山信仰は、高野山に入定した弘法大師空海が、五十六億七〇〇〇万年後の弥勒出世の暁まで衆生を救済し続けるという弘法大師入定信仰を背景として、平安末期以降、全国に広まった。

本書は「高野山信仰の成立と展開」と題して、古代末から現在に至るまで全国的にその信仰を有する高野山信仰について、その成立と展開の様子を、各時代の政治・社会・宗教情勢との関係から考察しようとしたものである。以下に本書で指摘した要点を述べ、今後の展望を記してむすびにかえたい。

まず、第一章では高野山信仰が形成されていく状況を、平安末〜鎌倉初期の高野山と当時の政治・社会・宗教情勢から探った。その手段として、十二世紀末に成立した『高野山往生伝』を取り上げた。『高野山往生伝』の内容から、この時期の高野山浄土信仰の実態をとらえ、その撰者である儒者官人藤原資長の撰述意識と目的の考察を通じて、『高野山往生伝』が撰述されるに至った背景を考え、高野山霊場信仰が成立していく過程を検討した。

本章で検討した結果、以下の諸点が明らかになった。『高野山往生伝』に表現されている浄土信仰は、空海が有していた弥勒浄土信仰よりも、末法思想の影響を受けた極楽浄土信仰が多く窺えた。撰者如寂については、これまで儒者官人藤原資長であるとの指摘はなされてきたが、その撰述目的は、さまざまな解釈がなされてきた。本章では、資長は、往生のための作善のひとつとして『高野山往生伝』撰述依頼を受けたこと、そして資長に『高野山往生伝』撰述を依頼したのは、「雪眉僧侶」高野山僧仏厳坊聖心であり、それを援助したのは当時の仁和寺御室守覚であったことを明らかにした。仏厳房聖心は、覚鑁によって建立された大伝法院の学頭を勤め、高野山の中心法流である中院流も受けており、その知識から、当時の実力者九条兼実の帰依を受けていた。さらに後白河院からの依頼で『十念極楽易往集』を著わし、鳥羽天皇皇后である美福門院の御願により建立された普成仏院（仏名院）の初代院主も勤めるなど、高野山内のみでなく、宮廷にも幅広い人脈と影響力を有する人物であった。

仏厳や守覚たちが『高野山往生伝』撰述を企画した目的については以下の点を指摘した。まず、仏厳は、先行往生伝のように上皇や貴族たちが『高野山往生伝』を往生の実例書・手引書として理解することを求めたのではなく、そこに描き出される浄土としての高野山を強調し、認識してもらうことを意図し、『高野山往生伝』撰述を資長に依頼したこと、そして、当時僧綱制の枠を越えた存在として真言宗の統括を目指していた仁和寺御室守覚は、天皇の皇子であるという身分に加えて、自分たちの宗教的権威を高めるために『高野山往生伝』撰述を援助したということである。守覚は真言宗開祖空海に由来する品々を御室が独占し所有することで、御室の真言宗内での超越化を図っていたが、さらに『高野山往生伝』で高野山の聖地性を描き出させることによって、精進のために高野山へ参籠し修行する自分たちに、聖なる存在としての霊性を付与させせようとしたのである。

したがって、『高野山往生伝』の価値は、これまでに指摘されてきたような高野山浄土信仰を解明するための史料というだけでなく、霊場としての高野山の形成、院政期の仁和寺御室たちの活動を知るための好史料という点にも求められる。加えて、『高野山往生伝』で取り上げた時期は、覚鑁によって大伝法院が建立された時期に重なる。霊地高野山を描写する目的から、『高野山往生伝』では、往生僧たちにからむ政治的な事象は一切書かれていないが、仏厳を「当山伝法院学頭」と表現したり、金剛峯寺の襲撃によって大伝法院・密厳院の僧が高野山を一時離れたと説明されている時期に、大伝法院学頭であった僧が往生したという記事を記すなど、当時の金剛峯寺と大伝法院との関係を推測させるような記述がみられる。これらの点も、この時期の高野山の状況を理解するための手がかりとなることを指摘した。

続いて第二章では、高野山信仰を全国に広めた存在である中世の高野聖について、その実態を山内と山外の両方から見直し、高野聖たちが高野山信仰を普及させていった手段や様子、そして時代の変遷とともに彼らが次第に多様化していく様子を追った。そして中世に彼らが山内で組織として存在していたのかどうかを検討した。従来の解釈では、江戸時代に高野三方と呼ばれる高野山の学侶・行人・聖の三派体制は、鎌倉時代末にはほぼ完成したと理解されてきた。その根拠として十一世紀頃から史料上に出てくる「七口聖人」「別所聖人」などの語が、近世の聖方のような組織を表わすものであると考えられてきたからである。本章での検討の結果、これらの史料ででてくる「聖」とは、優れた僧を意味していること、高野山における聖は交衆であり、体制内に属しているものも存在したこと、十三～十四世紀の段階では後世の聖方につながるような組織を表現するものではないことを指摘した。その後これらの語は、山外では尊称として用いられると同時に、世俗的で賤称の響きをも帯びるようになった。その背景には、山内における聖たちが「念仏衆」として時衆化・集団化していくという事実があった。それに伴い、山内では彼らを「時宗方」と呼ぶようになった。彼らは「念仏衆」「時宗方」と呼ばれる集団にまとまりつつあり、十五世紀後半には武力も有するようになって、次第に組織として固まりはじめた。さらに十七世紀になって、彼らは時宗聖として徳川氏との師檀関係を自分たちの由緒に持ち出して、大徳院を総頭とする聖方寺院としてまとまった。すなわち聖方の成立は、従来いわれてきた鎌倉時代ではなく、江戸時代にまで下ることが明らかになった。

第三章では、江戸時代の高野山信仰をみた。まず、徳川氏をはじめとする有力大名の多くが、聖方寺院と師檀関係を結んで、高野山奥之院に石塔を建立していることを『南山奥之院諸大名石塔記』の検討から指摘した。

次に、江戸幕府の寺院政策・高野山政策を取り上げ、高野山内の変化を追った。時宗を由緒とする徳川氏との師檀関係にもとづいて山内で勢力を有しはじめた聖方寺院に対し、行人方が反発し、幕府に訴えを起こした。その結果慶長十一年（一六〇六）、徳川家康は真言宗への帰入を命じた。だが、この真言帰入令の後も聖方寺院は自分たちの時宗としての由緒を重要視していた。しかし、江戸幕府は寺院政策の一環として、高野山を学侶方寺院中心の教学道場とする方針を打ち出し、それまで山内で最大の力を有していた行人方寺院の勢力を、元禄高野騒動を利用して削減し、学侶方寺院とほぼ同等とした。高野山内のこのような変化の中で、聖方寺院へも寛文四年（一六六四）に聖方制条と呼ばれる下知状が出された。そこでは聖方の加行灌頂を学侶方で行なうようにと取り決められており、聖方寺院は寺坊存続のための死活問題として、発布直後からこの制条撤回を求めて活動をはじめた。第一章で取り上げた『高野山往生伝』が覆刻されたのは延宝五年（一六七七）、山内で学侶方寺院と行人方寺院とが対立し、聖方寺院が制条の撤回を求めて訴えを出している時期であった。

現存する『高野山往生伝』写本・版本の比較・検討から、『高野山往生伝』は、延宝五年の刊行以後も、その刊記を残したまま板行者を変えて、数度にわたって刊行が行なわれていたことがわかった。版本や写本は、塙保己一の和学講談所や紀伊徳川氏、金沢前田氏のもとにも蔵されており、刊行を扱った版元の中には、京都の大書肆であった柳枝軒小川多左衛門なども含まれていたことから、『高野山往生伝』は寺院以外の場でも注目され、読まれていたといえる。『高野山往生伝』の広まりは、高野山霊場信仰の普及を表わすものである。高野山内においては、現存する写本・版本を有していた院家は、すべて江戸時代の学侶方寺院であった。高野山の通史である『高野春秋編年輯録』を著わした二七八代検校懐英は、その記述に『高野山往生伝』を参照にしている。懐英は自身でも『高野新続往生伝』『古今往生拾遺集』などを著述したと伝えられており、これらの書を書くためにも『高野山往生伝』を研究したとみられる。

第四章では第三章を受けて、これまで等閑視されてきた江戸時代の聖方寺院の活動を、聖方寺院を法末としていた京都山科の真言宗門跡寺院である勧修寺に残される聖方関連文書から探った。

聖方寺院に対して「聖方三十六院」という呼称が用いられるが、江戸時代を通じてその数は、多少の増減はあったものの約一二〇院前後であった。天保十年（一八三九）和歌山藩により作成された『紀伊続風土記』と勧修寺に残された史料から、「聖方三十六院」とは、かつて高野山に来住した聖たちが開いた道場（院）が三六であったことから名付けられたこと、その後、これらの院はいくつかの院家に別れたものの、聖方寺院を総称して表わす時には、その由緒から「聖方三十六院」と称されていたことを確認した。

第三章で指摘したように、高野山を学侶方中心の教学道場とするという山内の状況の変化と、寛文四年（一六六四）に出された聖方制条により、聖方寺院の立場は変化をみせていた。寺坊存続を求めて制条撤回を訴えるために、新たな理念を探す必要に迫られた聖方寺院は、真言宗内における自分たちの正統性の主張を計画した。その手段として、まず高野聖の特徴であった念仏を、余行と位置づけ、自分たちは真言の行者だが、念仏も兼学していたこと、したがって慶長十一年（一六〇六）に家康が命じた真言帰入令とは、時宗から真言宗へ帰入せよという意味ではなく、念仏兼学を止めて、真言のみに専念するようにという意味であるという解釈を打ち出した。そしてさらに真言宗としての正統性を主張するために、自分たちの法流は、真言宗の貴種である門跡寺院勧修寺の十世門主成宝（一一五九～一二二七）から伝授されたものであるとの由緒を創り上げ、その由緒にもとづき、貞享四年（一六八七）に勧修寺の法末に「再」編入された。

聖方が寺社奉行に提出した史料のひとつである延享三年（一七四六）「公儀江指上候書付之写」に付されている「高野山聖方由来略記」では、聖方は、成宝からの法流伝授という由緒に加えて、念仏も学僧明遍に由来するものであると説明している。このことにより、聖方寺院は、かつて主張し重要視してきた一遍に由来する時宗との関係を、自らの手で否定し、払拭することとなった。

最後に第五章では、江戸時代の高野山信仰の展開をとらえるために、高野山や各地域に残された高野山供養帳を取り上げ、庶民の高野山信仰の実態を検討した。

高野山の院家（子院）と地方領主との師檀関係が成立・普遍化していったのは十六世紀頃からであるが、その師檀関係にもとづき、各檀那場からの参詣客は、師檀関係を結んでいる院家を宿坊とし、そこに供養を依頼した。この供養依頼を記録したものが高野山に残されている供養帳である。

本章で用いた高野山の供養帳である高室院月牌帳と松本家文書「萱堂千蔵院供養帳」の分析から、高野山での供養と庶民の信仰について以下の点が指摘できた。まず、供養の内容については、高野山における供養の特徴である生前の逆修供養と、死後の追善供養の両方が行なわれていた。その内訳をみると、十六世紀半ばから逆修供養が次第に増加していき、その割合は供養全体の五〇％を占めていく。このような逆修供養増加の傾向は十七世紀末まで続いた。しかし十八世紀からは追善供養が次第に増加し、逆修供養の割合は十八世紀には二〇％以下に減少、十九世紀にはほとんど姿を消す。そして追善供養の隆盛とあわせるかのように先祖供養が出現し、増加していく。個人の供養から家の先祖の供養へと、供養の転換が行なわれていることが窺えた。

十七世紀末まで供養全体の半数を占めていた逆修供養について注目すると、その供養対象者は、父母をはじめとする自分以外を対象とするものが大部分であった。したがって、これまでの通説であった、逆修とは、自分で自分の供養を行なうことによりその利益すべてを享受しようとする「七分全得」思想にもとづき行なわれるという解釈に対して再検討の必要性を提示し、高野山における逆修供養の様相から、他者の逆修供養を行なうことでも、自分が逆修供養の利益を得ることができるという解釈と唱導がなされていた可能性を指摘した。

松本家文書「萱堂千蔵院供養帳」は、これまで一般に知られていた院家によって作成された供養帳とは違い、院家が作成した供養帳から、自分たちの村の分だけを抜き出して一冊にまとめたものである。このような在地に残された供養帳の存在はこれまであまり知られていなかった。そして、萱堂千蔵院とは、江戸時代の聖方寺院千蔵院を指す。これまでの通説では、慶長十一年（一六〇六）の真言帰入令によって真言宗に記入した聖方寺院は、学侶方・行人方の配下に入り、その使僧として廻国したと考えられてきたが、松本家文書「萱堂千蔵供養帳」の存在によって、聖方寺院が独自に檀那場を有していたことが明らかになった。そして、高野山へ供養を依頼した場合に、その証として各院家が供養依頼者に渡す供養証文からも、供養の様子や高野山信仰の様子が窺える。今後は高野山側で作成した供養帳・登山帳・檀廻帳・日並記（日次記）等に加えて、在地に残された供養帳や家に残された供養証文等を活用していくことで、高野山信仰の実態がより明らかになると思われる。

本書で述べた諸点は以上の通りである。高野山に対するさまざまな信仰とその現われの中から、ごく一部を抽出したものではあるが、平安時代に成立し、現在もなお日本全国から信仰を集める霊場高野山について、その信仰の様相と実態、そしてそれを支えたものが何であるかを考えるための手がかりとなればと思う。

今後の展望としては以下の点を考えている。まず、第五章で述べた供養帳をはじめとする諸史料については、今後も考察を進め、高野山と檀那場との関係を通じてみえてくる高野山信仰を検討していきたい。村や各家などに残される供養帳や供養証文は、いまのところそれほど知られていないが、今後は、これら在地の史料の掘り起こしを進め、高野山側に残された史料との比較・分析を行なっていきたいと考える。このような供養帳は、高野山ばかりでなく、善光寺や出羽三山などの霊場と呼ばれる地域にも残されている。日本人の信仰を考えるためには、これら各霊場に残される供養帳などの史料との比較も必要であろう。

さらに庶民信仰という面から、庶民の供養を考えるためには、中世における板碑や宝篋印塔をはじめとする金石文に残された史料の再検討も必要である。第五章で触れた逆修についても、これらの史料をもう一度検討し直すことによって、供養意識の流れを追っていきたいと考える。

初出一覧（もととなった論文は以下の通りであるが、それぞれ加筆・修正を行なった。）

はじめに―本書の問題意識と構成―（新稿）

第一章　高野山信仰の成立―『高野山往生伝』を中心に―（「『高野山往生伝』撰者如寂について―その信仰と撰述意識を中心に―」〈『駿台史学』第一一五号、二〇〇二年〉）

第二章　高野山における聖方の成立（『寺院史研究』第八号、二〇〇四年）

第三章　江戸時代の高野山信仰

一　江戸幕府の高野山政策（「江戸期における高野山聖方についての一考察―勧修寺文書延享三年書付をめぐって―」〈『風俗史学』第二五号（通巻一五五号）、二〇〇三年〉）

二　元禄高野騒動（新稿）

三　『高野山往生伝』の覆刻（「『高野山往生伝』の書誌学的な検討」〈『風俗史学』第一四号（通巻一四四号）、二〇〇一年〉）

第四章　江戸時代の聖方寺院（「勧修寺と高野山聖方」〈『勧修寺論輯』第二号、二〇〇五年〉）

第五章　供養帳にみる高野山信仰の展開

一　高野山高室院文書相模国月牌帳にみる高野山信仰（「月牌帳にみる高野山信仰の展開―高室院文書相模国月牌帳から―」〈圭室文雄編『日本人の宗教と庶民信仰』吉川弘文館、二〇〇六年〉）

二　江戸庶民の高野山信仰（新稿）

三　近世高野山の供養形態（新稿）

むすびにかえて（新稿）

あとがき

本書は平成十七年九月に明治大学大学院文学研究科へ提出した博士学位請求論文「高野山信仰の成立と展開」をもとに、全体に加筆・修正を加えてまとめたものである。審査では、主査として圭室文雄先生、副査として長谷川匡俊先生、平野満先生にご指導をいただき、平成十八年三月に博士（史学）の学位を授与された。審査の折には先生方から様々なご助言と多くの課題を頂戴した。本書をまとめるにあたって、それらを十分に反映させることはできなかったが、課題とご助言は今後の研究に生かしていきたいと思う。

「高野山信仰の成立と展開」という課題のもとに、明治大学大学院で研究を進めてきたが、筆者は、学部および大学院博士前期課程在籍時には古代史専攻であった。氏族制度をテーマとして、修士論文では故下出積與先生のご指導をいただき、律令制度下の官僚氏族の動向を解明する目的から、大化前代の豪族蘇我氏の後裔である石川朝臣氏を取り上げた。この時の経験が、本書第一章で取り上げた『高野山往生伝』の撰者である儒者官人藤原資長の考察に役立った。前期課程在学中は、古代史を専攻する一方で、圭室文雄先生の講義にも出席させていただき、江戸幕府の宗教政策・寺院政策等について教えを受けるとともに、史料調査に参加させていただいた。また、学部時代のクラス担任が中世史の福田榮次郎先生だったおかげで、先生の中世史の授業や史料採訪にもお供させていただく機会に恵まれた。

前期課程修了後、ヨーロッパにおける日本学の状況に関心を抱き、渡独した。当時滞在したデュッセルドルフにある「惠光」日本文化センターで、ヨーロッパ各地からの日本学研究者たちと接する機会をもち、日本学の研究状況を知る機会を得た。またそこでのお手伝いを通じて、ドイツの一般の人々にとっての日本に対する関心事項の多くが、禅や日本庭園を手がかりとして接した仏教であり、そして仏教が日本人の生活にどのように受容されているのかという点であることを感じた。このような経験を経て、ウィーン大学で授業を聴く機会にも恵まれた。この時期に見聞した中で特に印象が深かったのが、ネリー・ナウマンの研究である。彼女の日本研究に刺激を受けたことが、帰国後「中世における

shintō の語をめぐって—ドイツにおける日本研究の一紹介—」につながった。

その後のウィーン滞在中に次第に、ヨーロッパにおける日本学の状況を客観的に判断するためには、日本人の信仰についての研究を、自分なりに深める必要性があることを感じはじめた。それは「恵光」日本文化センターで接した人々から受けた質問に答えていく中で、次第に意識してきたものでもあった。迷ったすえに、日本に戻り、民衆信仰について改めて研究しようという結論に達した。そして圭室先生のもとで、日本人の信仰の中でも、古代から現代まで続き、全国から信仰を集める高野山信仰を研究テーマとして、再び明治大学大学院で学生生活を送ることとなった。前期課程を修了して十年以上たった自分を受け入れてくださった圭室先生、日本史学専修の諸先生方、そして明治大学には本当に感謝している。日本史研究室の若い院生諸氏からごく自然に受け入れていただけたことも、本当に嬉しく、そのおかげで、楽しく刺激的な大学院生活を送ることができた。在籍中は、圭室ゼミの調査合宿で、高野山以外にも四国金比羅神社や羽黒山、能登總持寺祖院等の史料調査に参加させていただく機会を得、京都勧修寺の聖教文書調査団の一員にも加えていただくことができた。また、東京大学史料編纂所での種々の科研のお手伝いや、茨城県石下町（現常総市）での板碑調査、早稲田大学紀ノ川流域研究会の高野山領荘園調査等でも、大いに勉強させていただいた。他にも数えきれないほどの方々からご助言・ご協力をいただいた。これらの経験が与えられたことに心から感謝している。

今回、学位論文をまとめ、出版させていただくことができた。今後はこれまでに受けた多くのご厚情に少しでも応えられるよう、さらに努力していきたいと思う。それから、途中で戻ってきてしまったヨーロッパでの研究も、今後機会があれば、現在の研究テーマとも関連させて、再び始めてみたい。

末筆ながら、本書の出版をお引き受け下さった雄山閣、そして編集部久保敏明氏に心からお礼申し上げる。

最後に、私事で恐縮だが、勝手なことをし続けてきた私を見守ってくれている母に心から感謝を捧げたい。

平成二十一年八月吉日

村上　弘子

ま行

や行

ら行

索　引

※人名・寺社名・用語等、代表的なものにとどめた。
※本書全体に頻出する「高野山」「金剛峯寺」「高野山信仰」等の語は省略した。

著者紹介

村上 弘子（むらかみ　ひろこ）
1958年生まれ
1985年明治大学大学院文学研究科博士前期課程修了
1990年渡独、1995年帰国
2006年明治大学大学院文学研究科博士後期課程修了
同　　年　博士（史学・明治大学）
現　　在　荒川区街づくり記録誌編さん嘱託員・真言宗智山年表編纂室編纂委員
〔主要論文〕
「中世における *shintō* の語をめぐって―ドイツにおける日本研究の一紹介―」（福田榮次郎編『新訂中世史料採訪記』ぺりかん社、1998年）
「江戸期における高野山聖方についての一考察―勧修寺文書延享三年書付をめぐって―」（『風俗史学』第25号〈通巻155号〉、2003年）
「月牌帳にみる高野山信仰の展開―高室院文書相模国月牌帳から―」（圭室文雄編『日本人の宗教と庶民信仰』吉川弘文館、2006年）

平成21年 9 月25日　初版発行　　　　　　《検印省略》

高野山信仰の成立と展開
（こうやさんしんこうのせいりつとてんかい）

著　者　　村上 弘子
発行者　　宮田哲男
発行所　　㈱ 雄山閣
　　　　　〒102-0071　東京都千代田区富士見 2 － 6 － 9
　　　　　電話：03-3262-3231㈹　FAX：03-3262-6938
　　　　　振替：00130-5-1685
　　　　　http://www.yuzankaku.co.jp
組　版　　岩﨑　忠
印　刷　　三美印刷株式会社
製　本　　協栄製本株式会社

Printed in Japan 2009
ISBN 978-4-639-02104-9　C3021